CIUG | 城市治理理论与实践丛书 · 译著系列
总主编　姜斯宪

探索城市善治

理论反思与
国际实践

The Quest for Good Urban Governance

Theoretical Reflections
and International Practices

[荷兰] 里昂·范登杜 (Leon van den Dool)

[荷兰] 弗兰克·亨德里克斯 (Frank Hendriks)

[荷兰] 阿尔贝托·贾诺利 (Alberto Gianoli)

[荷兰] 林茨·夏普 (Linze Schaap)
————等著

张录法　许德娅————译

上海交通大学出版社
SHANGHAI JIAO TONG UNIVERSITY PRESS

内容提要

本书展示了北美、欧洲和亚洲不同城市尝试追求城市善治目标的成功和失败的案例。本书将城市善治视为政府、企业和公民社会之间的平衡行为和相互作用过程。在此过程中，我们需要认真、及时地关注城市善治的核心价值。本书作者解答了一系列问题，例如，怎样才算是城市善治？人们如何追求城市善治？政府、私营部门和公民社会之间相互作用的重新配置有何发展，产生了何种结果？等等。

本书的读者对象为城市治理领域的相关研究人员和实践者。

The Quest for Good Urban Governance: Theoretical Reflections and International Practices

by Leon van den Dool, Frank Hendriks, Alberto Gianoli and Linze Schaap, edition: 1

Copyright © Springer Fachmedien Wiesbaden, 2015 *

This edition has been translated and published under licence from Springer Fachmedien Wiesbaden GmbH, part of Springer Nature.

Springer Fachmedien Wiesbaden GmbH, part of Springer Nature takes no responsibility and shall not be made liable for the accuracy of the translation.

上海市版权局著作权合同登记号：09-2018-316

图书在版编目（CIP）数据

探索城市善治：理论反思与国际实践 /（荷）里昂·
范登杜等著；张录法，许德娅译. —上海：上海交
通大学出版社，2020
（城市治理理论与实践丛书）
ISBN 978-7-313-23519-0

Ⅰ.①探⋯　Ⅱ.①里⋯　②张⋯　③许⋯　Ⅲ.①城市管
理－研究－世界　Ⅳ.①F299.1

中国版本图书馆CIP数据核字（2020）第128757号

探索城市善治：理论反思与国际实践
TANSUO CHENGSHI SHANZHI: LILUN FANSI YU GUOJI SHIJIAN

著　　者：[荷兰] 里昂·范登杜　　　　　　　　[荷兰] 弗兰克·亨德里克斯
　　　　　[荷兰] 阿尔贝托·贾诺利　　　　　　[荷兰] 林茨·夏普　等

译　　者：张录法　许德娅

出版发行：上海交通大学出版社　　　　　　　地　　址：上海市番禺路951号

邮政编码：200030　　　　　　　　　　　　　电　　话：021-64071208

印　　制：苏州市越洋印刷有限公司　　　　　经　　销：全国新华书店

开　　本：710mm×1000mm　1/16　　　　　印　　张：16

字　　数：230千字

版　　次：2020年10月第1版　　　　　　　　印　　次：2020年10月第1次印刷

书　　号：ISBN 978-7-313-23519-0

定　　价：78.00元

城市治理理论与实践丛书
编委会

城市是人类最伟大的创造之一，是人类文明发展的重要结晶。人类迄今为止的文明史，也是一部城市发展和进步的历史。体现人类文明发展水平的各种要素，大多都是在城市中兴起的，也是在城市中不断延续和发展的。从古希腊的城邦和中国龙山文化时期的城堡，到当今遍布世界各地的现代化大都市，以及连绵成片的巨大城市群，城市已经为人类文明的重要空间载体，也成为人类文明持续进步的主要引擎，承载着人们对于美好生活的向往。

21世纪是城市的世纪。联合国发布的《2018年版世界城镇化展望》报告显示，目前世界上有55%的人口居住在城市，到2050年，城市人口占比预计将达到68%。改革开放以来，中国的城镇化率持续稳步提升，2011年首次突破50%，2019年已经超过60%。越来越多的人享受到城市文明的红利。城市无可置疑地成为经济、政治、文化、社会等活动的中心，在国家和地区发展中具有举足轻重的地位，也成为国家治理的重要舞台。

城市，让生活更美好！美好的城市生活，离不开卓越的城市治理。城市化进程推动了人口和资源的聚集，形成了高度分工基础上的比较优势，发展出辉煌灿烂的物质文明和精神文明，但人口膨胀、环境污染、交通拥堵、资源紧张、安全缺失与贫富分化等问题也接踵而至，成为城市健康发展的瓶颈，困扰着广大的城市居民，考验着城市政府。无论是推进城市的可持续发展，还是化解迫在眉睫的"城市病"，都亟须全面提升城市治理能力，努力实现城市善治。

党的十八大以来，党和政府审时度势，高屋建瓴，先后召开了中央城镇化工作会议、中央城市工作会议等一系列重要会议，对城市工作做出了科学的安排和重大的部署。习近平总书记高度关注城市工作，多次就"城市治理"发表重要讲话，先后提出了"城市管理要像绣花一样精细""一流城市需要一流治理""人民城市人民建、人民城市为人民"等诸多重要论述，廓清了城市工作的思想迷雾，指出了城市管理的目标、方向和路径。

卓越的城市治理离不开必要的理论指导和智慧支持。2016年10月30日，在上海市人民政府的支持下，上海交通大学联合上海市人民政府发展研究中心创立了中国城市治理研究院，旨在建成国际一流新型智库、人才汇聚培养基地和国际交流合作平台。中国城市治理研究院自成立以来，依托上海交通大学文、理、医、工、农多学科优势，围绕城市工作中的重大理论和现实问题，积极开展有组织的系统研究，取得了丰硕的研究成果，形成了广泛的决策影响力和社会影响力。

系列研究著作是打造学术影响力的重要举措。上海交通大学中国城市治理研究院决定推出"城市治理理论与实践丛书"，旨在打造一套符合国际惯例，体现中国特色、中国风格、中国气派的书系。本套丛书将致力于全面梳理和总结城市治理的重要理论，以中国城镇化和城市治理的实践为基础，提出具有中国特色的本土性、原创性和指导性的理论体系；深度总结、积极推广上海和其他地区城市治理的先进经验，讲好城市治理的"中国故事"，唱响城市发展的"中国声音"，为全球城市治理贡献中国范本。

相信"城市治理理论与实践丛书"的推出，将有助于进一步推动城市治理的理论研究，打造中国特色的城市治理理论体系，也为深入解决城市治理中的难题和挑战、实现城市治理体系和治理能力现代化贡献更多的智慧！

姜斯宪

上海交通大学党委书记

上海交通大学中国城市治理研究院院长

2018年1月

中国的经济正在经历前所未有的大发展，同时中国的城市也在经历着快速的生长。在这样一个国家，城市治理的舞台不断涌现和形成。城市善治是城市治理的核心，而为此去规范治理是我们当下面临的巨大而复杂的挑战。要应对这些挑战，虽有很多方法，但没有任何灵丹妙药。本书的意义就是通过跨国的讨论达成某些一致意见，从而为城市善治提供一些灵感。本书认为，追求城市善治有赖于各方面的平衡。

城市治理需要持续的关注和有意的引导，因此提供一份简单的、具有善治特征的清单还远远不够，本书试图总结出城市善治所必须具备的特质。城市善治意味着这些特质的存在，特别是它们之间的平衡。城市治理需要有弹性，但也要有足够的反作用力。城市治理中各方面的安排必须是有效的，这些安排既要对居民的需求做出回应，也要遵循科学的程序和步骤。

对于城市善治理念的反思是不够的，本书的前提是全世界的城市都能从其他城市的经验中学习。为此，本书包含了来自世界各地的案例。这些案例表明，弥补城市在善治上所缺乏的特质并非易事，但是这些案例对于其他城市和国家具有一定的实用性和针对性。我们在此感谢所有作者将这些案例汇集在一起并与我们讨论。这是一次鼓舞人心的探索，我们真诚地希望本书能够激励读者开始同样的探索，以改善城市治理。

里昂·范登杜

林茨·夏普

城市治理一直被视为民主实践的重要基石，应当与公民参与的潜力相匹配，并关注计划和服务的有效提供。在本书中，城市善治（good urban governance）被理解为决策的投入与产出。有人认为，善治需要对一系列利益抱有开放的态度，同时要求在善治的过程中，政府有能力采取行动，改善当地的社会、经济和环境福祉。本书成功地对善治需要处理的复杂需求进行了定义和探索，并通过全球各地如何应对城市善治的复杂需求的案例，为读者提供了一些实际的经验借鉴。本书的编写立足于实际情况，虽然我们不能提供城市善治的"灵丹妙药"，但是我们期望本书能为从事城市治理的研究人员和实践者提供重要的借鉴。

城市治理领域面临重重困境，我们亟待从本书中汲取新的思路。

第一，社区政治的衰落以及单一议题在政治领域的兴起值得关注。这种政治实践的主旨是多元化的参与者面对一个又一个新的议题，导致城市政府跨职能的代议制过程看起来出现了问题。与此相关的是，在许多司法管辖区，多功能的城市政府被一系列单一功能的机构所包围，而这些机构有自己的政治环境和问责机制。通过社区治理，城市政府的相关人员试图对这种各自为政的做法进行一定的民主监督，这种做法尽管是合法的，然而监督的效果有限。

第二，社交媒体在政治参与中发挥的作用越来越大。由于这种政治环境没有明确的地理限制或者地区认同，因而与城市政府的诉求截然相反。事实上，社交媒体的发展降低了政治参与的门槛，让城市政府的诉求变得苍白无力、不合时宜。城市政府的活动以往经常通过众多社会人士的行为展现出来，因而成为近几十年以来行之有效的民主形式，然而现在一切都不一样了。新一代年轻人的政治参与会有所不同，甚至有可能走到城市政府的对立方去。

第三，城市政府发现自己的治理空间被日益多层级化的治理所挤压。过去的城市政府可能具有相当的自主性，但在当今世界，不管要颁布何种政策（环境的、社会的或经济的），都需要多层次的治理维度。城市政府处于政府结构的底层，无论是处于开放式协调模式下，还是处于目标驱动模式下，在执行政策议程和项目时，它都需承受多方面的制约和较大的压力。通过城市政府来促成变化的空间比过去更小、更有限，因此民主的焦点已经离它而去。

上述情况也存在逆转的可能，众多有关新地方主义和新城市主义的讨论开始出现。这些讨论是基于对国家或超国家政府权力范围的怀疑而发出的有意义的声音，即多样性的城市政府可以为政策制定提供参考。但最终，这些论点对于明确地方政府的民主职能的帮助是有限的。城市政府本身就适合处理民主问题，我们需要基于这个理念重新理解城市政府存在的理由。城市政府能否在当代民主制度和当代多元化的、瞬息万变的、多层次的治理中发挥独特作用，本书将为我们提供可供选择的答案。

格里·斯托克（Gerry Stoker）
南安普顿大学治理学教授
南安普顿大学公民、全球化和治理中心主任
堪培拉大学百年纪念研究教授

CONTENTS ｜目 录｜

第 1 章

城市善治：挑战与价值

里昂·范登杜　阿尔贝托·贾诺利　弗兰克·亨德里克斯　林茨·夏普

1.1　探索城市善治

人们对城市善治（good governance）的探索由来已久。早在古希腊，亚里士多德便对"善治"与"恶治"加以区分，并讨论了当今我们称为"城市"的政权应如何更好地为其所有成员谋福祉（Thatcher，1900）。托费因（Torfing，2007）和皮埃尔（Pierre，2011）指出，在专制与治理之间并无明确的过渡地带，两者始终共存。近年来，治理网络已成为政府官方战略中更为核心的内容，其目标是在地方、国家和跨国层面实现社会治理。然而，公共部门、私营部门和公民社会之间不同的声音和复杂的关系一直存在。举例来说，西塞罗（Cicero，公元前44，1828，2000）关于罗马共和国的著作描述了"城市治理体系"的雏形，它是由公职机构和私人团体（家庭）等多个行为体所组成的，并且具有制度化的法律规则和社会行为准则。许多行为体都具有强大的组织力量，但都或多或少地受到抗衡力量的制约。典型的"治理"安排，是同时选出两名任期只有一年的执政官，负责组织并控制行政权力。

与此相似的是，范登赫维尔（Van den Heuvel，2007）描述了在 17 世纪的荷兰，城市治理则是几个具有影响力的家族之间的约定。当时的市议会（vroedschap）负责选出市政府，不同团体和家族经常在市议会中争权夺势。当时的市议会实行终身制，市议会成员通常身兼多职。公共利益和私人利益是无法区分开的，并且或多或少纠缠于相同的领域。马基雅维利（Machiavelli，1513）也注意到这种"治理过程"，他建议君主减少对神权的依赖，而是通过自我治理，即通过影响和控制其臣民的行为及其与臣民的关系，来加强自身的权威。

在意大利锡耶纳市政厅，有两幅世界知名的壁画，是 14 世纪时由画家安布罗吉奥·洛伦泽蒂（Ambrogio Lorenzetti）创作，比较了城市善治和恶治给城市带来的不同影响。其中一幅壁画名为《城市恶治的影响》（*Effetti del Cattivo Governo in Citt*），描述了暴力充斥着城市，人们的安全无法得到保障，人与人之间信任缺失和社会动荡的情景。与之对应，另一幅壁画名为《城市善治的影响》（*Effetti del Buon Governo in Città*），描述了公民们和平共处、安居乐业、与邻为善的情景。洛伦泽蒂认为后者是当时公共行政话语所说的"善治"的结果。在另一幅名为《善政的寓言》（*Allegoria del Buon Governo*）的壁画中，洛伦泽蒂指出，善治的特点是有效的制衡，它不仅仅是"做好事"，更是在完善的宪政制度下做事。在《恶政的寓言》（*Allegoria del Cattivo Governo*）的壁画中，画家描绘了另一种宪政情景，这种情景中没有绝对的权力，它以"审慎""节制""坚毅"等主要美德为主导，同时受正义女神和自由公民的制约。

近几十年来，联合国、世界银行、经济合作与发展组织等国际组织都提出了城市治理实践的规范或理想标准。例如，1999 年，联合国人居署发起"全球城市治理运动"，以实现在城市化进程中人类居住环境可持续发展的目标。在此项运动中，良好的城市治理以"可持续性、权力自主、公平、高效性、权力透明、问责制、公民参与、公民权和安全"（联合国人居署，2002）等相辅相成的准则为主要特征。

1.2 定义城市善治

1.2.1 治理的概念

广义而言，治理描述了涵盖不同领域（国家、市场和公民社会）的新型集体决策形式，涉及相互依存的公共部门、准公共部门、私人部门、非营利部门和社区部门所组成的复杂网络。这种集体决策形式重塑了国家与公民社会之间的互动关系，也模糊了公共和私人领域之间及其内部的边界（Bovaird，2005）。一组新的、差异化的关系开始呈现。其中，交换一般是通过协调与谈判实现，而非通过命令、控制、竞争与契约去完成。其关注的重点往往是社会网络而非阶级和市场。知识和资源的分散性，行为体的多样性，以及行为体多样化的相互作用，都使得整个治理体系变得更加复杂。

其中有两点值得强调。首先，从"专制"向"治理"转变的想法过于简单，因为社会网络、市场和阶级能共存于不同的制度组合中。其次，治理可被视为一个描述性的路径，也可以被看作是一个合规范性的概念，因为它指的是"组织和机构的（应有）管理方式"（Newman，2001：16）。这种差异直接关系到侧重于"治理"的描述性方法与侧重于"善治"的规范性方法之间的区别（Hendriks，2013）。接下来，我们将详细回顾描述性和规范性的方法。

治理这一概念具有多重意义（Rhodes，1996，1997b；Pierre，2000）。它是一种新的管理形式，由自主的、差异化的、又相互依存的政府和社会行为体组成的网络内部互动模式构成（Kooiman，1993；Rhodes，1997a）。这一定义的重点是强调公共部门、私人部门和非营利部门之间的相互依存和互补性，而非以单一部门（即政府）为中心的管理实践。在治理体系中，"政府不再凌驾于其他各方之上，而是与其平起平坐"（Kickert et al.，1997a：9）。库伊曼（Kooiman，1993：4）指出，"单独依靠公共部门或私人部门并不能解决所有复杂、动态且多样的问题，因为处理这些问题需要各行各业的知识与信息；同样，没有任何一个部门能够做到充分且全面理解所有问题，并提出行之有效的解决方案；在特定的治理模式中，没有任何一个部门拥有足够的行动力来实现单方面的支配"。罗德（Rhodes，1997a：53）认为治理可以称为"自我组织的、组织间的网络"，其主要特征如下：

（1）公共部门、私营部门和非营利部门之间界限模糊且相互依存。

（2）通过持续互动实现资源交换并就共同的目标进行协商。

（3）根植于信任的游戏式互动，并受到参与人员协商和确定的规则所制约。

（4）不受国家控制的自我组织和自治权。

治理的概念涉及的问题是，与混乱、不确定的社会政治（子）系统相关的，日益增长的多样性（部门的多样性）、动态性（充满张力的互动关系）、复杂性（具有内在联系的互动关系）如何挑战传统的管理模式。治理的概念正是用来解决这些问题的（Kooiman，1993，2000）。部门的数量越来越多，只能越来越分化，其互动的方式也多种多样。与此同时，越来越多的人意识到，解决这些"棘手"的问题需要借助更多方法和工具。诚然，公共议程的核心议题越来越"纵横交错"，围绕各种问题和人群而构建（Peters，1998b）。如果社会政治（子）系统相互关联且不确定，那么它们产生的问题就只能通过运用灵活的手段同时依靠多种工具来解决。

治理的概念基于明显的制度分割（institutional fragmentation），以及日益增强的组织流动性。其中，政府与非政府组织之间及各自内部的关系被不断重新定义。治理是一种关系概念，强调政府和社会行为体之间以及社会行为体彼此之间相互作用的性质与影响。因此可以说，治理的概念强调的是国家和社会之间的界限越来越模糊，且不断相互渗透。这一概念挑战了以往强调国家和社会之间具有明显差别的看法。同样，公共领域和私人领域之间的界限也变得模糊。虽然在治理概念出现的同时，国家政体日益差异化和碎片化，国家与公民社会之间的区分也变得模糊，但这并不意味着政府的"死亡"（Stoker，2011）。我们应该摒弃如下观念，即"政府孤立于社会之外又超然于社会之上，以单一中心和单一理性的方式主导实现明确的单一目标"（Kickert，1997：737）。然而，如果社会政治（子）系统的多中心特征确实为灵活和多样化的网络创造了互动和发展的机会，那么，在不同网络内部和网络之间建立联系就变得至关重要，这样原本无序的状态才有可能转变成为新的秩序。

1.2.2　城市治理

在城市层面，城市治理的概念意味着与传统的城市政府相比，社会政治环境更加复杂化和碎片化，而决策模式则更加开放和灵活（Stoker，2000）。当公共部门、准公共部门、私人部门、非营利部门和社区部门需要共享资源而在职能上又相互依存时，或者它们在某个行动中具有共同利益时，就会形成多种关系（Prior，1996）。传统形式的城市政府无法解决诸如经济发展和可持续发展这种涉及多个部门和领域的问题。这类问题依靠单一部门无法妥善解决，需要不同团体、组织和机构之间通力合作、共同努力。作为制度组成部分的城市行为体，其权力、责任和资源，其内部结构和行动过程，以及他们之间的相互关系，都体现了广泛的制度碎片化特征。

皮埃尔（Pierre，1999）指出，城市治理可以被描述和理解为基于不同的价值体系、规范体系、信仰体系和实践体系构建的不同制度模型，并在这些制度模型的语境下融合和协调公共利益和私人利益的过程。此外，为了分析城市治理，必须关注城市治理体系中涉及的利益相关者的能力。

治理网络作为实现集体目标的载体，其重要性日益增强，城市层面的创新决策模式由此形成。这些决策模式通过间接的方式实现预期成果，依赖于与其他行为体的对话和协商，同时依赖于能够实现整合的强有力的战略方向和领导力。网络体现了一种从完全基于正式权威的决策模式向同时依赖于指导、交涉和影响的模式的转变。换言之，城市治理体系的碎片化需要有新的方法来克服混乱的组织环境，同时探索新的战略方向。从实践角度看，在城市层面，这意味着：① 确定多个城市利益相关群体并评估他们共同处理和解决城市问题的意愿和能力；② 调动政府和非政府机构的资源以完成具体任务；③ 建立集体行动框架；④ 安排和协调公共投入，并在不同利益之间进行调解。这些不同的行动过程可以通过一系列干预模式来实现，包括影响力、协调、促进、协商和倡导等。

在此背景下，本书将"城市治理"定义为：由相互关联的政府和社会行为体所共同定义的、多中心的城市环境中，或多或少的制度化工作安排所塑造的组织能力和抗衡力量（Hendriks and Drosterij，2011：18）。如果是在有限的时间内以一种特定的方式管理一群人或者一个过程，还称不上是真正的"城市治理"。因为这种城市治理需要一定的规律性，有一定程度的制度化要求。城市治理的工作安排可以理解为"使用中的规则"（rules in use）意义上的各种体制（Ostrom，2005）。此外，需要强调的是，组织能力和抗衡力量是治理体系的关键要素。组织能力是指要求在投入和产出上正确行事，而抗衡力量是治理制度的关键要素，是指在系统中设立适当的制衡机制所需的职位和职务。城市治理是"生产的"（productive）能力和"纠偏的"（corrective）能力的集合。前者可定义为治理能力和执行力的调动（"完成工作的方式"），后者则被认为是控制、审查和制衡能力的调动（"制衡机制的运作方式"）。

当代城市治理的文献倾向于把重点放在生产能力上（Pierre，2011）。斯通（Stone，1989）的城市体制路径就是一个很好的例子。斯通对美国亚特兰大的研究，正好触及精英主义者和多元主义者之间的"社区权力辩论"。在斯通看来，这两个派别都沉迷于"支配权"（power over, 即谁拥有权力），而非"行事权"（power to, 即如何完成工作）。诚然，弗赖夫杰格（Flyvbjerg，1998）在其对丹麦奥尔堡的详细研究中也指出，人们应该关心的不是"谁来治理"这种陈旧的问题，而是应该关心如何行使权力，以及"治理的效果如何"这种更为重要的问题。

值得注意的是，在有关城市治理的当代辩论中，人们较少考虑制衡机制的构建问题。与之相比，在有关企业治理的论述中，首席执行官、董事会、监事会、股东以及其他利益相关者之间的制衡关系（符合"宪政"要求）就一直有人进行激烈的争论（Pietrancosta，2009）。在城市治理中，还有其他主角，如地方议会、居民理事会、市长和市议员、市区协调员、高层级的共同管理机构、公共服务部门、监察专员、审计委员会、住房公司、福利组织、社区工作机构、市政咨询委员会、商会、居民组织、社区管理公司、公民等。在评估他们的价值时，不仅要考虑他们的生产能力，还应考虑他们的纠偏能力（Ostrom，1982）。

1.2.3　城市治理的规范性方法

简单来说，善治就是依据某些规范而被当作是"好的"，或者至少是"足够好的"的治理。"好的"有时被用来形容十全十美的政府。这种概念背后意味着政府是有明显的优劣之分。而格林德（Grindle，2007）引入了"足够好的政府"的概念。从概念上来说，"足够好的治理"（good enough governance）表明并非所有的治理缺陷都需要（或者都可以）立即解决。足够好的治理是将注意力放在实现政治和经济发展所需的最低治理要求上。

联合国利用治理的相关概念，从规范性角度将"好的治理"命名为"善治"。联合国在其 20 世纪 70 年代后期的发展计划中阐明："善治的主要内容是参与性、透明度和责任制，同时包括有效性和公平性。善治促进法治。"（1977：3）。如上所述，由联合国人居署发起的"全球城市治理运动"所确定的城市善治规范是"可持续性、辅助性、公平性、高效性、透明度和问责制、公民参与和公民权、安全性"（联合国，1996）。决策和实施过程中的若干特性决定了治理过程属于"善治"还是"恶治"。这些特性包括：公民的参与、法治、透明度、响应力、共识导向、公平性、包容性、有效性、高效性和问责制。同样，20 世纪 90 年代，世界银行引入"善治"的概念，其要素包括法治、司法独立、产权保护、公民参与、政府透明、保障所有群体的发言权和问责权、提高公共管理的有效性和高效性、言论自由，以及其他价值观（世界银行，1991；Van den Dool，2005）。

对于这种定义善治的方式，有人批评相关标准的清单可以无限延长，削弱了其实用性和理论价值。对善治"守则"的详细描述也无法克服这一限制。例如，欧洲委员会（2008）在界定"地方良好民主实践的十二项原则"时，实际列出了十七项原则："公平选举；代表和参与；响应力；高效性；有效性；开放性；透明度；法治；道德准则；资格和能力；创新和开放；可持续性和长期导向；合理的财务管理；人权；文化多样性；社会凝聚力；问责制。"[①] 另一个例子是由荷兰内政及王国关系部（2009）起草的"善治守则"，其中定义了七项核心守则，包括十一个标准：开放性；正直性；提供良好的服务；参与度；目标导向；高效性；合法性；正义；自我纠偏；学习能力；问责制。

尽管有关善治的文献都假定存在相应的标准，但这些文献中很少讨论各项标准之间的关系。另一种可被定义为"民主治理"的规范性方法，侧重于治理体系如何影响民主的结构和进程，以及法治的作用。通过这种定义可以窥见这些标准之间的一些关系。

由于同时存在着多种推动力量，治理与民主之间的关系可以用不同的方式解读（Franzke et al.，2007）。一方面，传统体制难以处理复杂的公共问题、利益相关者之间以多种形式存在的相互依存关系、社会分化，以及处理有分歧的利益。因此，需要新的方式来发展民主话语和促进公众参与。另一方面，治理体系本身所具有的多样性和复杂性，可能会破坏现有的民主决策原则，同时无法提供可行的替代方案。显而易见，治理重新定义了对民主实践的限制，其带来的机遇和挑战可谓一把"双刃剑"。

显然，善治的规范性方法包括城市层面的善治，至少给四个对城市治理体系产生重要影响的领域带来张力和挑战。这四个领域包括：① 责任与问责；② 代表权与代表性；③ 机会准入与权力；④ 合法性与有效性。这些将在下一节进行介绍。

1.3　城市善治的张力和挑战

1.3.1　责任与问责

善治的复杂性模糊了责任（responsibility）与问责（accountability）之间的

---

① 在此之前，欧洲理事会制定了《欧洲地方自治宪章》，该宪章于1988年生效。

关系和界限。在公共领域和私人领域关系日益密切的政治体系当中，虽然正式的城市政府部门是民选产生，一系列享有决策权和财政资源的机构和组织独立于正式的城市政府机构运行，而这些机构和组织的成员由民选产生并对选民负责，同时还要接受选民的问责（Franzke et al.，2007）。由于许多决策的分散性，民选市议会的职责范围不可避免地收缩，决策可能在民主过程的范围之外进行。为了说明这种网络架构如何削弱简单的问责制，罗德（Rhodes，1997a：58）指出："代议制民主奉行问责制，而公民参与的治理网络则是开放的、无须正式问责，这两者之间显然存在冲突。"私人管理机构（private government）有可能取代公共责任和问责。朗蒂和斯克彻（Lowndes and Skelcher，1998：316）认为，治理可能反映了"更广泛的民主赤字，其中非民选机构和自选代表以牺牲民选政治家为代价获得权力"。要清晰区分、阐述责任和问责基本原则的任务变得越来越艰巨。举例来说，在伙伴关系结构中，合作伙伴之间分担了责任和问责，并通过协商来达成成果，从而导致难以清晰地进行责任确定和问责（Burns，1997）。这意味着，由于正式的层级责任和问责制在复杂背景下是不够的，有必要重新考虑和重新阐述其所附带的性质和含义。

私人行为体是城市治理体系中不可分割的一部分。选举只允许公众部分地影响那些参与决策的人员的多样性。但这并不足以说明选票的作用是有限的，并否定推行代议制民主的必要性。城市政府的民主合法性来源于其作为唯一民选机构的地位，这是不容否认的（尽管投票率很低会使其合法性受到质疑）。我们所面对的挑战就是要认识到责任和问责之间的微妙关系，同时确保每个机制都有一定的民主参与性。

1.3.2　代表权与代表性

在以多个参与者、多种决策领域为特点的城市治理系统中，利益代表权问题的性质发生了变化。旧有标准不适合用来界定什么人或者什么群体应该被代表，也不适合用来界定代表权是否充分。利益相关的概念和合法性的概念是两面透视镜，透过它们可以探索这个议题及其所隐含的挑战。利益相关

（stakeholding）是指（在某个地区、政体、决策等方面）任何具有利害关系的个体都应该有机会在影响其自身利益的过程中发挥作用。换言之，利益相关即应该考虑各种利益，而不同利益相关者的判断或关注需要在决策过程中得到充分的代表。

但这并非易事。要判断谁是利益相关者，需要面对几个关键问题。正如拉斯廷（Rustin，1997）所述，这个概念未能回答"谁有权基于何种理由获得何种相关利益"这个根本问题。可以被看作是利益相关者的个人和群体数不胜数（Kelly et al.，1997），所有行为体都可以被视为与所有问题或决策相关。此外，"利益相关"的概念需要明确不同的利益及其主次关系："每个人或团体都应当有机会影响那些和他们所具有的合法物质利益相同比重的决定。"（Burnheim，1985：5）。尽管我们可以区分主要利益相关者（真正利益或直接利益相关）与次要利益相关者（轻微利益相关或间接利益相关），但实践中却往往难以评估他们的主次程度。不仅如此，利益相关者的概念并未阐明如何平衡利益冲突（Kelly et al.，1997），以及何种程序可以确保所有利益相关者都有平等的代表权。

另外需要强调的是，当城市治理体系缺乏传统民主代议制中重要的合法性来源时，就存在着谁可以被视为合法代表的问题。如果所涉行为体的合法性有着不同来源（如地方选举、专业知识、共同经历或任命），则会进一步增加不确定性，因为"各种授权之间并非相互认可，其相对价值也并不明确"（Lowndes and Skelcher，2000：100）。在城市治理体系中存在多个相互竞争的代表权，这与皮特金（Pitkin，1967）关于政治代表权概念的开创性研究相一致，这个研究中指出了代表权概念的多重含义（包括形式的、象征的、描述的、实质的含义）。

1.3.3 机会准入与权力

城市治理有潜力促成合作及协商一致的决策方式，但这并不意味着城市磋商制度能够接纳民主的影响。治理过程可能使拥有组织和参与能力的利益相关者受益，可能只有特定的利益被代表，或者某种形式的参与可能受到共同管理机构的阻碍。

伙伴关系和网络安排通常包括具有不同资源、专业领域、文化背景和利益诉求的行为体之间的合作。在日益复杂的城市政治环境中，这些合作可能更难实现。登特斯等人（Denters et al.，1999：842）认为，"不是每个潜在的社会利益共同体都能组织起来，以便与既有的利益集团和专业组织平等地参与政策网络"。

政策网络和伙伴关系的开放与否至关重要。我们可以描绘出不同形式的封闭性，如社会性的和认知性的封闭，以及造成这种封闭性的原因，如行为体的否决权、参照系以及面临的网络文化（Schaap and Van Twist，1997；Schaap，2007）。复杂的决策过程可以根据交互的不同方面同时开放或者封闭。此外，从决策能力和组织自我利益角度来看，可能存在限制决策的机会准入的激励措施，因为所代表利益的同质性越高，决策成本就越低（Denters et al.，1999）。德莱泽克（Dryzek，1987）指出，我们应该更加关注如何使得管理有序的特殊利益集团之间达成一致，而非为广大公众的利益服务。

行为体在城市治理体系中的地位差异也反映了最终决策中各种利益方所占的不同权重。资源丰富的参与者，如那些具有更强组织能力和凝聚力的参与者，以及战略位置占优者，他们更容易获得资源，且具有较强的影响力（Maloney et al.，1994）。然而目前的问题在于，现有机会准入与影响力方面的不平等现象就算没有被加强，也会再次产生。由于存在复杂的相互依存关系，战略的制定可能脱离民主过程，形成以决策核心和决策边缘为特征的两级民主制度。

这就意味着，虽然城市治理体系的基础是增强公众参与，但是让更多人在组织网络中具有真正的发言权并非是理所当然之事。换言之，我们需要认真评估城市治理可能带来的与民主相关的潜在利益。如果缺乏适当的激励来提高公众的实际参与度以确保相对弱势的群体获得准入机会，广大公众可能会认为城市治理过程是难以触摸、难以理解的。

在总结更加详细的治理定义时，应该考虑政府与非政府组织之间权力和影响力的分配情况。斯托克（Stoker，1998a）指出，治理要求重塑权力。斯通（Stone，1993）主张采用"便利性"（facilitative）的权力概念：人们认为应该将"支配权"概念（power over）替换为"行事权"概念（power to）。权力关系不应被视为零和博弈，即权力之间非此即彼的对抗，而应被理解为正和博弈，即双赢的解决方案。斯托克（Stoker，1998a：47）指出，在治理背景下，"权力的关键是一种领导力，以及能够完成重大任务的运作模式"。鉴于在复杂环境中，不可能实施全面控制，而且多个行为体拥有实现特定目标的基本资源，因此，治理者应更多地依靠在协作环境中促成行动，而非发号施令。换言之，决策过程应更关注对话与协商，而非权力的直接使用。

1.3.4　合法性与有效性

合法性与有效性是城市善治的两个关键规范性标准。道尔（Dahl，1994：24）指出，这两个维度之间的矛盾"自 2500 年前古希腊民主观念和实践发展以来就一直存在"。合法性基于多个方面，包括即使决策结果不符合行为体的自身利益，决策也能被采纳；决策被认为是公平合理的；人们可以平等参与和影响决策；系统的稳定性；遵守规范和规则。相反，有效性则取决于如下方面：制定出满足公民需求的公共产品和服务；政府有能力解决问题，确定需要实现的目标以及目标的优先级；行动过程能够实现最优结果。

沙普夫（Scharpf，1999）认为，民主合法性是一个二维概念，指的是政治制度的投入和产出。在投入方面，民主合法性要求相关机制或程序将政治决策与公民的利益联系起来。在现代民主国家，这种机制的体现是通过选举对政治决策者进行问责的代议制。同时，沙普夫认为，如果民主程序不能产生有效的结果，即无法实现对公民来说重要的目标，民主就只是一种"空洞的仪式"。

伊斯顿（Easton，1975）最早提出政治支持的这个二元概念。这个概念既包括对当局表现的评估（特定支持），也包括政治体系更基本和更本质的范畴（广泛支持）。广泛支持（diffuse support）——通常用于衡量政治制度合法性——被描述为对政治以及相对稳定的政治制度运作的根深蒂固的态度。特定支持（specific support）则与政府的表现有关，可以作为产出导向合法性（output-oriented legitimacy）的指标。

总而言之，如果一种体制得到受其权威所影响的人们的普遍认可，那么该体制就被认为是合法的。一般而言，人们认为合法性的一种来源就是政府在民主原则下运作。换言之，投入方的合法性取决于将"人民的意愿"转化为政治决策机制。如果人民认为这些机制是"民主的"，就存在投入合法性（input legitimacy）。有效性则取决于几方面的能力，包括创造最佳结果，在资源有限的情况下确定多个选项的优先次序，以及最大限度地解决问题的能力。显然，所有这些能力都与公民的利益密切相关。在城市治理中要追踪公民的利益并转化为政治决策。在城市善治体系中，必须创造条件让合法性和有效性相辅相成。

1.4 城市善治的核心价值观

基于城市体系所面对的张力和挑战，我们可以确定一些基本的治理价值观，将民主概念中的"民治、民享、民有"与同等重要的法治概念结合起来。

绩效价值注重"民治"和"民享"的结果产出。通过这种方法，如果城市治理能够满足居民的需求，治理主体能妥善处理各种问题，就会被认为是"善治"。制度价值涉及治理体系的总体宪政规则。它们与制度的结构特性有关，与投入、产出或进展无关。在这种路径中，如果城市治理体系受到制度化规则的制约，而这些规则是通过制衡体系制定的，那么这种城市治理体系可以被视为善治。

在表 1.1 中，制度价值区分了受到民主理论（具有复原性的"民有"）和法治理论（结构平衡）启发的价值观。绩效价值可以部分简化为投入端的响应力以及民主治理产出端的有效性。然而，法治理论提醒我们，在将投入和产出连接起来的链条中，"正当过程"（可靠性）具有重要价值。

表 1.1 善治的价值

启发	投 入 价 值	产 出 价 值	制 度 价 值
民主	民治（rule by the people） **核心价值：响应力（responsiveness）** 相关投入价值：代表权、融洽、参与、机会、开放	民享（rule for the people） **核心价值：有效性（effectiveness）** 相关产出价值：生产力、高效性、附加价值、解决问题	民有（rule of the people） **核心价值：复原性（resilience）** 相关制度价值：动态稳定性、自我调节能力、可持续性、适应性、多样环境下的凝聚力
法治	依法而治（rule by the law）、为法而治（rule for the law） **核心价值：可靠性** 相关过程价值：（＊） 正当程序、合法性、正确性、可预见性；正直和公民性；透明度和问责制；均衡性和公平性；公正和权利平等		制约与平衡（checks and balances） **核心价值：相互平衡** 相关制度价值：抗衡力量责任、制衡机制、监督和监察、监管和控制

注：（＊）这些被称为过程价值，因为正当程序、合法性、正确性等因素属于系统理论中将投入和产出连接起来的整个过程。可靠性的总体价值实质上也是一种过程价值，并不局限于治理的投入端或产出端。

1.4.1 响应力与有效性

从字面上看，"民主"的英文"democracy"源于"demos"（人民）和"kratos"（统治）两个希腊语单词。谈及民主理论，通常要提及林肯（1863）的观点。林肯认为民主包括三重含义，即"民有"（rule of the people）、"民治"（rule by the people）和"民享"（rule for the people）（Hendriks，2010；Hendriks and Drosterij，2011）。普特南（Putnam，1993：63）指出，好的民主政府"不仅能够考虑其公民的诉求（即响应力），而且能够有效地就相关诉求采取行动（即有效性）"。道尔（Dahl，1994）提出"参与"与"有效性"的对立关系。李帕特（Lijphart，1999）则提到"代表权"与"绩效"的对立关系。无论这些学者的意图为何，其实他们都殊途同归。他们所关心的都是投入合法性与产出合法性的对立关系，或者更通俗地说，是响应力与有效性的对立关系（Hoggart and Clark，2000）。某一政府模式的响应力取决于它在代表权、参与性、机会准入和开放性等方面的组织化程度和组织方式。某一政府模式的有效性取决于它在采取行动、解决问题以及高效行事方面所体现出的能力水平和行为方式。

1.4.2　可靠的治理

如上所述，沙普夫（Scharpf，1997：19）指出，无论是直接的还是间接的民主治理，都必须在人民的推动下才能获得"投入合法性"，必须为人民创造附加价值才能获得"产出合法性"。然而，善治不仅要满足当今公民的需求，更要时时刻刻满足人民当中大多数人的需要。这体现在法治理念上，是对民主理念的补充。如果仔细考究的话，我们还可以区分投入价值（"依法而治"，即遵守、遵循、尊重和内化法治）和产出价值（"为法而治"，即表达、实施、管理和执行法治）。但可靠治理的基本要素其实与连接投入和产出的整个过程有关。因此，就过程价值而言，表 1.1 中并未强调投入 / 产出的差异。这里的核心概念是"可靠性"，是将更多法律（合法性、问责性、权利平等）和"互动主义"（正确性、正直性、公民性）类型的价值汇集在一起。罗斯坦和特奥雷尔（Rothstein and Teorell，2008）将这个集合中的一个元素"公正性"（impartiality）作为善治的本质。特别是在正式法治和深层社会期望趋同的情况下——正如平等、均衡性和公平性等原则一样——对善治这一维度的敏感性已得到充分发展。可靠性作为城市善治的核心价值，其重要性不逊于响应力或有效性。即使城市治理在理论上是为了实现"民治"和"民享"，但城市治理的参与者拥有权利，并完全有权要求人们尊重这些权利。

1.4.3　复原性与相互平衡

投入和产出价值具有支配性的话语权，而过程价值是其重要补充，但善治不止于此。善治不仅意味着要关注制度的投入、产出和过程，还要关注制度的构成，也就是各种支持和反对声音、权力和抗衡力量的组织方式，也就是由各种职务、权力、职位和关系所构成并作为宪政整体的治理体系（Ostrom，1982；Toonen，2010）。

民主理论的某些部分非常重视民主制度的复原性、自我调节能力和动态稳定性。简而言之，就是民主制度面对压力不屈不挠并且团结一致（"E Pluribus Unum"）的能力。在孟德斯鸠、麦迪逊等人的宪政思想中，制度化的"反权力"（counter-power）是一种极为重要的价值观，包括抗衡力量、制衡机制、相互制约的机构、权力分配和权力平衡等要素（Rosanvallon，2008）。如前文所述，这些思想的种子早在罗马共和国时期就已经播下了①。

诸如复原性和相互平衡等宪政原则通常与国家有关，同时，它们也可以与城市领域相关联。在任何关于城市善治体系的思考中，制度价值观都应该成为其核心。在任何一个城市（Duyvendak, Hendriks and Van Niekerk, 2009），只要城市里不同人群之间存在着分歧和张力（Putnam，2007），都要考虑制度价值观。

城市化的世界充斥着灾难性的规划和失败的政策，这也表明权力制衡存在的必要性。在宪政发展中，城市审计办公室、监察专员和其他形式的监督和控制还远未成熟。因此，关于监督和控制的辩论对城市治理的重要性不亚于对公司治理的重要性，而这种辩论已成为当今的主旋律。未来几年面临的挑战，就是要将宪政重新纳入民主善治的概念话语中。

本书的最终目的是探索和分析基本治理价值观之间的相互作用。绩效和制度价值在任何城市治理背景下都至关重要，它们之间的相互关系将通过一系列基于全球范围内城市治理的案例进行探讨。下面简要介绍一下后续章节所涵盖的主题。

1.5　后续章节

本书包含两个概念性的章节（第1章和第2章），一系列从实证角度探讨城市治理（善治）的章节（第3章至第10章），以及一个结论性的章节（第11章）。

---

① 参见我们先前提及的西塞罗（[公元前44]，1828，2000）的观点。但亚里士多德（[约公元前330]，1984）等人早已强调政府作为政治必要因素的重要性。

乔恩·皮埃尔（Jon Pierre）的文章将城市善治描述为公共与私人、全球与地方、领导与包容、政治与管理之间的复杂的平衡行为。他强调，如果协作治理让市场利益主导，治理体系本身的水平可能会因为这些特殊利益的存在而下降。同时，治理的响应力和透明度可能会下降。皮埃尔提出一个关键问题，即协作治理是否优于更传统的治理形式，以及需要采取何种形式的制衡来保持其治理水平。

克拉伦斯·斯通（Clarence Stone）在分析美国城市治理状况时指出，基于市场的改革并非万能的，需要以旨在加强提供社会服务和解决问题能力的举措作为补充，并促进政府与地方社区的协同生产。为实施这些改革，对于地方的了解是改革当中是必不可少的，公民需要积极参与，而且地方社区需要自发的组织，以便能够形成抗衡的力量。斯通以西雅图和汉普顿两个城市为例阐释了自己的观点。西雅图当地政府设立了一个特殊单位，作为当地社区的合作伙伴；而汉普顿通过实施多项措施鼓励公民参与到分析当地问题和制订解决方案的过程中来。

针对城市执行官员无所作为、敷衍了事的情况，大约在十年前，洛杉矶开始成立邻里委员会，现已形成全市范围的咨询机构制度。朱丽叶·穆索（Juliet Musso）描述了这一历史过程，并探讨推动变革的因素以及阻碍邻里委员会发展的因素。虽然在全市范围内建立邻里委员会制度的确是一项成就，但穆索认为，从参与式民主的投入和产出来衡量，这项制度充其量只能算是成败参半。无论是在理论上还是实践中，邻里委员会是否具有包容性和代表性都还尚无定论。

柏林-利希滕贝格是位于柏林东部的一个行政区，可以被看作"公民城市"的最佳范例之一。该市将现代民主和公民参与决策结合起来，其中包括自2005年就开始实行的参与式预算编制项目。约亨·弗兰兹克（Jochen Franzke）和伊娃·罗德（Eva Roeder）在文中将重点介绍这个有助于实施城市善治的项目。这一制度的特点包括协商一致、实事求是、去中心化、包容和问责制。该案例表明，城市善治是一个不断学习和沟通的过程，需要时间、灵活性以及所有相关行为体的善意与参与。

过去十年间，瑞士在地方层面建立了更多的参与形式，让市民拥有更多机会来影响城市规划的决策。这些所谓的自愿参与程序其实是在法律上没有约束力的审议程序。约勒·皮安佐拉（Joëlle Pianzola）和安德烈亚斯·拉德纳（Andreas Ladner）描述了苏黎世的公众自愿参与程序的管理方式和实施方式，以及该项制度在直接民主语境中的地位。他们通过两个例子探讨了此类公民参与的补充形式如何促进城市规划方面的善治。

塔玛拉·梅茨（Tamara Metze）和萨宾纳·范祖丹（Sabine van Zuydam）研究了阿姆斯特丹的协作治理，分析了青少年服务领域网络形式的善治的元素。他们介绍了网络善治的一种具体形式，其中包括政府和其他合作伙伴突破各自的边界，采用以结果为中心的方法，通过反思过程来提高治理制度的适应性。他们通过阿姆斯特丹的案例分析了与此类网络治理的困境，以及合作伙伴达到网络善治标准的程度。

历届荷兰政府都将埃因霍温智慧港（Brainport Eindhoven）视为该国主要的研究和创新地区，飞利浦、阿斯麦等多家领先企业及其子公司均进驻该园区。智慧港代表着政府、企业和大学等学术机构的三方合作，共同实现埃因霍温地区的经济发展和创新。林茨·夏普（Linze Schaap）和朱利安·范·奥斯泰衍（Julien van Ostaaijen）的文章指出，民主合法性不仅仅是议员参与战略决策。受到其他民主模式的启发，民主的合法性可以有更多来源，而不仅仅是代议制民主。他们认为，可以在不影响"智慧港"概念优势的前提下，加强民主的合法性。

安克·米歇尔斯（Ank Michels）和科尔·范·蒙特福特（Cor van Montfort）分析了德里、北京和上海的案例，评估了伙伴关系在印度和中国城市治理中的实施状况。在介绍了公共治理和私人治理的主要趋势后，该章重点介绍两种类型的伙伴关系，即城市政府与私营部门公司之间的伙伴关系，以及城市政府与社区组织之间的伙伴关系。作者在这一章中指出，伙伴关系有助于加强政府解决问题的能力。但是，只有在城市政府层面和伙伴关系层面均得到善治的支持时，伙伴关系才能得以维持，从而促进合法的及可持续的公共政策。

伊恩·斯科特（Ian Scott）描述了中国香港地区一直以来为实现民主参

与、提高行政效率和预防腐败之间的平衡所做出的努力。该章探讨了香港民主参与在 1997 年之后所经历的变化，包括市政局和区市政局被解散，而且被具有有限权力且实行任命制的区议会所取代。另一方面，虽然打击贪污使特区政府的行政效率受到一定的影响，但此举始终是保证香港特区政府稳定的关键因素。鉴于此，作者认为，要在预防腐败与提高效率之间取得平衡，需要以价值为本的廉政管理，同时反贪制度应该较少依赖规则和制裁，而更多地依赖公务员的个人道德意识。

第 2 章

谁是城市的主人？城市治理的张力

乔恩·皮埃尔

爱丽丝：请告诉我该走哪条路，好吗？

猫：　　那要看你想去哪里。

爱丽丝：去哪儿都没关系。

猫：　　那走哪条路也没关系。

（刘易斯·卡罗尔，《爱丽丝梦游仙境》，1865 年）

2.1　引言

本章探讨与城市治理的结构和目标相关的一系列问题，并将这些问题详细阐述为"城市善治"的六个维度。本章的核心论点是，城市善治最终可追溯到传统的民主理想，例如政府能够及时回应民众的诉求及承担相应的责任。但城市治理植根于复杂的经济结构和制度层级中，这意味着与国家层面的善治相比，城市善治更具挑战性。

此外，笔者认为城市善治就是指良好的公共城市治理。尽管在设计新的组织结构或网络以促进城市层面的协作行动取得全面进展，但政府基础治理的角色不能转移给市场或混合型组织。城市善治需要一个强大的、持续的公共领域，而在该领域内，政府可以集思广益，鼓励民众积极参与公共事务。市场虽然对经济发展至关重要，但终究无法实现城市善治。的确，政府在城市治理中的中心地位（centrality）与城市治理的质量存在正相关关系。

然而，这并不是说所有社会行为体参与到城市治理中都会对城市善治不利。城市治理恰恰需要地方政府与关键行为体的共同协作。笔者认为，如果协作治理是根据市场行为体所定义的条款和要求进行的，那么城市治理的质量可能会受到威胁。与所有形式的民主治理一样，协作治理必须满足公共利益；如果它只满足某些特殊利益，那么治理的质量将会大打折扣。

与国家层面的善治不同，在地方制度层面实现善治受到植根于地方制度的经济结构、制度层级和社会复杂性等因素的影响，从而面临着更大的困难。因此，城市管理机构所进行的"价值的权威性分配"（authoritative allocation of values）（Easton，1965）只是地方社区的一种价值分配形式，往往不是对城市影响最大的价值分配形式；与所有的城市政策相比，全球化和其他形式的经济结构调整往往会给当地的经济带来更深刻的变化。与此同时，城市繁荣较大程度上依赖于市场和私营企业。因此，城市治理是一种处理复杂的突发事件的过程，也是奉行城市领导人制定的发展道路的过程。

本章主要论述"城市善治"的六个维度，每个维度分别描绘了城市政策实施过程中存在的挑战和潜在的目标冲突。对于如何改善城市治理，本章将不会提供一套"正确答案"，而是试图呈现当代管理者与政府所面临的复杂权衡关系。

2.2 城市治理的结构与方向

我们生活在治理的时代。在 21 世纪，治理不再仅仅是政府的责任，而是通过伙伴关系、决策网络或其他混合型结构，让不同社会主体共同进行管理。社会复杂性、公共资源减少、税收疲软和全球化一直是推动"治理新模式"发展的主要力量。在这种新的政治和社会环境中，传统的强制性政策工具的运用，疏远了城市的主要社会合作伙伴，并可能迫使企业迁移到其他营商环境更佳的地方，因此，这种治理模式弊大于利。政府及其行政机构的行政能力和廉政能力明显弱化。事实上，由于当下的政治领导者多以新自由主义为导向，政府领导者即使有能力也不愿进行控制或干预。因此，现如今州和城市事实上是由跨越公私界限的决策网络和其他协作结构进行管理的。

以上是对西方民主国家治理过程转型的标准描述，有时会被误称为"从政府向治理的转变"，甚至更为极端的说法——向"无政府治理"转变（Rhodes，1997）。然而根据更具体的评估，治理实质上是协调公共利益和私人利益，追求协作目标，其历史与政府的存在一样久远。我们在过去几十年所目睹的变化，其实始终是对政府在治理当中所具备和应该具备的角色的重新评估。社会复杂性、全球化和新自由主义有助于重新定义政治制度在民主治理中的作用。在当代治理中，这些机构主要关注如何定义目标，它们自身与关键社会合作伙伴的活动及其与政治体系中其他层级机构之间的协调。

这一发展也意味着治理的监管范畴变得更加重要，而公众参与的服务提供在很大程度上已被外包，并对外包商的绩效进行仔细评估。我们不能低估这些角色的重要性；可以肯定的是，任何认为当代治理只涉及最低程度的政府参与的人，都应该检查政府机构所实施的监管框架，或者合同管理中出现的大量监管。

我们对协作治理的运转规律已有不少了解（参见 Ansell and Gash，2007；Pierre and Peters，2005；Torfing et al.，2012）。而本研究的主旨是，协作治理不仅提高了地方政府的行动力，而且还使政治响应和问责成为必需。城市政治活动的融合往往以牺牲民主为代价，这些新的治理模式难以响应公民的诉求，透明度较低，而且难以问责（Klijn and Skelcher，2007；Pierre，2011）。不仅如此，学者对于治理的大部分研究都集中在治理的结构和组织框架上，包括决策网络、伙伴关系和其他形式的混合型组织。而学者较少关注治理的不同结构是否也会导致治理目标的不同。这里的关键问题在于，为什么我们要假设社会合作伙伴选择与地方政府合作进行治理却不求回报（例如，社会合作伙伴对集体行动目标的投入）。

我们在评估城市治理的质量时需要探讨治理的结构问题，因为传统政府与协作治理之间最显著的差异正是行为体的结构不同。在传统政府中，行为体的结构配置相对简单，只有城市本身及其所辖机构。而在协作治理中，这种结构是由本地的语境所定义的，通常包括公共和私人行为体的某种组合。这种结构上的差异引发了一个重大问题：关于组织利益与更广泛的公共利益之间关系的作用。换句话说，"新"的协作治理模式一定比传统的治理模式更好吗？这种评估显然需要某种规范性基准，而传统的政府形式似乎是唯一适合被用来比较的。与传统的机构化治理模式相比，协作治理在多大程度上以及在哪些方面能够实现更好的治理结果呢？

这种评估显然需要一个基准。人们倾向于使用传统的政府模式作为比较基准，但这样实际上是本末倒置。与传统的地方政府模式相比，城市治理是一种不同类型的政治规划，旨在与社会行为者一起进行管理并提供服务。因此，与传统的政府模式相比，城市治理对地方管理机构提出了不同的、更具挑战性的要求。这些机构需要从服务生产者转变为协调者，从提供服务转变为熟练地从市场或非政府组织那里购买服务。如果说当代城市治理中存在着一些潜在问题，那么传统的地方政府模式也存在着欠缺：领导者在吞云吐雾的房间里做出决策，而这些决策由于缺乏透明度和反对的声音，容易滋生腐败；精英操纵着决策过程；决策者不愿意实施挑战大企业利益的项目（Crenson，1971；Dahl，1961；Gardiner and Olson，1974；Jones and Bachelor，1986；Molotch，1976）。

本章认为治理的方向和目标在很大程度上是由治理的结构来诠释的（参见Pierre，2011）。对城市政体的广泛研究表明，虽然与大企业利益集团结盟可以赋予地方政府权力，但这种体制同时也默许企业对城市治理施加"系统性的力量"（Stone，1989）。因此，由本章开头引文中猫对爱丽丝的回答可见，如果没有明确的目标，人们便可以选择任何可能的方式去强调既有目标的重要性，以便制定策略。城市治理主体从社会合作伙伴那里获取财务资源和组织资源往往需要付出代价；这些利益集团都希望在城市政治议程中拥有一定的发言权作为回报。

此外，本章还指出，将社会合作伙伴纳入城市治理过程会对治理的质量产生影响。公共管理发生根本变化后，新的治理形式应运而生。我们可以大胆断言，"新治理"在一定程度上可以被看作一种规范化的模式，证明了与有组织的利益集团、非政府组织或市场同心协力提供公共服务的合理性和合法性。"新治理"与新公共管理的融合意味着要重新定义（地方）政府的任务和职责，政府从提供服务和集体行动的主要代理人，转变为在地方政治格局中主要充当众多行为体和利益方的协调人。政府机构的核心角色是充当政治话语的舞台，以确保集体决策透明、及时回应民众诉求、保证问责制和合法性。但是政府管理目标的转变淡化了其政治角色，强调了成本效率和客户满意度。虽然这种发展很有可能改善公共服务质量，但难以保障城市治理的质量。

所有这些问题都是城市治理的核心。而城市治理在某种程度上是治理理论和实践的展示窗口。最近几十年来，治理受到越来越多的重视，其背后的众多驱动因素对城市政局的影响力越来越明显，也越来越强大，超过了其在国家层面或跨国政治中的影响力。与国家机构相比，地方政治机构对社会合作伙伴的影响力较弱。机构的监管角色是新型治理模式的关键特征之一，它在国家层面比在地方层面更为突出。与国家层面相比，城市层面上结构性变化对经济的影响更为直接，也更具有潜在的破坏性。而在国家层面，一个地区的经济衰退会被其他地区的经济增长所抵消。从某种程度上说，这是"富足的魔咒"（the curse of abundance）。在很多城市，其政治领导者可选择的社会合作伙伴相当有限。在农村地区，很少有领导者会选择与未来导向型的企业合作，因为当地根本没有这样的企业。一些国家的公民社会蓬勃发展，公民热衷于参与城市治理或是公共服务提供的各个环节，而另一些国家（比如中欧和东欧）的公民社会则不太成熟。最终，在某些城市的政治文化下，政府强烈反对与企业组织合作，例如 20 世纪 80 年代的利物浦（Harding，1998）。因此，治理过程的结构和组成不仅取决于地方（有时是国家）层面的政治、经济和文化发展，还取决于地方可能提供的潜在合作伙伴。

那么，在这些限制条件下，城市政治领导人寻求以何种形式与哪些社会伙伴进行合作，在很大程度上取决于该领导人想要实现什么目标。地方政府往往要与社会合作伙伴协作，一方面是通过建立涵盖一系列议题的论坛以实现广泛协作；另一方面是根据不同政策部门的需求实现策略协作。在后一种情况下，与当地商界共同成立联合委员会是当今大多数发达国家的常见做法。

美国的经验表明，由于地方层面的机制碎片化，城市政府强烈希望与社会合作伙伴结盟，以提高其治理能力。其中，商界是最具吸引力和战略意义的社会合作伙伴，因为商界是地方经济的关键行为体，可以提供大规模的财务资源和组织资源。从城市治理的角度来看，这种合作往往暗示着城市政府需要迎合商界的偏好和政策目标（Jones and Bachelor，1986；Stone，1989）。这种以政治完整性换取治理能力的策略并不局限于城市政府与私营企业的交换；就算是选择参与城市治理或服务提供的非营利组织也存在影响城市政治议程或城市公共支出的倾向，这种逻辑不难理解（参见 Clarke，2001）。

现在来总结一下这一部分的讨论。在城市政府将关键的社会行为体纳入治理和服务提供过程，同时保留自身作为协调者的角色、确保合法性和适当的程序时，城市政府往往也会失去其在确定集体目标方面的独立地位。因此，城市政策议程既能反映出城市自身的政治目标，也会反映出其社会合作伙伴的政治目标。这些目标通常并非直接并存，但社会合作伙伴通常没有动力去满足它们自身以外的其他群体的利益。这意味着一种实际的风险，即众所周知的"大格局"不复存在，城市变成社会合作伙伴的"俘虏"。

2.3 城市善治的议题

在分析治理作为管理和社会协调的过程之后，下面将列出城市善治的基本

原则。要实现这一目标，我们需要跨越经验和规范的界限①。在分析城市善治
的组成部分时，我们必须打破有关"善治"定义的规范性概念。本文的目的并
非要去分析地方政府的传统模式，也就是那种几乎完全由地方政府机构控制的
城市治理模式。

接下来，我们将目光转向城市善治的六个不同维度，或者更确切地说，是
城市治理中与治理质量相关的六个同时存在但又相互冲突的目标。

2.3.1 平衡公共利益与私人利益

第一个维度涉及城市治理中公共领域和私人领域的相对重要性。自由民
主理论不再严格区分国家与社会，这种区分在当代治理理论和实践中也几乎无
足轻重。可以肯定的是，城市治理的一个关键特征是整个社会将不同的行为体
和利益方纳入治理和公共服务提供的过程中。这对我们所熟悉的民主以及对城
市治理的质量意味着什么？另一个比较棘手的问题是一个"有何不可？"的问
题——如果让企业和非政府组织参与治理和服务提供，让城市政府动员其管辖
的各种力量去共同开展项目并维持良好的服务水平，那又有什么不妥呢？这个
问题需要解答。

"有何不可？"这个问题不应该被忽视。玛格丽特·科恩（Margaret Kohn）
在其著作《勇敢的新街区》（*Brave New Neighborhoods*）（Kohn，2004）中讲述了
一个真实的故事：在伊拉克战争期间，美国一男子身穿印有反战口号的 T 恤
走进某家购物中心。一家店铺的工作人员不许该男子身穿那件 T 恤进入店铺，
除非该男子穿上一件毛衣来盖住 T 恤，否则该男子就必须离开。该男子拒绝
这样做，声称自己只是在行使言论自由的权利。之后，保安到场并将男子从商
场驱逐出去。该男子是一名专业律师，后来他才知道，美国的言论自由权仅限
于公共场所，而该商场属于私人所有。虽然购物中心通常并非政治集会的首选

---

① 实际上，甚至可以认为协作治理本身是一种规范性立场，阐明了地方政府与其社会伙伴之
间合作和承担共同责任的优点。

场地，但根据这条规定，如果某条人行道属于私人所有，那么人行道的业主就有权禁止民众在此示威游行。随着美国越来越多的城市空间日益私有化，公共空间变为私有财产，民众将有可能无法继续在市中心地区行使言论自由等受到宪法保护的权利。因此，公共利益和私人利益之间的平衡远远超过了"有何不可？"之类的问题。

保护公共空间以及在城市治理中保持一定程度的政治和制度完整性的基本论点是，公共领域代表着平等、合法性、问责制以及公众对集体事务的话语权。汉布尔顿（Hambleton）和西蒙·格罗斯（Simone Gross）（2007：9）告诫我们要警惕制度中心性在城市治理中的缺失，"缺乏强有力政府的治理可能会导致城市崩溃。因为由选举产生的地方政府是唯一可以平衡不同利益主体并保证其决策和行动为广大公众服务的机构"。

由于与政府和公共行政相关的核心价值受到私营部门以效率、以客户为本的服务和管理思想的挑战，当前出现关于公共部门可能丧失"公共性"的辩论是可以理解的（Bozeman，2007；Kohn，2004；Moulton，2009；Newman and Clarke，2009；Pesch，2008；Peters，2008）。从某种程度上来讲，这种"公共性"的丧失是公共部门管理实践发生变化的结果，也是公民作为顾客日益受到重视的结果，表明国家与公民之间存在一种类似市场化的关系（Needham，2003）。更重要的是，这种策略旨在促进社会公众广泛参与公共事务，却很少考虑它对公民身份和平等观念有何影响。

就这样，公共管理改革和治理改革有意无意地重塑了（地方）政府与公民之间的关系。通过将政府—公民之间的交换重构为买方和卖方之间的市场化关系，作为集体概念的公民被分解为一个个的客户（Bozeman，2007；Suleiman，2003）。但是，治理和管理改革也间接扩大了公共空间。纽曼（Newman）（2005：124）指出，"参与式治理的新策略……一方面扩展了公共空间的概念（在政府与公民之间建立多个连接点的空间，以及用于协商和沟通的新空间）；另一方面也可能使公共空间缩小为服务使用者和服务提供者之间进行的一系列市场化接触……"诚然，这种"市场化接触"确实让公民以顾客的身份接触到公共部门，但这并未改变他们站在公共话语对立面的现状。

总而言之，城市治理已经向社会合作伙伴和参与式目标开放，以扩大治理服务提供者和代理人的范围。这种改革大大提高了地方政府的组织能力，同时也模糊了城市中公共领域与私人领域的界限。虽然它赋予公民以顾客的身份与公共部门进行接触的权利，但也影响了公民参与政治制度和参与公共事务辩论的积极性。因此，"有何不可？"这一问题引发了公民参与以及城市善治优点的相关讨论；没有公民的广泛参与，善治很难实现。社会合作伙伴的参与有其好处，但也有城市公共空间因此而收缩的负面影响。如何在两者之间取得平衡，是城市治理面临的严峻挑战。

2.3.2 平衡全球利益与地方利益

如果不考虑一个城市与其所处的全球环境交流所带来的诸多影响，就无法对当代城市治理做出任何实质性的说明。对于大多数城市来说，这种交流在全球化出现之前的几十年就早已存在（参见 Pierre，2011）。但直到最近，全球化对城市的全面影响才逐渐开始显现，例如移民大量涌入，以及本土企业和市场需要面对全球化竞争。

此外，我们需要区分内向型和外向型的全球化或国际化（Itoh，1998）。在发达国家，内向型全球化是指城市在接收移民和提高当地企业竞争力方面所面临的政策挑战，而外向型全球化是指城市为增加其海外利益而采取的战略。就内向型全球化而言，地方政策的选择范围有限，因为城市不能简单地选择退出全球化市场或者忽略与移民相关的广泛议题①。移民的规模和范围在不同城市有很大差别。在加拿大多伦多市，44% 的人口属于外来移民（Simone Gross，2007：74）。城市行政部门需要接纳新移民，并帮助他们融入当地社会和劳动力市场，从而展现城市文化的多元性和世界性的城市面貌，这些任务相当艰巨。

---

① 当然，有些例外情况是个别地方政府有足够的自治权可以拒绝接纳移民。在某些情况下，这引发了中央政府与地方政府之间的激烈辩论。

这些议题的政治复杂性在于，虽然实施国际化举措的成本不高，但温和的、切实的、立竿见影的效益从长期来看无法得到保障（Beauregard and Pierre，2000）。如果一个城市一方面在削减公共服务；另一方面又安排市长频频外访以"发展友好关系"，市民可能会难以接受。从某种程度上来看，人们可能普遍认同国际化的项目重要性，但这些项目所面临的短期政治阻力并未随之减少。

有趣的是，内向型和外向型全球化都面临民主治理相关的问题。就内向型全球化而言，接纳新移民最大的问题在于如何鼓励他们参与政治决策和城市治理。至于外向型全球化，国际化战略的制定与实施通常由城市政府及其领导者执行，公共问责相当有限（Van der Heiden，2010）。

这一维度的关键挑战在于，要制定考虑到全球层面的政策，帮助城市在国际舞台上进行战略定位。也许只有内向型全球化取得成功，城市在外向型全球化方面才能取得同样的成功。因此，这一维度的挑战在于，要在同一背景下同时处理全球化的"内向"和"外向"两个方面问题。说到这里，我们还需要提醒自己全球经济变革的强大力量。在全球化的竞争中，地方或国家机构都无法拯救面临产业衰退的城市。显然，城市政府领导层为了提高当地企业的竞争力能做的也很少。这正是下一个维度想要解决的问题。

2.3.3　平衡民主与经济发展

这一维度下的二者并列似乎有些奇怪。为什么经济发展会与民主政府存在矛盾？本文认为，这是因为城市政府一方面要迎合核心阶层的利益，另一方面又要解决更为广泛的社会议程，两者之间存在紧张的关系，这一论点为广大城市规划者所熟知。这一问题存在的主要原因是城市对于经济增长的依赖。

哈维·莫洛奇（Harvey Molotch，1976）曾有一句名言："对经济增长的渴望是从政治上动员精英成员达成共识、搁置其他分歧的关键动力，而经济增长作为共同利益，对一个地方的上层阶级而言是压倒一切的共同点。"（Molotch，1976：310）。莫洛奇表示，在城市中很难找到（就算是文化工作者、艺术家或者媒体）没有直接或间接享受经济增长所带来的好处的个体。一些人可能会认为，莫洛奇的"增长机器"理论只适用于特定的时间和地点，也就是 20 世纪 70 年代时空背景下的美国一般城市。但进入第三个千禧年后，该理论是否同样适用于后工业时代的欧洲先进城市，仍然值得思考。笔者认为，经济增长对 20 世纪六七十年代的美国城市至关重要，对今天的欧洲城市同样重要；变化的只是经济增长的动力而已。因此，通过城市治理去满足经济增长的需求是非常普遍的做法（参见 Stone，1989；Pierre，2011）。

然而，就此维度而言，引发紧张关系的主要因素并非城市预算中有多少不同的项目，而是民主作为集体决策的一种模式。有关研究表明，商业组织提出的公共服务要求并不局限于关乎直接商业利益的狭义问题，而是涵盖整个城市服务范围。商业组织寻求改善各项城市公共服务，以便能够吸引优质劳动力（Pierre，1992）。

商界是城市中最具影响力的社会利益方。商业利益集团可以促进地方经济和税收增长，或者提供就业机会，因此城市的政治领导者在战略上确实有充分理由来迎合商业界的利益（参见 Kantor and Savitch，1993）。地方企业往往与城市的最高政治和行政领导者组成联合委员会来讨论涉及共同利益的问题。在许多美国城市，可以说政治和企业行为体联合组成的"城市政体"（Stone，1989），将城市政策议程塑造为城市政治权力的中心。

然而，这种"城市政体"可能受到更注重公民参与和议程的政治领导者的挑战（Swanstrom，1985），由此揭示了迎合商业利益的城市政治与响应更广泛民众诉求之间的矛盾。这种矛盾表明，寻求让民众参与城市治理的领导者可能会存在疏远商业界的风险，商业界也会担心失去其特权地位以及与市政官员接触的机会。以进步政治（progressive politics）、世界大都会背景和重要创意阶层为特征的城市政府与商业界之间可能存在紧张的关系，因为两者在土地使用、城市规划和政治优先权上的理念不同。在其中一些城市（例如澳大利亚的墨尔本），企业领导者决定单独行动，着手实施自己的城市经济发展战略。从民主的角度来看，这种私营部门促成的经济发展并非理想的状态，因为它往往涉及土地使用、行业定位和基础设施等重大公共利益议题。

重塑或激活城市民主也重新定义了获得赋权的公民、城市领导者和企业精英的相对优势。这些矛盾涉及各种各样的议题，例如规划和土地使用、社会福利和基础设施等。

因此，这一维度凸显了迎合重要企业的利益与促进公民参与式治理方式之间的冲突。同样，城市结构塑造了政策的结果；这两种不同的城市治理模式可能会产生不同的政策目标，而城市善治的建立则成为平衡二者所要面临的挑战。

2.3.4　平衡包容性与领导力

这一维度涉及两方面的潜在目标冲突：一方面是包容和参与；另一方面则是具有积极响应和问责精神的城市领导者。统一体的两端可以说都是城市善治最本质的特征。因此，关键的挑战就在于设计一套让"参与"和"领导力"共存而又不会相互妨碍的制度。

包容性与领导力之间存在微妙的平衡。当代的代议制政府似乎并非是为了适应高参与程度选举和参政议政而建立的。如果只有政党能够对政策发表意见，那么就会剥夺大部分人就城市政治辩论和决策过程发表意见的机会。试图让公民和社会组织利益集团都参与进来的新模式也有可能增加城市领导者的压力。然而，如果允许群众通过展览、听证会和网络论坛等途径发表意见，就会令城市政府不堪重负，破坏政治领导力的完整性，同时还会挑战私人资本在城市政治生态中的特权地位（参见 Lindblom，1977）。

问题在于，在新型治理方式中，对好的政治领导力的需求不会消失。相反，协调各种各样的社会合作伙伴，并将他们的利益与城市中广大公众的利益相结合，需要有相当完善的体制和足够的政治智慧。同样，正因为协作治理很容易取代问责制，政府领导者才更加重要。罗宾·汉布尔顿（Robin Hambleton）和吉尔·西蒙·格罗斯（Jill Simone Gross）敏锐地指出，对某些人而言，治理"不是解决社会问题的创造性过程，而是让政府在提供社会关怀和支持方面推卸责任的机制"（Hambleton and Gross，2007：9）。

如何实现包容和参与，同时赋予政府领导者可以抵御狭隘压力的完善体制，并无标准模式可言。如果采用新的参与形式，让公民能够发表政治意见，政府却无须作出回应，很可能导致"犬儒主义"和疏离感。有关政党人数下降的数据也表明，一方面，传统的参与模式对普通大众群体不再具有吸引力；另一方面，民众提出的用来改善城市治理质量的各种诉求和建议会让政府领导者将不堪重负，要在两者之间取得平衡绝非易事。

2.3.5 平衡规划与自发发展

规划是城市治理的关键支柱之一。人们普遍认为规划是由专家和官僚的主导的枯燥无味的活动，这种想法在一定程度上是正确的。然而，从根本上来说，城市规划是城市对土地使用做出战略决策的过程，因此其政治上的意义应该得到认可。如此看来，城市规划是某一城市决定其未来 10 年或 20 年面貌的过程。与此同时，历史上有太多的案例证明，有些根本性的结构变化（无论是正面或负面）是在规划很少或者没有规划（甚至是无法做出规划）的情况下发生的，如美国钢铁业的大幅衰退。当然，也有一些地方创新和改革诞生于混乱之中，就如同 19 世纪末 20 世纪初的奥地利维也纳。规划是指对经济和社会发展的预测，而这种预测具有不确定性。然而，无论其准确性如何，如果规划得当，都将有利于公民和社会组织以民主方式参与城市未来的设计。

虽然规划存在诸多缺点，但其作为公共空间分配的决策方式是城市可用的为数不多的治理和监管手段之一。在美国许多城市，土地使用仍然是有争议的议题，正因如此，政府机构仍然具有相当大的控制权。通过以工业园区建设和基础设施投资为目标，规划可以成为促进地方经济发展的重要工具。规划还可以通过分配非商业目的的空间等方式来保护公众免受市场的压力。这并非只是象征意义上的政策目标。笔者在上文提到的公共空间私有化，就正好说明了分配空间的重要性。在私有化的空间中，言论自由或集会自由等基本人权不再适用（Kohn，2004）。

此外，规划可以吸引公众参与，并就城市未来各方面的设计展开公开辩论。例如，城市管理机构可以邀请建筑师设计或者举办相关展览，来呈现不同的发展方案。例如，城市管理机构可以组织一场辩论，邀请公众就某个滨海地区、广场或工厂旧址的开发进行讨论。这种策略迎合了更广泛的目标，即让市民参与公共空间的设计和分配。虽然人们经常认为城市规划非常无聊，但它依然是推动城市善治的关键方式。

但这并不意味着在城市中发生的一切都是规划的结果。城市容易受到强大经济力量的影响，而规划作为面向未来的项目，受到各种重大而未知的经济变化的影响。此外，当今的城市社会学家和经济发展专家倾向于认为经济增长的来源正在发生变化。烟囱林立的时代一去不返。今天，人们越来越认识到，城市只有为创新型小企业、本地化服务业公司和"创意阶层"创造积极的环境，才能最大限度地促进自身的经济发展。英国的曼彻斯特就是从工业城市转变为娱乐、体育和潮流城市的典范。在此发展过程中，有些改变是精心策划的结果，但更多的改变是未经协调而自发产生的。在某些方面，城市可以通过积极规划为创意阶层提供更为宽松的环境，但要改变人们对艺术家和特立独行者的看法，在政治上并非易事。

总而言之，虽然规划是城市善治的一项基本任务，但实践表明，城市中发生的大部分事情，无论好坏，都是自发产生的。这里的挑战是在注重规划的同时，不完全扼杀市场自发性。

2.3.6 平衡政治与管理

本章标题中的问题与雷蒙德·帕尔（Raymond Pahl）在 20 世纪 70 年代初编辑的论文集《谁是城市之主？》遥相呼应。帕尔坚信城市管理主义（urban managerialism）是发展公共服务的一种策略（参见 Pahl，1975）。然而，20 世纪 70 年代政治激进主义、20 世纪 80 年代撒切尔主义盛行后，帕尔的论文集基本上从参考书目中消失了。直到马克·摩尔（Mark Moore）在新公共管理全盛期的 1995 年出版《创造公共价值》（*Creating Public Value*）（Moore，1995）一书，管理主义才重新回到城市政治研究领域。尽管管理主义再次成为城市研究的一个主题，可惜帕尔所编辑的书却仍然被这一学科作为历史记录束之高阁。

帕尔和摩尔都看到了自治管理人模式的巨大优势，这种模式超越了党派政治，最符合城市公民的利益。两人都认为管理和政治应该彼此分离，以便在管理控制下提供服务，而地方政府的政治梯队只需进行极少的监察，也就是摩尔所称的"授权环境"（authorizing environment）。然而，帕尔和摩尔似乎都没有意识到其中的潜在危险，就是让城市管理人员在很大程度上对政治领袖没有从属感，以及这种状况可能带来的问责制问题。基于上述理由，罗兹（Rhodes）和瓦纳（Wanna）对摩尔进行了猛烈的抨击（Rhodes and Wanna，2007），由此引发了城市管理主义的支持者和批评者之间的激烈争论。

虽然以前的一些维度指的是地方政府和行为体在其外部环境中相对的控制程度和自治程度，但这个维度指的是地方当局内选举产生的政治人物和管理者的相对影响力。许多国家的公共管理改革和治理改革都在政治控制与管理自治之间摇摆。对帕尔和摩尔管理主义的主要批判，出发点正是认为它违背了问责制，因而最终违背了民主治理。如果这种批判是有根据的，那么城市善治必须在管理自治和政治控制之间取得平衡。前者旨在提供物美价廉的公共服务，而后者旨在促进政府的响应与问责。

2.4　总结讨论

现在我们简单回顾一下本章的问题："谁是城市的主人？"这个反问句其实是要回答如何实施城市治理才能具有包容性，能响应更多诉求，实现多元主义，促进问责制的发展。本章认为，这个问题的答案部分在于治理的结构，同时需要在治理的社会参与与政治控制需求（后者旨在促进响应与问责）之间取得平衡。当然，如果社会合作伙伴愿意并且能够承担提供服务的部分责任，或者愿意并且能够参与城市治理过程，那么城市的政府领导者往往很乐意与其合作。问题在于，我们不清楚非正式的、互动式的治理能否提供像传统型政府一样强大的"民主锚地"（democratic anchorage）（Sörensen and Torfing，2005，2007；Torfing et al.，2012）。

在分析这一论点时，我们还面临着更为普遍的问题，即社会利益在多大程度上能够并倾向于承担起追求集体目标的责任。最理想的状况是，组织能够超越其自身的直接利益，迎合更广泛的公共利益。与此同时，政府在一定程度上维护公共利益，理应成为城市治理的领军力量，以确保高质量的治理。

本章概述了城市善治的六个维度，并讨论了城市试图在这些维度的终极目标之间取得平衡时可用的不同策略。但城市治理没有放之四海而皆准的策略。城市治理方式往往根深蒂固且需要多次尝试：一个城市的政治、社会和经济历史很大程度上决定了当前的政策选择。

本章提到的大多数实证例子都来自美国地方政府。然而，很少有证据表明，与其他大洲的城市相比，美国地方政府不善于实现城市善治或者更容易受到城市恶治的影响。只是主要区别在于，在此前较长的时间里，对美国地方政府相关范畴的研究比对欧洲的相关研究更多。

第 3 章

关于美国城市善治的反思

克拉伦斯·N.斯通

"无可否认，城市政府是美国的一大败笔。"

（詹姆斯·布莱斯勋爵，1888 年）

3.1 引言

有一次，我向一位同事提及本人打算就"美国城市中的善治"讲课时，他的回答是："这个演讲可能会很短吧。"我的观点没有那么愤世嫉俗，但我想首先简单回顾一下"恶治"以及美国的多次城市政治改革尝试。19 世纪末 20 世纪初，"机器政治"（machine politics）普遍存在。这种政治以庇护主义和偏袒主义为特征，腐败盛行，专业主义尚未得到普遍接受[①]。这种政治就是布莱斯

[①] 伊利（Erie，1988）对美国的政治机器进行了很好的论述。埃德温·奥康纳（Edwin O'Connor，1956）的小说《最后的欢呼》（*The Last Hurray*）则以教育性和娱乐性的浪漫主义笔触分析相关主题。

勋爵在上述引文中提及的"败笔"。

今天，布莱斯勋爵可能会说，美国国会是美国政治的一大败笔。但市政府又如何呢？情况有所好转了吗？我们有理由乐观吗？若要回答这些问题，我们有必要思考美国在地方政府改革方面的经验，并评估当下的进展。

20 世纪上半叶，"善政"改革运动初现雏形，其目的是增强规划、预算和管理的专业性，并将专业化扩展到警务、教育、福利工作领域，以及公园和休闲等新领域。进入 20 世纪下半叶，美国新一代的改革者开始反思，他们回顾前任们的工作，声称这些前任是"好心办坏事"。有人将城市政府部门称为"新机器"（Lowi，1967）。体制化的专业化成就了公共机关。公共雇员成立工会，引入集体谈判合同，新增了一层官僚手续。20 世纪 60 年代爆发的大量骚乱和混乱是一个明确的信号，表明一个改革的新时代即将到来。

大城市公共住房项目曾经是社会改革的先锋，现在则被称为"社会灾难"和"官僚制包袱"（Grogan and Proscio，2000）。在教育领域，一些改革者开始谈论"摧毁"现有制度，推倒重来。随着 20 世纪下半叶的到来，许多观察家开始关注公共住房和城市学校体系，将两者视为城市治理失败的案例。

需要注意的是，美国地方政府的角色有别于大多数欧洲国家的地方政府。美国的历史背景不同，其发展成为福利国家的道路也不同。另有其他几个因素也值得注意。美国幅员辽阔，人口众多，目前已超过 3 亿人，并且由于移民的加入，美国人口始终保持多元化并不断增长。种族分歧在美国长期存在，即使在奥巴马当选总统之后也并未终结。尽管美国宪法规定政教分离，但美国还是按照影响本国政治和治理的不同宗教派系分裂开来。尽管美国是一个移民国家，但这一事实一直未被所有美国人欣然接受。虽然美国的很多地方欢迎移民，但移民问题在某些地区还在引发持续争论（Vicino，2013）。

作为一个庞大而多元化的国家，美国一方面实行联邦制，另一方面也有悠久的地方主义历史。许多职能由地方政府控制，每个城市都有自己的警察局。学校的情况就更是复杂，但教育也属于地方政府的职责范畴。然而，地方控制未必能保证行政的灵活性。相反，某些学者认为地方控制带来庞大的僵化制度

（Grogan and Proscio，2000）。事实证明，地方主义与官僚主义完全兼容，许多分析家引用布莱斯勋爵的话，认为公共机关是城市治理的又一败笔。我们现在正处于尝试通过新的改革来消除旧的改革的不良后果阶段。

3.2　改革是多种多样的

目前，有一种新的改革理念是要城市内部生活摆脱那些控制着公共住房、福利制度和公立学校的各种公共机构的"枷锁"。在 20 世纪下半叶，公共机构在人们的眼中是闭关自守、不负责任、自私自利的。例如，有学者将大城市的学校系统称为"教育集团"（Rich，1996）。"教育集团"受到由联邦政府、企业、基金会和智囊团组成的强大改革联盟的强烈抨击。奥斯本（Osborne）和盖布勒（Gaebler，1993）在其著作《重塑政府》（*Reinventing Government*）中，专门用一章来探讨"官僚制的破产"。目前一般认为，公共官僚制是恶治的罪魁祸首，主要原因如下。

政府天生就是笨重的机构，我们需要有办法来应对庞大的公共官僚体系。市场更加灵活，可以让政府的响应更及时，更有责任感。公共部门必须善于运用服务外包和消费券等工具，从而做到"无为而治"。政府在日常工作方面的权力可以下放，但保留作为战略规划者的角色。

然而，关于官僚制度和市场的争论对现实情况的影响充其量只是"隔靴搔痒"。市场化改革的缺点之一是其成果并不显著。住房券无法解决贫民聚集的问题，甚至连住房质量也难以监管；教育券没有得到广泛应用，相关经验积累有限。密尔沃基市进行的教育券开创性实验，效果也参差不齐，整体并不乐观。特许学校并非真正的市场实体。这类学校确实提供了一个选择，但其表现并不稳定，整体表现并没有超过普通公立学校。至于外包的卫生服务，也未能证明其更具创新性或者特别符合环保要求。

改革并不只有一条道路。其中一个重要诉求是缩减政府规模，茶党（Tea Party）运动正反映了这种诉求。另一个更实质的方法是"重塑政府"的理念。

[奥斯本与盖布勒以及奥斯本与普兰斯特克（Plastrik）的主要合著分别于 1992
年和 1997 年出版。] 这一理念背后的行动涉及广泛的议题，原则上既不是反政
府，也不是将市场作为取代官僚政府的唯一方案，而是反复强调政府需要具备
企业家精神。

我们还应注意到，"重塑政府"并非空穴来风。特定政府职能部门也发生
了巨大变化。早在保尔·大卫杜夫（Paul Davidoff）1965 年的文章中，就出现
了城市"倡导规划"（advocacy planning）的概念，后来则出现了所谓的"社区
规划"（community planning）^①。近年来，非营利部门通过现有的大量社区发展
公司（Community Development Corporations, CDCs）建造了许多保障性住房。
执法工作的改革有多种形式，值得注意的是，社区治安制度和处理社区问题
的警务（Weisburd and Braga，2006）。尽管改革存在阻力，但重大变化已悄
然发生。

此外，由于官僚主义是引起不满的重要原因，公民的不满并不局限于公共
机关或者政府的行政部门。民选官员受到轻视已经不是什么新鲜事了。"政治"
和"政客"两个词本身带有强烈的负面含义。选举产生的官员、"特殊利益者"
和大众媒体都有造成制度失控的嫌疑。在公众心目中，改革并没有使治理得到
完善。

早在 1990—1991 年，一直关注民主治理健康的凯特琳基金会（Kettering
Foundation）就指出，一些公民认为美国政府体制正在呈现螺旋式失控现象。
这种观点在茶党现象及其关于"政府暴政"的论调出现之前就已经存在。公民
对于僵化和烦琐的官僚程序固然不满，但政府脱离公众的问题更为严重。随着
公民意识的不断觉醒，自里根政府以来，政府一直是社会不满的主要目标。一
些抗议的声音非常情绪化，虽然有些主张有时候看起来比较鲁莽，对于"暴
政"的讨论也有失偏颇，但社会的不满情绪是真实存在的。

---

① 克里斯托弗·克莱梅克（Christopher Klemek，2011）在其著作《大西洋两岸市区重建的失
　败》(*The Transatlantic Collapse of Urban Renewal*) 全面深入分析了多个国家的例子，由此探讨
　规划思路的转变，特别是其在城市重建中的应用。

3.3 透视改革

虽然公民对社会的不满属实，但其针对的目标往往是错误的。人们对当代形势普遍存在误解。有些分析政治权利的学者将当今世界的基本动态描述为政府在解决社会问题方面与公民社会抢占地盘。他们看到二元结构的蓬勃发展，而市场却遭到忽视。笔者不同意这种观点，而是认为政府、公民社会和市场应该被视为三元结构，而市场更多的是造成治理难题的原因而非解决方案。市场固然强大，但很大程度上却是公民社会遭到侵蚀的主要根源。卡尔·波兰尼（Karl Polanyi）在其《大转型》（*The Great Transformation*）（1944）一书中正确认识到这一点。事实上，市场还在继续削弱社会纽带。波兰尼所说的"大转型"仍在进行之中。

我们首先从长远角度分析问题。在工业化早期阶段，社会的许多需求通过大家族、志愿团体和互助协会得到满足。随着技术的发展，这些比较直接的协助形式失去了应有的作用。对于许多富人来说，市场可以填补由此产生的真空地带；但对于大多数人来说，国家始终是可以依赖的对象。这也是最易观察到的变化。因此，有很多关于政府职能扩张的讨论通常将政府本身视为唯一的推动力。

技术触发的成长性变革则不太明显。市场是实施技术并产生次生后果的主要手段。我们应该记住，市场是由实现社会和环境成本外部化的强烈愿望驱动的。而这种外部化带来的后果往往具有延时性或间接性特征。然而，进化心理学家告诉我们，人类没有寻找和理解次生影响的自然倾向。人类是专注于直接联系的生物，但我们所处的世界是一个复杂的世界，间接因果关系是普遍存在的。我们需要付出更多努力才能理解这种间接的联系。

更具体地说，这种模式包括以下基本要素：① 市场交换；② 政府权力行使规范和提供服务的练习；③ 大家族、邻里、志愿团体和互助协会等形式的社会联系。在早期工业化阶段，各个部门都有各自的职责范围，并且需要承担一部分的社会责任。随着早期工业化过渡到成熟的工业化，然后过渡到现今的后工业化时代，市场交换扩大了（社会的商品化程度也提高了）。市场在灵活

性以及实施新技术的能力方面具有优势。然而，市场也有缺点。第一，从市场
运作所依赖的动机来看，市场是非人性化的、狭隘的。第二，市场否定社会责
任（先进资本主义只承认对股东的责任，而非对社会的责任），因此，在其努
力实现（社会和环境方面）成本外部化的过程中，市场基本上没有受到约束。
第三，市场加剧不平等的影响，因为它主要是对支付能力的回应。

随着时间的推移及市场交易范围的扩大，产生了社会"原子化"（atomization）
的结果。有些分析人员将其提升至高度个体化社会的程度（Bennett，1998）。
在这种模式下，社会联系所发挥的作用减弱，市场对其产生的后果不负责任，
也没有能力来应对。股东价值的最大化会缩小而非扩大责任的范围。不断发展
的市场加上社会联系的弱化，使得政府成为履行社会责任的唯一部门[1]。

然而，政府权力作为一种工具是存在缺陷的。它没有人情味，缺乏灵活
性。政府的"公平"通常被解读为法律面前人人平等。正义对个体差异视而不
见。它以非人性化的方式做出判决，通过对相似案件"一视同仁"的方式来实
现公平。偏离这种运作模式会遭到批评。这就是 20 世纪初美国善政改革在力
图摆脱偏袒主义的裙带政治时所要解决的问题。

然而，如上所述，在法律的范围内狭隘地恪守平等原则也会导致不满，在
这种情境下，"一视同仁"这种表述会广受批评。因此，政府满足社会需求的
方式是不完美的，而这种被视为"笨重的行动手段"的方式也备受批评。政
府的正式权力并非是强有力的动力源泉。斯托弗定律（Stouffer's Law）告诉我
们，为了实现高绩效，需要使用社会纽带作为正式权力的补充[2]。

笔者对发生在美国的城市恶治的诊断是，我们可能陷入了功能失调的恶性
循环之中。日益增长的商品化和个体化削弱了社会联系，还使得政府所要承担

---

① 有学者研究了芝加哥热浪对老年贫困人口的影响，这就是一个很有说服力的例子（Klinenberg，
2002）。

② 社会学家塞缪尔·斯托弗（Samuel Stouffer）对第二次世界大战期间的美国士兵进行了研
究。在探讨士兵为什么愿意为国捐躯的问题时，斯托弗发现，这种意愿并非来自抽象的爱
国主义，而是来自同袍之间的纽带。社会纽带没有广泛的影响力，但可以非常强大。抽象
情绪往往具有广泛的影响力，但在受到压力的时候，其力量通常有限。

的责任越来越大。如果改革更多地依赖于市场，那么即使改革是在国家的支持下或者通过公私合作的形式进行的，也无法采取任何措施来让社会联系更有助于提供服务和解决问题。对市场的依赖甚至可能进一步削弱社会本身的能力。

目标明确的改革旨在加强社会在满足需求方面的能力。这意味着要通过有针对性地促进社区参与来弥合国家与社会之间的鸿沟。事实上，有改革拥护者呼吁用"服务参与"（service engagement）取代"服务提供"（service delivery）（Handler，1996）。"服务参与"是将政府与公民的关系视为共同生产的关系，取代了标准的生产者/消费者关系。要实现"所有权"（即忠诚度和对于实践的坚持），直接参与是一种行之有效的方式。然而要实现参与，说起来容易做起来难，因为参与的能力和意识存在群体差异。为了实现社会共融的过程，政府不能以"被动参与者"的身份袖手旁观。当参与的大门被打开时，人们并不会自然组织起来参与其中。为实现全社会的共同参与，政府必须积极主动，甚至可以借助志愿机构和慈善机构的力量（Fung，2004）。

实现全面的、积极主动的策略需要什么呢？它包括几个部分。其中一个要素是重新思考专业主义，包括专业训练和发展，以及承认专业技术的局限性。社区成员关于当地的认知是信息和理解的宝贵来源。因此，我们需要一种新的专业主义（Schorr，1997），涵盖通过教育加强法律落实、促进青年发展到社区规划的各个方面。从外围进行的改革有其局限性。改革要有成效（在此情况下，专业主义对民众的积极参与持开放的态度），就需要有深入内部的倡导者提供第一手资料去了解"新专业主义"（new professionalism）是如何运作以及能够实现什么样的目标。这个策略应该被放在首位。

还有一个必要的补充要素，就是要找到让居民积极参与的各种途径，包括在学校设立的家庭作业社团、与能够识别无可救药的罪犯和暴力分子的社区领袖合作，让社区机构参与对妨害社区行为的诉讼，邀请年轻人参与设计新的学校设施，在犯罪率较高的地区成立邻里联防组织等。

另一个重要的步骤是确保社区是自发组织的，以便能够为现有的项目和计划提供替代方案，无论是要重新设计一个社区公园（Fung，2004），还是部署全市范围内的垃圾转运站（Angotti，2008）。要建立和维持有能力独立运作的社区组织网络，就要动员各类资源。仅仅为特定项目筹措资金是不够的，社区能力建设是政府要实现的正当目标。

当社区组织投入运作时，其中一项风险是，这些组织与政府机构之间将可能形成一种互不信任和对抗关系。为了尽量降低这种风险，一些城市已经建立了公民教育项目（同时也可以指导行政官员如何与公民团体进行有建设性的互动）。这种项目可以由城市运作，充分发挥校友网络（例如弗吉尼亚州汉普顿市的"邻里学院"）或者中立团体［如加利福尼亚州的弗里蒙特市（Fremont）和联合市（Union）的女性选民联盟］的作用。

另一种策略是预留资金，让社区通过协作的方式去按照计划使用资金。例如，芝加哥的一位市议员最近申请了一笔拨款，供其所在选区的居民用于上述目的；而在遥远的巴西阿雷格里港市的"参与式预算"也对我们有所启发（Baiocchi，2003）。这些尝试不仅是为了反映市民的意见，更是为了让市民积极参与讨论城市发展方向和政策选择。

3.4　两个案例

卡门·西里安尼（Carmen Sirianni）大力宣扬公民在与政府共同进行政策制定和解决问题方面的角色（2009）。他还呼吁政府履行推动公民参与的责任。他认为，政府的"生成力"（generative force）比以往任何时候都更加必要。单纯的响应或合作并不够。这里的两个案例并非是当今实践的典范，主要是为了说明如何实现公民参与。在这两个案例中，公民并非简单地作为需要做出消费选择的个体，而是作为社区的一分子为城市治理作出贡献。

3.4.1　西雅图的邻里关系部

美国西雅图市一直受发展管理问题的困扰，而市议会又希望通过一个社区规划计划表达诉求。鉴于此，1987 年当选的市长查尔斯·罗耶（Charles Royer）

成立了邻里关系办公室（Office of Neighborhoods），而后来继任的市长诺姆·莱斯（Norm Rice）又将其改名为邻里关系部（Department of Neighborhoods）[①]。这一举措的目标是建立西雅图市与社区之间的伙伴关系。值得注意的是，出任这个新机构领导者的并非是专业的规划人员，而是一个社区组织者。

专业的规划人员在这个新计划的实现和具体设计中发挥了重要作用，但其主要作用是实现合作关系。以前社区居民的抗议"从社区会议延伸到听证会，再延伸到西雅图市议会听证会，再延伸到法院"（Diers，2004：28）。而新计划正是为了打破这种僵局。在合作关系的设置下，社区居民参与到城市治理过程当中。他们通过地区议会与社区中心体系对城市的预算制定过程发表意见，并有机会为社区发起的项目寻求配套资源，包括财务资源、实物资源等。而通过这种参与，社区本身可以与公民团体和其他人建立进一步的合作关系。简而言之，该计划鼓励社区将公民社会构建视为建设治理网络的契机。

在西雅图的社区参与政策中，提高社区组织能力是一项重要工作。曾担任邻里关系办公室负责人的迪尔斯认为："需求最大的社区往往是组织能力最差的社区。"（2004：32）因此，该部门依赖项目开发经理扩大服务范围，而项目开发经理可以为社区组织提供技术协助，还负责调解社区内部冲突。部门工作人员和社区代表之间的广泛互动，鼓励社区领袖不仅担当倡导者的角色，更将其自身视为城市治理的必要组成部分。

3.4.2 汉普顿市青年委员会

汉普顿市青年委员会是在市政府与公民社会之间不断加强合作的背景下形成的[②]。1982 年，詹姆斯·伊森（James Eason）当选为汉普顿市的市长。他是一

---

① 西雅图案例的主要来源是 Diers（2004）和 Sirianni（2009）。Diers 在邻里关系办公室成立的前 13 年担任负责人。 Sirianni 是一位对公民参与有浓厚兴趣的社会学家。

② 主要参考西里安尼（Sirianni，2009）以及斯通和沃尔格兹（Stone and Worgs，2004）。前者重点关注汉普顿市青年委员会，后者则对汉普顿市的政治生态进行了更广泛的研究。汉普顿在《重塑政府》一书中也受到了极大的关注。

位务实且富有创新精神的商人。汉普顿市是一个实行议会经理制的城市，其治理方针在很大程度上取决于城市经理人选以及市长和城市经理之间的关系。时任市长伊森选择了罗伯特·奥尼尔（Robert O'Neill）担任城市经理。奥尼尔是一位年轻的专业人士，曾作为"重塑政府"运动领导团体的一员，支持李比斯·斯科尔（Lisbeth Schorr，1997）所称的"新专业主义"模式。事实证明，市长和城市经理在领导团队中意见相合，他们都认为政府与社区之间应该协调一致，并将其作为指导原则。当时汉普顿市的财政收入有限。伊森和奥尼尔认为当时的情况是政府和社区都有各自的资产，而挑战在于如何增强两者的合作关系，并使两个拥有资产的实体协调一致。他们认为，政府与社区协调一致可以加强汉普顿市解决重大问题的能力。这种做法与"新专业主义"一致。公民是城市决策和城市服务的"共同生产者"，市政府可以通过公民了解城市应该采取何种行动以及如何采取行动。

无独有偶，时任汉普顿市警察局长的帕特·米内蒂（Pat Minetti）是社区导向警务的早期拥护者之一。他也认识到政府与社区协调一致的优势。此外，当地一个名为"选择"（Alternatives，Inc.）的非营利组织参与了禁毒和青少年戒毒项目。该项目负责人对创新也持开放态度，尤其愿意与奉行"新专业主义"理念的人合作。

汉普顿市青年委员会的成立与青少年吸毒问题直接相关。20世纪80年代初期，汉普顿市学校入学率下降，不少学生逃学，跑到附近的树林中躲在那里吸毒。面对这个问题，学校的行政人员束手无策。警察局局长、学校主管和"选择"组织制订了详细的计划，通过执法预防青少年吸毒，同时让年轻人参与解决问题，警方加强监视。"选择"组织则与年轻人和家教会（PTA）合作制定了以青年发展计划为路径的学生援助模式。该计划被称为"汉普顿干预和预防项目"（HIPP，the Hampton Intervention and Prevention Project），通过学校、警察局、社区、家教会和学生的共同努力，很好地体现了奥尼尔在其不断完善的管理战略中所提倡的基于社区的合作。该项青年计划与城市规划中的集体决策过程共同为20世纪90年代形成的城市决策新方向奠定了基础。

汉普顿市的市长将人力资本视为长期经济发展的重要组成部分，因而他强调儿童和青少年的需求。根据上述各种形势变化，汉普顿市成立了青年联盟，通过协作方式来更多地关注当地儿童和青少年的成长。"选择"组织的学校和社区项目主任辛迪·卡尔森（Cindy Carlson）升任该市青年联盟主任。1990年，汉普顿市获得联邦政府预防滥用药物中心的拨款，在卡尔森的指导下启动各个社区的规划和咨询过程[①]。

该计划最终取得一系列成果，包括成立了汉普顿市青年委员会[②]。汉普顿市青年委员会奉行的理念是，青年发展工作的中心应该是让年轻人逐步承担成年人的责任。该青年委员会完全由年轻人组成，他们就一系列议题，包括有待通过的法律条文、社区设施的选址和设计等，向市议会和各个机构提供建议。规划局还通过青年委员会招聘了两名年轻的规划师。该委员会还从市议会获得拨款，为各种社区团体举办的青年活动提供资助，同时负责评估资助活动的成效。这项新安排对学校系统也具有吸引力。通过咨询委员会和校内调查，学校与学生的协作很快成为教育系统运作不可分割的一部分。

3.4.3　有关市场替代方案作为改革策略的缺陷的观察

上述案例表明，"新专业主义"确实能够在当代环境下运作。通过相关安排，可以将公民活动纳入治理过程，促进民众以公民而非"顾客"的身份参与其中。然而，这两个案例并不典型，精英阶层尤其对市场替代方案情有独钟。可是市场思维模式无法以多种方式满足不同需求。一项关于芝加哥市政府应对1995年热浪方案的研究揭示了市场替代方案的缺陷。当时，作为一个提升效率的举动，芝加哥市高级官员将市民视为服务的消费者而采取相应行

---

① 汉普顿市有 5 000 多名青少年和成年居民成立各种工作小组，参与城市治理相关工作。

② 西雅图市成立的邻里关系部与汉普顿市对解决青年问题的设想，以及其对政府与公民社会的整合的看法都具有相似之处。20世纪末的波士顿反暴力运动也体现了这种类似的理念。参见 Berrien and Winship，2002；Braga and Winship，2007；Kennedy，2002；Kennedy，2006。

动（Klinenberg，2002）。在他们看来，城市的责任是提供有关服务的信息。这股热浪暴露出城市管理者市场意识的不足，以至于无法为当代城市环境下处境越来越孤立和贫穷的老年人提供服务。芝加哥当时的市政高级官员普遍认为："需要公共援助的芝加哥居民必然也能够激活支持网络（而市政府在这方面并未投入资源），选择他们所需的服务和偏好的计划。"（Klinenberg，2002：158）。这种市场模式据称可以克服官僚主义的不足[①]。然而，正如社会学家克兰纳伯格（Klinenberg）所指出的，许多长者服务实际提供者认为，"政府采用的市场模式导致出现政治错配（political mismatch）的局面。一方面，服务提供的项目需要积极的客户；另一方面，老龄人口日益增加，他们孤立无援、体质虚弱，没有能力获取他们所需的帮助"（2002：158）[②]。

很少有读者将市场缺陷看作一个特例，一个仅仅出现在当今世界贫困和孤立人群身上的特例。我们不妨看看当代美国的学校改革。在 20 世纪最后几年，学校绩效成为美国学校改革的目标。官僚主义往往被认为是主要问题所在。然而，关注技术治理层面的应对方法成为主流，而这种方法是以高风险测试（high-stakes testing）作为核心。相关的指导模式基本上是以商业管理为蓝本。测试分数取代了盈利能力，作为问责制的衡量标准。允许上层进行控制，但假设操作具有灵活性。然而实践表明，高风险测试会令课程内容和教学策略受到限制[③]。相关的批评比比皆是（Ravitch，2011；Darling-Hammond，2010），但在国会、总统和商业界的支持下，学校改革最终偏向了企业模式[④]。

"新专业主义"在推动学校改革的整个过程中迷失了方向，促进公民社会发展并将其纳入城市学校改革的理念也不知所踪。虽然这并非主流，社区组织及其与社区发展的联系却成为教育改革的一种独特方式（例如，参见

---

① 关于对市场模式的全面评价，参见赫尼格（Henig，1994）。

② 克兰纳伯格还将1955年的芝加哥热浪事件与四十年之后的情况进行对比，以探讨公民社会的特征和城市治理能力的演变。

③ 伊森（Eaton，2004）和普尔斯坦（Perlstein，2007）对课堂行为进行了深入探讨。

④ 除了拉维奇（Ravitch）外，还可以参阅布里尔（Brill，2011）和瑞克豪（Reckhow，2013）。

Mediratta, Shah and McAlister, 2009；Warren and Mapp, 2011）。一些颇有声望的研究者认为，对于为社会弱势群体服务的学校来说，社区发展是改善其学术绩效的必要（但非充分）因素（Bryk et al., 2010；Payne, 2010），但类似的政策变革取向从未获得支持。虽然绩效评估向来被诟病为导致学校教育变得狭隘的诱因，但其仍是学校改革背后的主要杠杆。

3.5 结语

美国的城市治理状况到底如何呢？自布莱斯勋爵道出其缺点以来，地方政府经历了一波又一波的改革浪潮，公共部门的作用也大大增强。今天，没有一种理念独占鳌头。不过，正如学校改革的经验所示，市场及相应的公司—商业模式占据了主导的地位。笔者已经论证过，这种路径是错误的，因为它对于当今社会基本情况的假设是错误的，对于我们如何取得今日的成就的假设也是错误的。政府的影响力得以扩大并不是因为配置得当的官僚队伍扩大了政府的影响范围，也不是因为政府的表现特别优秀，而是因为市场和个体化的社会过程削弱了社会在多个方面关注人的生活和作出重要贡献的能力。多数改革倡议对公民社会关注较少，特别是极少关注公民社会被市场侵蚀的现象，以及这种侵蚀所需要的补救措施①。

因此，后续改革应该在巩固公民社会方面做出努力。当市场的公共作用被扩大，而商业实践经验被应用于政府领域时，弱势群体在市场化的社会中尤其面临着不平等。无论是热浪的爆发，还是教育制度中令人失望的高风险测试，贫困者和濒临贫困者受到的伤害都最大，因此最需要帮助。

解决方法并非进一步扩大市场的作用，或是模仿商业实践。市场对于最弱势群体无法提供帮助，还会削弱公民的身份观念。政府是公民身份的一部分，

---

① 当然，普特南（Putnam, 2001）确实强调了技术在重塑社会关系中所起的作用。另见雷伊（Rae, 2003）。

因此政府并非独立存在的。公民社会需要发挥积极的作用，才能实现社会共融。正如西雅图的"邻里计划"和汉普顿的"青年发展计划"所示，政府具有"生成性"（generative）的作用，可以带来一个更富活力的公民社会。

政府脱离人民是当今世界的重大危机之一。因此，正如西雅图和汉普顿两市的案例所示，社区参与不是奢侈品，而是必需品。然而，我们不能忽视一个事实，即广泛的社区参与是很难实现的，其交易成本和维护成本都较高。民众之间相互缺乏了解，还将政治和公民参与区分开来并视为互不相关的活动。很多人不愿参与政治活动，甚至懒得去投票。他们将社区参与视为慈善事业的独立一环，如同在食物赈济中心当志愿者或者为一个有价值的活动跑腿。公民不愿意花费时间，特别是不愿意做出一贯的承诺。但精心设计的计划确实有效。虽然政府与社区的"共同生产"并非总能取得协调一致的良好效果，在初始阶段尤其如此，但西雅图和汉普顿两市的例子证明有些措施是可行的。

对于希望在教育改革等方面有所表现的人而言，绩效衡量和问责制似乎是直接而快速的途径，极具吸引力。但是，近年来人们关注到绩效评估存在不足之处，绝非灵丹妙药。从民主的角度来看，最令人震惊的失败在于，绩效衡量几乎从未将社区参与本身视为一个期待的结果。例如，在教育领域，各种慈善基金会非常关心社区参与能否提高测试成绩，但从来不反过来询问努力提高测试成绩能否改善社区参与。基金会的管理者倾向于将家长和社区的参与视为达到目的的手段，而不是目的本身。除了凯特琳基金会（一个运营中的基金会）等少数几个规模较小的慈善团体外，慈善部门对政府脱离公众的情况的关注度不足。在美国，社区参与本身似乎很少成为慈善基金会的优先事项。在西雅图和汉普顿的例子当中，市政府（而非慈善及机会）在扩大社区角色方面发挥核心作用并非偶然。

要实现和维持善治，还有大量的工作要做，其中包括教育工作，而我们这些身处教育界的人士都需要承担很大的责任。有些社区管理工作是由非营利组织开展的，但政府在实践中也要承担部分责任。说到底，具体经验才是最好的老师。正因如此，我们需要不遗余力地开展社区参与实践，并采取一切可行措施加强社会联系，特别是拉近政府与社会的关系。

欧洲观察家可能会质疑笔者对公共机关作用的弱化。不过笔者要指出的是，在美国存在一种倾向，认为市场是神圣的工具，而政府才是"症结"所在。因此，笔者试图抛弃政府与市场的二分法，将注意力转移到社会上，将其视为解决问题的潜在力量。笔者并不非要美化过去的某个"黄金时代"，这样的时代根本不存在。笔者只是想提出，各种社会弊病的根源纷繁复杂，不应一味地把公共机关视为替罪羔羊。在美国，要追求善治，就要避免美化市场的作用。在教育改革方面，制定更多以商业实践为蓝本的措施，如将对新实践（而非"新专业主义"）的追求作为绩效衡量的核心，不仅无法解决问题，反而会弄巧成拙。

笔者要提醒欧洲的观察家，美国的福利国家制度是大杂烩，并未通过自上而下的授权纳入地方政府体系。美国的福利国家制度是糊里糊涂形成的，当中既有中央政府的授权，也融合了地方的经济利益。商业化的改革打开了通往未来的新大门，带来获取新利润的机会，但同时也带来官僚主义，其改善绩效的作用值得怀疑。事实上，上述风险始终存在（Burch，2009）。

第 4 章

善治设计：美国洛杉矶市民主网络改革

朱丽叶·穆索

4.1 引言

在 20 世纪下半叶，美国的城市采取了两种不同的治理改革路径。在许多城市，官员们采取了以效率为导向的改革，包括外包服务、私有化的城市发展和公共服务提供、绩效管理，以及通常与新的公共管理运动有关的其他行政改革。在同一时间，以民主为导向的改革的出现，试图让城市居民和其他城市利益相关者参与地方政策制定和服务监督。以效率为导向的改革在政治层面往往争议较少，因为它们非常能够体现符合城市总体经济发展要求的效率价值观（Peterson，1981），而且可以打着行政管理的旗号进行。相比之下，民主导向的改革往往意味着要对被认为是行政危机的问题提出应对措施，或者试图应对与多样性和"公民激进主义"（citizen activism）相关且日益紧张的政治局势（Cooper and Musso，1999）。这些措施面临着一种改革悖论：它们使实施改革的人深感不安。

本文研究其中一个民主改革案例，即美国洛杉矶市的社区治理（neighborhood

governance）发展。洛杉矶市的这一改革是 1999 年推行的大城市宪章改革的一部分，旨在为社区利益相关者参与社区治理提供机会，从而提升市政府的治理水平，进而提高洛杉矶市政府的响应能力。该项改革是在全市范围内成立咨询性质的社区理事会（neighborhood council），在特定范畴与市政府进行沟通。社区理事会改革的重点是参与市政府的工作。然而，将其理解为治理改革也无可厚非，因为它建立了新的参与机制，这种机制方便市政官员与社区委员会志愿董事成员、社区协会、当地非营利组织和企业等非政府行为体进行沟通。

改革试图创建新的关联实体，该实体将在制度上与利益相关者和城市主体建立"垂直"联系，同时与整个城市内的各个社区建立"横向"联系。改革所追求的目标主要在于民主价值的"投入"范畴。实际上，正如宪章所述，改革目的是："促进公民更多地参与政府工作，并使政府更能满足地方需求……"（《洛杉矶宪章》第九条，社区赋权部，第 900 款）。因此，宪章改革可被理解为一种倡议——通过提高城市政府的多元代表性和响应力，以增强民主合法性，正如城市宪章关于改革措施的设想，其目标是让公众更多地参与到"民有"（of the people）（参与自主成立且代表不同利益相关者意见的委员会）和"民享"（for the people）（让洛杉矶市更好地回应社区诉求）的事务中。

洛杉矶市的邻里关系向来疏远，骚乱频发，而治理改革中提出的民主目标，在这个城市是通过高度政治化的实施过程来实现的。社区脱离论的威胁和市政高层错综复杂的斗争最终引发了改革；规划和制定改革细节足足花了五年时间，市政官员、商业界和开发商以及社区活跃分子均参与其中。尽管市政官员提供的支持有限，但城市居民的动员促成了整个城市自治委员会网络的建立。与此同时，洛杉矶市的参与机制发展陷入停滞，社区理事会从监管角度而言被视为"半政府"性质的机构，但与城市治理的关联不大。

洛杉矶市的参与式治理面临着看似无法克服的障碍：地方政府要处理众多问题；城市层面与社区层面之间长期角逐；城市规模和建成环境相当庞大。尽管存在这些挑战，一个行之有效的社区治理体系得以付诸实践，令人难以置信。本章将研究美国洛杉矶市宪章改革的价值基础以及社区治理网络的结构和功能。

4.2　背景与环境

　　洛杉矶市本来不太可能成为开创性民主治理改革的政治舞台。这座城市当时还在沿用"进步时代"（译者注：指 1890—1920 年）的复杂行政结构，在功能上比较分散，在地区或社区层面几乎没有服务整合功能。洛杉矶市当时有 15 位市议员，而每位市议员代表的选区相当于一个美国中等城市的规模。此外，除了由 30 位城市精英组成、经任命产生的管理委员会和专项委员会外，从历史上来看，洛杉矶市很少提供公民参与城市治理的机会。城市与社区之间长期存在冲突，甚至曾在低收入社区酿成暴力事件，如在查韦斯峡谷（Chavez ravine）因拆迁问题引发的骚乱，在瓦茨（Watts）社区发生的骚乱，以及因为非裔男子罗德尼·金（Rodney King）遭白人警察殴打而引发的洛杉矶大暴动。在中产阶级社区中，这种紧张关系的表现形式包括居民组织起来反对拟议的发展计划，以及可以追溯到 20 世纪 70 年代并在如今再次抬头的社区分裂运动（Hogen-Esch，2001；Musso and Kitsuse，2002）。

　　城市的地理规模和环境建构本身也限制了政治参与。洛杉矶市被戏称为"由 60 个郊区拼凑而成的城市"。全市面积约 500 平方英里，这意味着在交通高峰期可能要花两个小时才能到市议会出席会议。城市发展以汽车为中心，市民空间很少，在大街上进行面对面社交活动的机会有限。这座城市的人口结构具有流动性和空间复杂性特征。在过去二十年间，许多社区的主要人口已经由工薪阶层白人或非裔美国人变成拉丁裔。在城市的各个社区中，社会资本的范围和特征各不相同。在某些社区，随着人口的转变，原有社区领导阶层和新迁入居民之间存在巨大分歧。这种分歧在南洛杉矶和圣费尔南多（San Fernando）最为明显。这两个社区的居民过去分别以非裔美国人和白人工薪阶层为主，后来拉丁裔移民涌入，很快就占据人口的多数。

　　在一个对参与式民主似乎存在不认同甚至敌意的社会环境中，洛杉矶市开展了社区治理改革，以应对可能存在的政治危机。此项改革是宪章改革运动的一部分，当中充斥着可能的政治威胁，以及市议会和市政府之间的相互角逐。

洛杉矶市的几个社区威胁要"独立"，使得市议会提出宪章改革，而这个改革流程由市议会任命的委员会来确定。而接下来，当时的市长理查德则采取对策，成立了一个民选委员会。有关社区参与的条款实际上成为推动更大范围内宪章改革的"甜头"。相关改革强化了市长的权力，将规划权力下放到地区层面，以缓解社区对集中式规划的不满情绪。市政府对改革的政治承诺向来不够坚定，此前同类法规在市政厅都未能取得多数的支持。本案例要研究的是，在强势民主的大多数环境都欠缺的情况下，社区治理改革是如何运作的。

一方面，社区治理体系的发展以出乎意料的方式证明了在缺乏社会资本的城市也可以开展社区行动；另一方面，由于实施机构行动不力，实施过程一如既往地出现偏差，却是意料之中（Sabatier and Mazmanian，1980；Matland，1995）。在自我组织的系统中，人们可能会预期某些领域的组织工作会失败；更进一步，也会预期此类失败最有可能发生在资源较少、组织动力较小的低收入、政治边缘化的社区。传统观念认为，民主参与偏向于具有特定社会经济地位的群体，但在目前的体系下，几乎所有洛杉矶市民都能参与其中。这无疑是众多志愿活动家和社区组织者辛勤奉献的结果。

更让人沮丧的是，虽然社区理事会已经制度化，但它们参与治理的系统比较薄弱。例如，社区理事会可以针对市议会的提案，提交"社区影响声明"（neighborhood impact statements），但它们需要了解市议会当前的议程。然而，市议会的通报制度对社区而言并不友善，因此社区理事会需要有老练的政治手段和丰富的资源，才能从中获取相关信息。虽然相关改革要求市政府允许社区理事会就预算事宜向市长提出建议，并赋权社区理事会提交预算提案，但在现有的地区预算制度下，市政府所获得的社区预算优先事项的信息相对来说比较笼统，缺乏很多其他范例城市参与式预算编制的要素。例如，社区理事会除了分得少量的行政预算外，并未分配到任何资源，也未能参与制订预算提案。

从代表结构和功能来看，社区理事会似乎也更多地为代表某个社会经济地位的群体服务。根据2007年的一项调查显示，社区理事会管理委员会当中的拉美裔居民代表较少，而且与洛杉矶的其他地区组织相比，拉美裔居民的代表往往以比较富裕的房产拥有者为主。此外，由最近的一个纪录可见，比较富裕的社区似乎更有可能在市议会中积极参与有关其所在社区的决策事宜。虽然我们没有充分信息来确定这种"描述性代表"（descriptive representation）的缺失有何实际影响，但调查数据表明，社区理事会管理委员会的成员非常关注土地使用和交通问题，但洛杉矶市的选民却认为这些问题并非最为重要的。定性的调查证据表明，虽然理事会开展了众多活动，但确实非常关注与土地使用相关的活动，这表明其活动的确存在偏向性，且其成员构成严重偏向特定阶层。

4.3　重点和方法

本案例研究揭示了洛杉矶市在酝酿和实施社区治理改革十年期间所产生的价值取向和实践结果，其中要深入探讨三个方面。

第一，本文试图思考治理改革中包含的一系列目标。虽然宪章改革规定了与提高民主参与有关的广泛目标，但并未陈述该体系的工具性目标，相关的价值观也有待在制度规划和实施过程中通过协商来确定。本章研究了制度参与者所阐述的工具性目标的范围，为最终实现这些目标，必须发展各种网络治理架构。这些架构必须能让参与者参与集体行动，同时它们必须充当与社区利益相关者沟通的调停机构，充当社区和城市机构之间的信息渠道（Bogason and Musso，2006；Musso et al.，2006）。

第二，这种做法能够在参与式民主制度下更好地实现支持利益相关者参与治理事务的治理网络的完善。社区网络的发展可以对社会资本的发展产生积极影响，而社会资本的发展可以为地方的集体行动提供资源，也可以促成社区参与的良性循环（Berry et al.，1993；Putnam，Feldstein and Cohen，2004；Chaskin，2003）。

第三，这些治理网络的结构对其行使地方权力、政策影响力以及与行政代理人的合作都会产生影响（Granovetter，1973；Galaskiewicz，1979；Laumann and Pappi，1976；Rhodes，1997；Feiock，Steinacker and Park，2009）。因此，本

章重点关注改革实施过程中出现的治理网络，讨论其支持社区理事会与所在社区及市政官员进行沟通的力度。同样重要的是，本章讨论了这些网络中管理主体的问题，也讨论了这些主体在洛杉矶地方社区中体现的描述性代表和实质性代表的程度。

本章的数据旨在对洛杉矶市社区理事会的建立和运行进行评估。本项研究前后跨越近十年，从 1997 年各个社区理事会成立开始，到 2007 年发表最终评估报告为止（Musso et al.，2007）。本项评估由多个基金会直接资助，以保证其运作不受市政当局的干预，不过研究团队在本项研究开展期间通过政策简报和报告的形式，提供形成性（formative）政策建议。例如，城市采用的参与式预算编制的部分内容参考了研究团队撰写的政策报告，而研究团队中的数名成员在多项活动中与社区理事会合作，涉及边界识别、战略规划、与城市行政部门建立关系等范畴。

我们采用多种方法收集数据，包括实地旁听社区理事会和市议会会议，与社区理事会代表、市议会工作人员、项目协调员和其他政治利益相关方进行访谈，以及收集相关文件数据，其中包括对为期三年的社区理事会会议议程所进行的内容分析。此外，研究团队进行了两次问卷调查。第一次是在 2003 年，当时大多数社区理事会已获得认证；第二次是在 2006 年，当时相关制度已实施数年。本案例研究尤其依赖于 2006 年问卷调查的数据，其中包括衡量参与者自我评估有效性的李克特量表，以及一系列网络分析。这种网络分析通过在问卷中请社区理事会管理委员会的成员列出在最近一次会议召开之前一周内与哪些相关方有过接触。文献研究和补充的访谈主要以定性的分析方法为主，作为对 1997 年至 2007 年纵向调查数据的补充。

对社区理事会的问卷调查包括一系列问题，涉及管理委员会成员的沟通和网络活动、他们如何看待相关成果和挑战、他们的政治态度、过往的志愿者活动，以及人口统计学资料。在收集调查数据时，共有 85 个管理委员会；其中两个委员会因为表现不活跃被取消。本研究通过网络提供三种语言版本的问卷，然后通过电话联系没有填写网上问卷的委员会成员，请他们在电话中完成问卷。在 1 499 名管理委员会成员中，有 702 人完成了问卷，回应率近 47%。本次意见调查研究的对象还包括 23 名项目协调员，以及来自洛杉矶市警察局、公共图书馆、公共工程管理局和城市规划局四个政府部门的 154 名行政人员。研究人员还对市议会的工作人员进行了半结构式的访谈，并通过社区理事会的活跃成员进行"滚雪球式"抽样（snowball sample）。

在完成大规模数据收集工作之后，我们又于 2011 年进行了比较集中的文献收集工作。可惜，由于资源所限，我们无法复制此前大规模的问卷调查方法。近期的研究工作包括收集 2010 年和 2011 年洛杉矶市各大报纸上有关社区委员会的所有新闻，然后进行内容编码，以及就社区委员会向市议会提交的社区影响声明进行内容编码。此外，基特修斯（Kitsuse）（2010）的论文对洛杉矶市三个低收入社区的社区能力和社区理事会的发展进行了比较分析。本文也参考了其相关研究成果。

4.4　为民主而设？洛杉矶市的社区治理

1999 年，洛杉矶市的选民批准了一项新的城市宪章，其中一条是授权建立一个新的咨询性质的社区理事会制度。这项改革是由两个不同的宪章改革委员会经过两年的审议所取得的成果。其中一个宪章改革委员会由市议会任命，另一个则是在时任市长理查德·里奥丹（Richard Riordan）的支持下选举产生的。新的宪章适度强化了市长的权力，使其在任命各政府部门负责人时具有更大的影响力，另外还通过设立不同的地区规划委员会来分散原有的土地使用和发展方面的权力。在此过程中，最受关注的提案是第九条，即提议成立一个新的"社区赋权部"（The Department of Neighborhood Empowerment），负责支持全市范围内社区理事会制度的发展。

4.4.1　参与式改革的形成

宪章改革的政治背景包括市政当局与各种房主协会和商业协会之间长期存

在紧张关系，这些协会认为市政厅对地区利益漠不关心（Hogen-Esch，2001；Cooper and Musso，1999）。虽然几名市议员已在其所在地区内成立了顾问委员会，市议会也曾提议在全市范围内设立类似机构，但洛杉矶市多个地区爆发了极具争议的"分裂运动"，引起人们对改革的高度关注。与此同时，时任市长理查德·里奥丹为了强化自身权力而寻求进行宪章改革。随着"分裂运动"朝着权力下放的目标愈演愈烈，在宪章改革委员会为期两年的磋商过程中，社区治理成为核心议题，1999 年的宪章改革措施应运而生。

正如索南史恩（Sonenshein，2004）所指出的，在制定社区理事会的宪章条款时，人们主要关注两个议题：社区理事会是应该由任命产生、具有统一程序和纯粹的咨询性质，还是应该由选举产生并赋予其处理土地使用的权力。这两个议题体现了在赋予社区理事会多少权力的问题上存在的紧张的政治关系。能够决定最终改革方案的多个关键人物都参与了这个问题的辩论。地方的商业团体和开发商反对社区授权，理由是它将阻碍经济发展。房产拥有者、一些进步派的市政官员以及方案倡导者则主张社区理事会由选举产生，并对当地的土地使用问题具有决策权。索南史恩指出，虽然社区参与在选民中具有政治影响力，但"焦点小组讨论……透露……他们在对价值观的判断方面仍存在很大分歧"。不同城市利益相关者与两个独立运作的改革委员会之间进行了旷日持久的政治谈判，最终才敲定制度设计的形式。

最终，反对成立社区理事会的利益相关者包括市中心的企业、开发商，以及一些关注企业和开发商对社会服务设施立场的社会服务倡导者；而支持扩展社区权力的利益相关者包括房主协会、主张硅谷"独立"者，以及一些其他政治活动人士。最终改革在两派之间达成妥协，决定成立咨询性质的委员会。反对委员会成立的人可以接受这个结果，因为委员会与遍布全市并自愿组织成立的各个房主协会并无太大区别。与此同时，相关学术研究也令支持成立强势社区理事会的一派确信相关决定是正确的。例如，伯里（Berry）、伯特尼（Portney）和汤姆森（Thomson）（1994）等学者通过案例比较分析证明：纽约市的社区委员会以及波特兰和圣保罗等"范例"城市的咨询性团体能够产生非正式的影响。

　　宪章改革委员会的委员还巧妙地处理了社区理事会的成员应该由任命产生还是由选举产生的问题，并将社区理事会描述成"自我遴选"（self-selected）的机构。正如索南史恩（2004：141）所述，这一做法打破了选举权的僵局，"至少在一定程度上缓和了矛盾"。"自我遴选"是成立社区理事会的一种灵活手段，这样既不会因为赋予社区理事会正式权力而受到市议会的抵制，也不会因为赋予市议会任命的权力而受到社区活跃分子的抵制。一边是追求权力的市议会，另一边是长期敌视民选官员和开发商的社区活跃分子，要在两者之间取得平衡，相关制度设计就必须具有许多兼顾两者的"模糊"要素，而所谓的"自我遴选"只是其中之一。此外，因为洛杉矶市有大量非法居民，而非正式选举权理论上允许非公民参与社区治理，所以有可能让更广泛的群体参与其中。

　　城市宪章中关于成立社区理事会的部分占了好几页篇幅，通过大量条款详细说明社区赋权部的权力和社区理事会的认证程序。相比之下，相关条款很少涉及参与城市治理的制度安排，而是通过四个简要条款概述了社区参与的范畴：

（1）预警系统。宪章提出建立一个"预警系统"，要求制定法规，以便"在作出决定之前听取社区理事会的意见"，并规定相关程序将包括"尽快向社区理事会发出通知，并在作出决定之前使其有合理机会表达意见"（第九条，第 907 款）。

（2）下放权力。宪章允许市议会将涉及地方关注议题的决策权下放至社区理事会（第九条，第 908 款）。

（3）预算优先事项。允许社区理事会"向市长和市议会提交城市预算的年度优先事项清单"（第九条，第 909 款）。

（4）服务监督。社区理事会旨在"监督城市服务在相关地区的交付情况，并在各市政部门负责官员可合理安排时间的前提下，定期与其会面"（第九条，第 909 款）。

　　总而言之，虽然宪章详细规定了关于正式认证社区理事会的监管程序，但就其参与治理的体制安排而言，相关描述比较简短而模糊，严格的管理监督，加上缺乏制度创新和支持，让整个制度的实施过程受到影响，关注焦点也更多地放在相关活动的监管而非赋权之上。

4.4.2　制度实施

宪章改革历经两年时间，随后的规划过程也历经两年，制度的发展又用了近两年时间。规划阶段由社区委员会董事会（Board of Neighborhood Commissioners）主持。这是一个由任命产生的委员会，负责监督社区赋权部的工作。社区专员委员会举行了一系列社区会议，让公众参与审议社区理事会的组成形式和方法。正如穆索等人（Musso et al.，2004）所指出的，这一规划过程的重要成果之一是巩固了社区理事会的自决权。在此过程的早期阶段，社区赋权部的总负责人就试图划分洛杉矶的各个社区，以便通过行政手段明确社区边界和社区章程。为响应社区活跃分子在大约 30 场规划会议上提出的社区治理意见，社区专员委员会和市议会最终否决了这种"自上而下"的决策方式。标准化城市控制与社区自决之间的紧张关系主要通过社区自治的方式得以解决，由社区活跃分子负责边界识别、规章制度设计和官员选举等事务。

《洛杉矶全市社区理事会制度规划》于 2001 年 5 月获得社区专员委员会的批准，并由市议会通过成为法规。正如其他学者讨论的那样（Musso et al.，2004；Musso and Kitsuse，2002），较长的规划期有助于调动人们对社区理事会制度的兴趣，并在社区活跃分子之间引发各种社会运动，因为社区活跃分子将改革视为在社区议题上争取更大影响力的一种手段。在上述规划获得批准后不到一年的时间内，洛杉矶市大部分地区都自愿参与了组建社区理事会的活动。大约 90 个社区理事会经过大规模规划和实施过程而产生的社区理事会制度，每个相应的管理委员会平均约有 20 名当选成员，其管辖范围涵盖约 4 万名居民，运作资金也相对有限[①]。

---

① 市议会最初批准向每个社区理事会提供每年 5 万美元的运作资金，但为了弥补洛杉矶市严重的财政赤字，拨款金额已连续两个预算年度削减为 40 500 美元。

虽然社区理事会的管理委员会由统一选举产生（而不是索南史恩所指出的
"自我遴选"），但不同地区社区理事会的代表结构各不相同①。某些社区理事会是通
过不分区选举选出所有管理委员会成员，另外一些社区理事会则设立分区席位或
者为特定利益相关群体预留席位。相关实施法规允许采用多种选举方法，但规定
社区理事会管理委员会的成员累计任期不得超过 8 年，与市议会当时的任期限制相
同。社区理事会主要通过关注特定任务（如外联和沟通）及 / 或议题范畴（如土地
使用和规划、城市预算）的常设职能委员会开展日常业务。相关委员会定期举行会
议，通常每周一次，一般在晚上召开。通过实地观察，我们发现，这些会议的程序
比较正式，主要是模仿市议会的会议程序，遵循《罗伯特议事规则》（Robert's
Rules of Order），通常通过发言时间限制和发言卡制度来限制公众发表意见。

虽然社区理事会的网络比较完善，不过市政当局在城市治理过程中与相关
组织的沟通并不充分，也很少制定相关机制以在决策过程和预算方案制定方面
促进与社区理事会的沟通，或者是促进社区理事会与市政机构的沟通。城市宪
章明确的主要参与机制包括预警系统和参与市议会审议过程、参与式预算、市
议会权力下放，以及参与土地使用和规划。表 4.1 归纳了这些机制目前的整体
状况。在实施过程中，洛杉矶市对社区治理的支持是程序性而非实质性的，主
要通过"预警系统"提供信息，而社区理事会和其他相关方面向政策制定者提
供信息的机制比较薄弱。这种情况符合 20 世纪中后期美国"善治"改革的总
体趋势，相关措施比较"薄弱"，强调信息提供和公开会议的安排，旨在提高
公众参与决策的程度（Musso and Weare，2005）。

虽然洛杉矶相关的规划和实施法规在促进公众决策参与、创造伙伴合作
机会以及增加城市服务提供等方面明确了目标，但只字未提与市政当局的沟通
程序，让这些机制在一个长期以来脱离社区实际而运行的城市中自生自灭。这
些法规更侧重于认证要求、解决争议的方式、取消认证的程序以及财务管理要
求，而这些方面更多的是规范社区理事会的运作而非赋予其相关权力。所谓

---

① 洛杉矶市检察官办公室在其中一项裁决中指出，其他自我遴选方法和治理方法（如采用类
　似市政厅的行政架构）与州法律不符，而且洛杉矶市授权经选举产生相关委员会。

表 4.1　参与式治理的范畴和实践状况（截至 2013 年）

制度目标	改革相关法规	现　状
洛杉矶市面积广阔而社区众多，社区之间的交流或者市民与市政机构之间的沟通难以实现。在城市治理方面存在着狭隘主义和脱离民众的问题	本市支持覆盖全市范围的社区大会（Congress of Neighborhoods）（第 901c 款）	市社区大会的职能主要包括技术援助和对外联系；一系列区域性和全市性的治理联盟已经以非正式的方式发展起来
公众参与市议会、管理委员会和专项委员会的决策时，需要及时掌握信息。此前的宪章改革公共通知机制是，仅提前 72 小时在听证场地（通常位于市中心）张贴通告	"预警系统"向社区通报本市相关决策，使其"有合理机会提供意见"（第 907 款）	市政当局采用自动发布议程的重大创新机制；相关议程仅在会议开始前 72 小时发布，与之前无异；社区理事会可以向市议会提交"社区影响声明"，但无权提出议程
市议会会议地点集中在洛杉矶市中心，距离社区利益相关者比较远	市议会可以授权社区理事会就当地关心的议题举行听证会（第 908 款）	市政当局并未采取行动
在宪章改革之前，公众参与预算编制体现在决策完成之后的市议会公开听证会上	社区理事会可向市长提出预算申请（第 909 款）	从 2004 年 5 月开始实行区域预算编制程序。这种程序可以较好地了解社区理事会管理委员会的优先事项，并让少数社区活跃分子与负责预算编制的官员接触
服务提供既集中在市中心，又分散于多个城市部门之间。社区成员有服务需求或需要投诉时不知道应该与谁联系	社区理事会将监督服务提供情况，并定期与相关负责官员会面（第 910 款）	市政当局尚未就服务提供情况采取统一的反馈政策

资料来源：改编自穆索·朱丽叶，克里斯·韦尔，马克·艾略特，等.迈向城市治理的社区参与：评估洛杉矶社区理事会改革 [R].2007.

"全市范围"的社区参与体系包含一层微妙的意思，即并不包括市政机构或可能与其互动的其他政治实体。实际上，洛杉矶市随后在制定政治参与机制时，不断将"全市范围"的概念普遍应用于全体城市居民。相应地，社区理事会被视为与其他非政府组织和政治行动者类似的实体，而未能根据城市宪章的规定获得应有的制度参与空间。

例如，该宪章设想让社区理事会就影响社区的问题向城市政策制定者提供咨询意见。为此，社区理事会必须非正式或正式地了解市议会的议程，将相关议题纳入自身议程进行审议，通过投票做出决定之后再向市议会提供咨询意见。向市议会提供意见有两种正式的制度手段：参加市议会会议以及 / 或者针对市政秘书提供的议会文件内的任何提案，提交"社区影响声明"。议会文件包含多项拟议法规，但并非所有都能纳入当前会议议程。要完成这些步骤，社区理事会成员需要对市议会进行监督，包括通过个人网络进行非正式监督，或者通过"预警通报系统"（early notification system）发送的市议会议程信息进行监督。由于《公开会议法令》（open meeting act）的要求与城市信息系统的运作之间多有摩擦，监督工作受到阻碍。"预警通报系统"根本没有"及时性"可言，因为议程是在市议会会议开始前 72 小时才发布。由于社区理事会也需要提前 72 小时制定议程，它们几乎不可能及时对市议会的议程做出回应。

　　薄弱的正式制度、较高的信息成本，加上沟通障碍，这些问题的共同存在，意味着社区理事会对社区议题的影响力在很大程度上受到其本身的能力和所拥有的资源的制约。此外，相关访谈和实地观察表明，在多数情况下，是通过分配到该地区的现场工作人员向当地议会代表提出意见，从而实现社区理事会与市议会之间的互动。因此，社区理事会的优势在于成员的受教育程度较高，在政治上比较成熟，而且代表其利益的市议员比较愿意聆听社区意见。我们在研究期间观察到，市议员对所在社区的社区理事会的立场差异较大。例如，港口区的几个社区理事会与市议员珍妮丝·哈恩（Janice Hahn）保持着良好关系。哈恩曾在其中一个宪章改革委员会任职，在竞选议员时承诺支持相关改革。有些市议员则对社区理事会采取不信任或"善意忽视"的态度。因此，社区理事会成员对相关议题产生影响的能力似乎不仅取决于当地的资源拥有程度，还取决于市议员和市长接纳意见的态度。

　　虽然社区理事会制度实现了自治和一定程度的自决权，但问题在于社区理事会是否能够在地方治理中获得民主合法性和关联性。我们需要考虑以下问题：改革所体现的民主价值观，社区理事会网络由于改革而产生的特征，社区理事会成员参与地方治理的方式，以及对城市治理可能产生的影响。

4.5 分析：为民主而设？

在实践中，洛杉矶市的社区理事会制度具有"多面性"，因此很难就相关实践、标准和影响做出清晰的结论。在本节中，社区理事会制度的设计和早期历史使治理网络在多方面呈现了"聚合钟摆式民主"（aggressive pendulum democracy）的特征。尽管如此，在这个全市社区理事会联盟和反应式政策参与的更广泛网络之下，有些社区理事会似乎比较能以协商一致或吸引公众参与的方式开展工作，从而发展社区能力并参与社区问题的讨论。

4.5.1 价值观：迈向网络治理，但目的何在？

洛杉矶市社区理事会的发展是一种"不情愿的改革"，是为了避免社区从城市分裂出去而采取的安抚手段。从市长的角度看，也是为了推行宪章改革而提供的"甜头"，旨在加强市长自身相对于市议会的权力。由于社区理事会制度产生于两个宪章委员会之间高度政治化的协商过程，其在参与、包容和响应方面的目标价值描述始终比较模糊，如表 4.2 所示。社区理事会侧重于城市服务提供，以及与机会、参与、伙伴关系和社区相关的广泛目标。

表 4.2 洛杉矶市社区理事会制度的目标和目的

推动公众参与城市治理和决策过程，提高政府响应力……同时……创造机会与政府建立伙伴关系……
推动和促进所有认证的社区理事会之间的沟通、互动和合作机会……社区理事会可以在所在地区和全市范围内结盟，作为参与沟通、互动和协作的手段 *
促进城市服务的提供……帮助合格的社区理事会明确、优先处理其需求，并就这些需求展开有效沟通
确保有平等机会成立合格的社区理事会并参与政府决策和解决问题的过程
创造环境让所有人都可自行组织合格的社区理事会并建言献策，鼓励他们在社区基层发展相关组织
培养人们的社区意识，让所有人都能就社区和政府发表想法和意见

资料来源：洛杉矶市的《建立全市社区理事会制度的计划》于 2001 年 5 月 30 日通过；此后分别于 2002 年 11 月 8 日、2005 年 5 月 20 日、2006 年 10 月 25 日、2008 年 2 月 20 日、2008 年 8 月 6 日、2009 年 2 月 20 日、2010 年 3 月 5 日修订。

注：* 由 2009 年 2 月由市议会修正案增加。

　　洛杉矶市的《建立全市社区理事会制度的计划》第二条详细阐述了社区理事会的理想形态，指出这些机构体现的民主价值观。例如，第一条规定直接讨论了代表性问题，指出社区理事会必须具有多样性和包容性，必须对所有社区的利益相关者持开放的态度，这些利益相关者包括"在社区生活、工作或拥有房产的任何个体，以及那些认为自己与社区存在任何利害关系的个体（且确实存在这种关系）"。社区理事会的运作应该是非歧视性的、透明的，而且应该"尽可能做到独立、自治和自我引导"。的确，《建立全市社区理事会制度的计划》规定社区赋权部协助社区理事会确立非营利组织的地位，以加强其独立性。

　　这组目标的内涵在于赋予这种网络般关系一些投入价值：与政府之间的伙伴关系；社区理事会之间的互动和合作；联盟关系；沟通和信息共享。这些都是与网络治理相关的投入价值（Bogason and Musso，2006）。因此，从构成价值的角度来看，洛杉矶市的社区理事会制度应视为一个治理网络，而社区理事会管理委员会作为中介组织，在内部以各种形式建立连接，在外部则与所在社区、城市利益相关者、城市官员和行政人员建立联系，同时与其他社区理事会结盟。

　　相关目标是工具性还是产出性的，在实施过程中尚存在争论，至今未有定论。在社区理事会制度实施的早期阶段，参与者阐述了一系列的目标和标准，而不出意料的是，这些目标和标准与网络中活动者的各种政治利益相一致。许多城市官员和商界人士强调关注地方化的自愿主义以及"共同生产"式的服务活动。例如，在社区理事会制度实施过程的早期阶段，社区赋权部总负责人在某次接受采访时指出："他们需要学习如何为自己争取利益，而不是在市政厅咆哮不已。"一位来自极具影响力的硅谷工商联盟（Valley Industrial & Commercial Alliance）的政客也认为："我们需要找些地方事务让社区理事会处理，这样它们就不会惹麻烦。"另一位实施政策的官员则表示：

　　　　"我希望人们不要总是将问题归结于外在因素，希望他们能够开始承担责任，与所在社区和市政府一起解决问题……赋权实际上就是人们要自己承担责任……必须指望自己。"

这种观点与许多社区组织者的看法形成鲜明对比，后者对上述自我治理的目标表示怀疑，认为这些目标只是市政当局转移视线或推卸责任的手段。在某个焦点小组讨论中，一位社区理事会的组织者指出："我们不想免费做着这个城市的工作……如同在自助加油站一样。"另一位组织者则尖锐地指出："社区理事会不应该是拿着吸尘器的女仆，而应该是带着白手套的岳母。"从许多社区理事会激进分子的角度来看，理事会要取得成功，就必须能够对当地社区事务（如土地使用决策）和城市层面的政策决策产生影响。总之，对社区理事会代表的访谈、问卷调查以及在当地社区的实地观察表明，要影响政府政策，就必须围绕社区能力发展和地方问题的解决，关注符合社区价值观的目标和活动。

4.5.2　民主网络和实践

伯里（Berry）、伯特尼（Portney）和汤姆森（Thomson）（1994）强调了模范社区治理几个特点的重要性。他们认为，社区治理要取得成功，地方组织应该代表相当小的社区，以培养社区归属感，并就实际问题展开面对面的沟通，从而实现有效议政，促进社会资本的发展。他们进一步指出，成功的社区治理制度应该得到市政当局的支持，并通过"政治创新"的手段积极参与城市治理。冯雅康（Fung，2004：8）进一步强调了行政授权和自治的重要性，指出自治具有两种截然不同的含义，而参与式民主的倡导者经常将两者混淆。虽然自治经常被理解为独立于中央权力机构，但社区行动能力同样重要，甚至更加重要。冯雅康认为："这种模式强调自治积极的和建设性的一面——群体实现其自身设定的公共目标的能力，或曰责任——与摆脱中央约束和限制、实现解放的一面同等重要。"

1."小市政厅"

尽管在《城市民主的重生》一书中描述了各种各样的议会类型，但在实践中，议会制度并未充分体现有效参与的必要性，这对洛杉矶市的网络治理特征也产生了相应的影响。洛杉矶市的社区网络治理不是具有自主权和行动能力的代表小型社区的公开议政实体，而是表面上主要提供咨询意见的"小市政厅"系统。社区理事会所代表的居民区在规模上相当于小城镇。事实上，许多社区曾是"自治市"（incorporated municipalities），在20世纪初为了获得供水服务才被洛杉矶市"吞并"。议会民主的特点往往是"勉强的"多数制（Barber，2003），议程已预先制定，并广泛使用"发言卡"以限制公众发表意见。洛杉矶市议会采取的议事程序也与之类似。

社区理事会本应是参与式论坛，为居民提供议政和深入参与的机会，但其作用受到若干因素的共同限制。首先，洛杉矶市检察官办公室早期做出的一系列决定将社区理事会确定为具有半政府地位的实体（虽然未必有正式权力）。相应地，社区理事会代表必须由选举产生，必须提前72小时公布会议议程，而选举产生的管理委员会成员需要遵守一系列的道德准则和信息公开要求。这些形式化的要求增加了社区成员的参政成本，一定程度上也将社区理事会视为更加弱小的"市议会"。对市议会模式的"照搬照抄"限制了公众的参与，而追求公众参与正是起初参与式改革的推动力，这虽然不足为奇，却极具讽刺意味。

还应该注意的是，由于《公开会议法令》对议程公布的时间有所要求，加上市政当局对宪章所述"预警"的干扰，社区理事会网络的影响力被大大削弱。市议会实行"预警"机制，提前72小时通报会议议程，而市检察官则规定社区理事会必须提前72小时发出会议通知。如此一来，社区理事会几乎不可能了解市政当局即将做出的决定，也无法及时召开会议以确定需要提供的咨询意见，更加无法动员任何力量去反对它们认为有问题的提案。有趣的是，社区理事会采取的重大政策行动大多是为了抵制某项市政决策，理由是社区理事会成员认为市政当局在决策之前没有充分咨询社区意见。

2. 治理网络的性质

从网络治理的角度来看，社区活动者之间的关系可以体现在几个方面，这些方面对于网络的有效运作至关重要。社区理事会管理委员会可被视为内部网络，其功能是支持城市宪章认可活动范围内的集体行动。此外，治理网络涉及社区理事会和社区利益相关者之间的联系，以及与城市主体及市内其他社区理事会之间的联系。2003 年进行的一项网络调查力图证明制度内部存在的互动关系，调查显示约有一半的社区理事会已获得市政当局的认证，而到了 2006 年，相关机制已完全确立（见表 4.3）。

表 4.3　2003 年和 2006 年社区理事会成员平均出席会议次数

指　标	2003 年的数量	2006 年的数量
其他社区理事会成员	7.48	6.81
利益相关者	2.69	2.02
市政官员	2.33	2.38
其他社区理事会	0.41	2.28
出席全市会议次数	2	2.6

资料来源：2006 年洛杉矶社区理事会管理委员会调查。

　　2003 年进行的这项网络调查要求管理委员会成员指出在最近一次理事会委员会会议之前两周内与不同人或机构接触的次数。如图 4.1 所示，在 2003 年至 2006 年间，横向网络关系（即社区理事会之间的联系）的增长最为显著。2003 年，社区理事会管理委员会成员在两周内平均接触过 7.48 名委员会其他成员和 2.33 名市政官员，以及 2.69 名来自外部不同利益相关者团体的代表[1]。截至 2006 年，横向网络联系有所增强：某个社区理事会管理委员会成员与其他社区理事会成员的接触次数由 2003 年的 0.41 次增加到 2006 年的 2.28 次。与此同时，他们出席理事会会议的次数有所减少。在 2006 年的调查中，管理委员会成员认为外联工作是一项尤其令人感到沮丧甚至痛苦的挑战，因为他们往往得不到市政官员的回应。

　　定性的实地考察和文献研究也表明强大区域联盟关系的存在。到 2010 年左右，洛杉矶共有六个地区性或全市性的社区理事会联盟。几个地区性的联盟分别位于圣费尔南多谷、港口区、西洛杉矶以及洛杉矶市中心区。另外有两个

---

[1] 受访者被问及与以下主体的接触情况：① 企业主；② 当地企业员工；③ 业主；④ 房产拥有者；⑤ 租房者；⑥ 社会服务机构；⑦ 学校；⑧ 宗教组织。

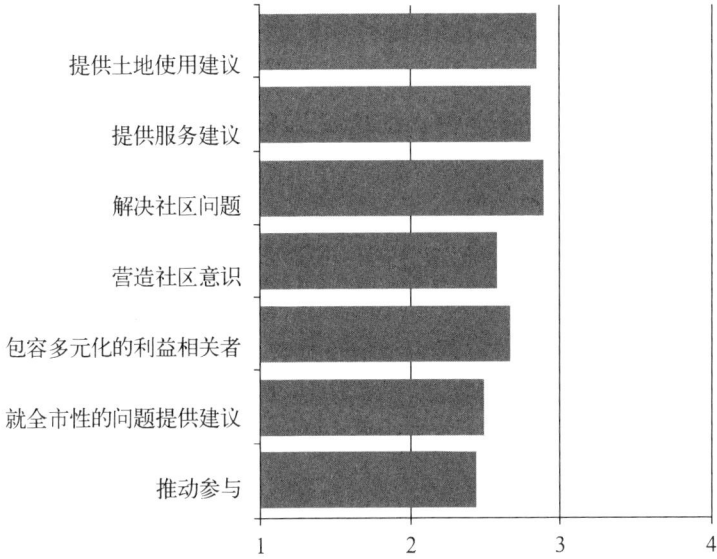

图 4.1　管理委员会成员对社区理事会工作的评估
资料来源：2006 年洛杉矶社区理事会管理委员会调查。
注：1= 完全无效；4= 非常有效。

全市性的联盟，其中最有名的是"洛杉矶全市社区理事会联盟"（Los Angeles Citywide Alliance of Neighborhood Councils）。自相关制度实施初期以来，该联盟每两个月举行一次会议，讨论涉及公众利益的议题（www.allncs.org）。此外，"PlanCheck LA"是一个社区理事会联合团体，负责监督洛杉矶市的试点规划通报程序（www.plancheckncla.org）。这些联盟组织既是信息网络，又是政治资本的来源，它们可以凭借"监督者"的身份反对市政当局的政策提案。

　　例如，在 2012 年，社区理事会动员反对有关太阳能的"B 提案"（Measure B）。该项提案由市议会在 2009 年提交公投，要求洛杉矶市水电局到 2014 年至少安装 400 兆瓦的太阳能设施，并规定相关安装工程必须由水电局工会的劳动力负责。该提案进一步规定，如果聘用承包商，就需要向工会支付费用。该项公投提案引起社区理事会积极分子的反对，他们认为该项提案仓促通过，没有注意成本因素。他们尤其反对该提案建议在城市宪章中加入"太阳能设施必须由水电局员工进行安装"的规定。有消息称，用来推动这项政治提案所筹集的 27 万美元中，有三分之二来自工会组织，其中代表水电局电气工人进行劳资谈判的"国际电力工人兄弟会 18 分会"（International Brotherhood of Electrical Workers Local 18）捐献了 5 万美元。这无异于火上浇油（Zahniser，2009）。社区理事会的积极分子为此发起了反对运动，在 2009 年向《洛杉矶时报》和《洛杉矶每日新闻报》阐述了对此事的担忧。两个媒体随后均发表社评，反对该项提案。随后有人指责市议会在审议提案的过程中隐瞒了不利的成本估算结果，更令该项法规提案蒙上阴影，一些市议员也撤回了对该项提案的支持。在公投的后期，连市长安东尼奥·维拉莱戈萨（Antonio Villaraigosa）也打起退堂鼓，他表示自己将该项提案提交公投只是为了鼓励政治辩论。提案最终以反方的微弱优势未能通过，26.2 万名选民中有 50.5% 投了反对票。

3. 社区的自治能力

虽然对于洛杉矶市的社区治理，人们更多看到的一面似乎是一种多元化网络，这种网络由正规化会议构成，而这些会议会被网络中的动员力量所打断，而社区网络治理中还有社区的一面。随着时间的推移，这些实体的基层组织以及市政当局提供的适当运作支持在某些社区形成了更大的网络，让这些社区能够自行处理地方的需求和问题，也就是冯雅康（Fung）和查斯金（Chaskin）所指的"自治"（autonomy）（2001）。查斯金认为，社区网络中有效的社会代理（social agency）需要具备几项能力因素（capacity factors），包括社区意识、资源可得性，以及个人和集体的高效性与承诺。社区网络将这些资源运用到实践中的能力则取决于社区和政治机构的特征，包括种族和阶级动力以及机会结构。这些因素在洛杉矶社区理事会所代表的 90 个社区中存在较大差异。尤其是有大量外来人口迁入的低收入社区可能缺乏与政府打交道的经验，能够投入到志愿活动的资源也较少。而且，居民流动性较高意味着社会网络会比较分散，对社会资本的发展以及随之而来的信任和承诺都会产生不利影响。

在对洛杉矶三个低收入社区的案例研究中，基特修斯（Kitsuse，2010）发现有证据表明，通过有效领导和社区组织的动员，可以克服这些障碍。例如，东好莱坞是一个拥有大量亚美尼亚移民的多元化社区。东好莱坞社区理事会支持和赞助了一系列有助于整合社区内不同群体的艺术和文化活动，包括泰国新年庆祝活动、亚美尼亚独立纪念日庆典以及每年夏天在当地艺术公园举办的莎士比亚艺术节。该社区理事会还集中资源开展多个让青年参与社区服务的艺术项目，例如邀请青年艺术家在电力箱上绘制涂鸦，以及组织 15～25 岁的青少年收集社区故事、绘制社区地图，以及进行社区艺术设计和创作（Kitsuse，2010）。东好莱坞社区理事会还创立了名为 "ArtCycle" 的年度自行车赛暨社区艺术节。而在洛杉矶西部，威尼斯社区理事会举行了一系列会议，让社区成员深入参与到讨论中去，讨论话题包括无家可归者为了住在社区当中而使用露营车进而对社区停车场造成的影响。

4. 影响：自治、多元化和社区能力

鉴于改革的复杂性，且社区理事会运作所涉及的城市治理领域规模较大、范围较广且具有多样性，社区理事会制度带来的影响难以描述。有证据表明，该治理网络已在一定程度上实现个别社区理事会的自治，但社区能力并未得到广泛发展，也未能很好地调解社区利益与市政官员之间的关系。得到认证的社区理事会能够获得相对广泛的独立性和适度的运作支持，而且基本上没有什么实质性的要求。然而，从建设意义上看，就追求行动的能力而言（Fung and Chaskin，2001，2003），社区理事会的发展道路并不平坦。在改革最初的五六年里，相关新闻报道主要集中在内讧和选举纠纷等行政争议上，社区理事会因为缺乏有效的外联工作能力以及未能代表广泛的社区利益而受到抨击。2006年，本研究团队对社区授权部项目协调员的调查发现，群体斡旋和外联工作方面存在的挑战尤其严峻，其中有三分之一的社区理事会在群体斡旋方面存在问题，而有大约五分之一的社区理事会外联工作不到位。

根据 2006 年的调查，可以对制度中不同人员得出试验性的早期指标，相关指标可以参见南加州大学有关该制度实施情况的评估报告（Musso et al.，2007）。图 4.1 总结了社区理事会管理委员会成员对社区理事会表现的主观自

评意见。相关成员按照李克特量表对社区理事会进行评级（从"完全无效"到"非常有效"），评级普遍介于"比较无效"和"比较有效"之间。他们认为社区理事会在推动参与方面的表现最差，而在解决社区问题以及就土地使用和服务提供建议方面的表现较好。

一项面向与社区理事会合作的项目协调员的调查表明，城市层面的活动主要集中在公共安全和土地使用上，而社区理事会在地方层面的活动主要是社区外联和美化活动。这项调查通过 38 个案例，从城市层面出发揭示了改革的相关影响，涉及 25 个得到认证的社区理事会（当时得到认证的社区理事会共有 86 个）。公共安全和土地使用方面的成果占受访者提到的所有成果的三分之二。至于经济方面的表现，普遍提及的是上文所述有关社区理事会成功反对水电局提高费率的事件。另外，调查还要求项目协调员指出在社区层面"有助改善社区生活"的具体成果。对所有被提及的成果进行内容编码后发现，51 个正常运作的社区理事会，一共取得了 89 项成果。这些成果集中在两个方面：改善社区环境的社区美化工作，以及通过社区援助和社区活动等形式开展的社区外联工作。项目协调员还认为全市大约 60% 的社区理事会对当地社区具有积极的影响。

值得注意的是，社区理事会与市政机构沟通的制度在功能方面存在较大差异。社区理事会参与城市治理的最重要渠道是市议会的地方办事处。地方办事处的工作人员经常出席社区理事会会议，在某些情况下，还会建议开发商或企业在提交土地使用提案之前先咨询社区理事会的意见。但并非所有市议员都能与其所在选区的社区理事会建立强大而有效的关系。有些市议员比较支持社区理事会的工作，例如港口区市议员珍妮丝·哈恩在民选宪章改革委员会任职期间，就支持社区理事会发挥了重要作用，另外也投入大量人力物力支持所在选区的几个社区成立理事会组织并取得认证。另一方面，也有市议会工作人员对社区理事会持怀疑或不信任的态度，质疑他们的民主合法性。

社区理事会与市政机构的互动程度也有所不同。市政部门与社区理事会的接触往往是临时进行的，通常是为了回应社区理事会的压力。有些市政机构与社区理事会接触比较多，有些则比较少。然而，必须指出的是，社区理事会在城市宪章具体规定的公众服务提供方面的投入，在最好的情况下也只是稍有改善。例如，对市政部门职员的一项调查表明（见图 4.2），市政职员认为社区理事会并非特别重要的信息来源或政策方向来源。的确，社区理事会在提供信息方面的重要性不及其他市政服务机构，也可以看出市政职员对相关制度的嘲讽态度。

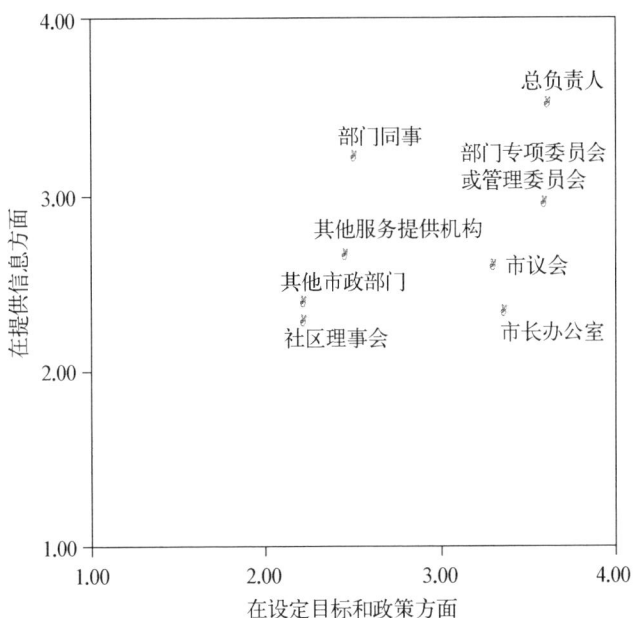

图 4.2   市政职员对社区理事会和其他实体的重要性的看法

资料来源：2006 年对洛杉矶市警察局、公共图书馆、公共工程部和城市规划部的 154 名行政人员进行的调查访问。

注：1= 在提供支持决策的信息方面的作用完全不重要；4= 在提供这类信息方面发挥的作用非常重要。

最后，对治理改革评估涉及"谁来治理？"的关键问题。在整个制度发展过程中，最重要的主题在于为"所有人"提供参与治理的机会，让各种利益相关者参与社区治理。因此，改革的民主影响在很大程度上取决于构成社区网络的社区理事会的代表合法性。鉴于洛杉矶市的多样性，务必考虑社区理事会在多大程度上实现了城市宪章和城市规划中规定的包容性目标和利益相关者多样化的目标。在这里有两个重要问题：一是社区理事会从比例上看具有多大的描述代表性；二是社区理事会在多大程度上能够实质上代表社区利益相关者的利益（Pitkin，1972；Guo and Musso，2007）。

如图 4.3 所示，2006 年的调查结果显示，管理委员会的成员年龄偏大，比较富裕，与其他市民群体相比，他们中拥有房产的比例更高。鉴于美国现有各种形式的政治参与都偏向于具有一定社会经济地位的群体，这种情况并不令人惊讶（Verba et al.，1995）。尽管如此，从描述性的角度来看，社区理事会的社会代表性尤其不足，与其他公众参与领域（如投票和任命的管理委员会和专项委员会）相比尤其如此。

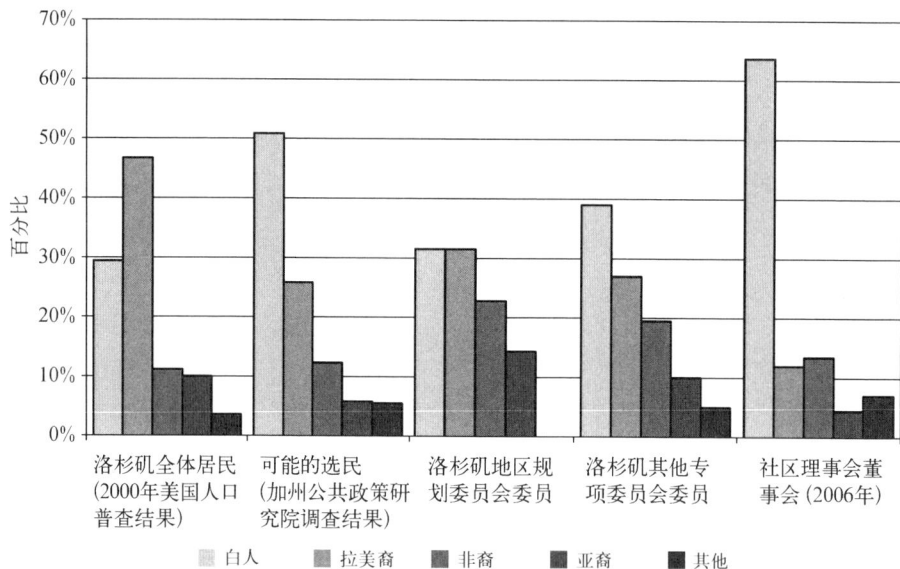

图 4.3　社区理事会管理委员会和其他政治参与形式的描述性代表

资料来源：穆索（Musso）等，《社区理事会制度中的多样性》，关于评估洛杉矶社区理事会制度的"公民参与倡议"工作坊，2006 年 12 月 16 日。

总而言之，洛杉矶市社区治理体系中最积极、参与程度最高的活动者似乎是城市精英（如民选和任命的官员，特别是市议员及其工作人员）和"次级精英"（sub-elites，如社区理事会管理委员会的成员，其中许多人都是有房的中产阶级）。根据维巴（Verba）等人（1995）的观察，这套制度在吸纳低收入和少数族裔居民方面不算太成功，因为成功地参与治理需要有"动机"（motivation）、"邀请"（invitation）和"资源"（resources）三个要素。考虑到城市规模较大，社区理事会的活动比较复杂，该制度并没有获得太多的城市资源。为数不多的项目协调员负责监督社区理事会的运作，而每个社区理事会按其辖区内每位居民 1 美元的标准获得年度运行预算。当然，市政当局在外联和动员相关活动方面也没有提供什么直接的支持。此外，在"动机"和"邀请"方面可能存在恶性循环。社区理事会管理委员会成员的利益与更广泛的社区诉求之间存在差异，可能会影响低收入和少数族裔居民的参与。另外，社区理事会的管理委员会会议显然不会过多"邀请"积极的利益相关者参与，而并不熟悉美国会议文化的新移民尤其可能被排除在外。

4.6　结语

经过 15 年的发展，洛杉矶市已建立覆盖全市、具有咨询性质的社区理事会制度。社区理事会的成员由定期的选举产生，他们参与一系列社区活动，并就市政提案提供意见。鉴于执行政策的市政官员对这套制度普遍持消极态度，将其视为表面文章，而社区理事会的持续发展应当被看作是一项成果。这种制度性的改革反过来又为治理网络的发展提供支持。从理论上说，治理网络应该将社区利益相关者联系起来，使其成为议政实体，在代表各种利益的社区居民和市政机构之间建立更流畅的信息沟通渠道。通过这种方式，这套制度能够更多地使社区成员发声，表达民主意见，同时赋权社区成员参与公共事务。

然而，就参与式民主的投入和产出措施而言，这套制度只能算是成败参半。它似乎取得了比问责制更多的自治权，但这种自治权过多涉及"独立"的元素，而非是冯雅康（Fung）（2004）以及查斯金（Chaskin）和布朗（Brown）（2001）所强调的能力要求。这套制度当中最明显的治理方式是投入导向的、多数主义的和咨询式的，而非希望制度能够提供更多的议政机会或直接采取集体行动和共同生产本地服务，令人对相关制度演变至此的原因提出质疑。在某种程度上，采用"弱势"的多数民主可能反映出社区理事会对市议会文化上的模仿。毫无疑问，这也反映出市政职员和决策者对支持议政的做法不重视。至少从某种程度上说，这种情况可能是基于政治原因或者基于市检察官办公室裁决而做出的监管决定，对社区理事会的自治施加了结构性的限制。正式的规则与弱势的制度参与范畴结合起来，似乎令洛杉矶的社区理事会制度无法充分发挥其潜力。

在产出价值观方面的结果似乎优劣参半，对这种比较复杂且在地理上比较分散的制度难以进行概括。社区理事会网络在其影响范围内呈横向发展特征，为政治动员提供支持，而且通常具有监督性质。社区治理网络的动员机制至少两度促成公共投入有限的城市政策被否决。另一方面，就更加积极主动地以协商方式参与城市决策过程而言，相关机制似乎比较缺乏，或者说相当缺乏，因为这套制度涉及的是弱势群体的参与机制，例如通报市政议程和提供公众表达意见的机会等。这些只是对城市信息系统的微调，以增强在加州法律之下存在的公众参与权，与宪章改革关系不大。社区理事会制度的构成以及产生的非正式网络关系可以说支持了一种民主功能的风格，这种风格在政策建议方面的代表性和集合性都比较弱，对城市决策和管理采取的是比较被动的"监督"。从这个意义上说，该制度增加了城市治理的压力，朝向亨德里克斯（Hendriks，2010）所指的集合形式的"钟摆式民主"。

虽然该制度最为明显的作用体现在解决地方土地纠纷和零星的结盟以反对市政政策等方面，但仍有证据表明在一系列社区层面的议题上，地方的社区理事会也采取了相关行动，包括举办社区活动，为"男孩女孩俱乐部"或地方学校等地方组织提供社区援助，以及开展地方环境美化活动等。目前，在全市层面尚未有相关活动范围的数据，但我们认为此类活动更有可能形成一定程度的"责任自治"（accountable autonomy），将独立性与实现集体目标的能力结合起来。由于这些活动是在社区内开展，没有引起太多公众关注，因此洛杉矶的社区理事会制度为人所知的更多的是其在城市问题上的被动立场，而非在社区层面取得的成果。尽管如此，某些社区理事会似乎支持居民联合起来参与社区志愿活动和商讨社区事务，为社区层面共享式或自愿式的民主参与提供了可能性，而且在很大程度上独立于市政机构。

最后，社区理事会缺乏充分的包容性，在描述性代表和实质性代表方面的合法性都存在争议。社区理事会很大程度上是社区"次级精英"共同体：他们是受过良好教育的中产阶级，白人占了绝大多数，而且大多是房产拥有者。不但城市里的租房者和低收入者等少数族裔群体在这些机构当中的代表性不足，其他社区利益相关者（如当地企业、非营利组织等）在这些机构当中的代表性也不足。考虑到宪章改革和相关实施条例都强调不同群体的参与，这显然是社区理事会的一大败笔。这种缺陷具有实质性的影响，由于其代表性不够广泛，社区理事会的议事日程也往往显得比较保守。长期以来，志愿活动被公认为偏向于具有一定社会经济地位的群体，因此需要采取更具实质性和针对性的外联方法，才能让更多群体参与到社区理事会当中。然而，低收入者、少数族裔居民和租房者的志愿活动参与水平通常较低，而市政当局在与其接触和沟通方面提供的外联支持几乎很少。

洛杉矶市社区治理网络代表性不足的特征正好反映了美国政治体系众所周知的缺陷，即保持多样性的广义要求与法律上的保护并不足以确保包容性。为了创建一种更具有描述代表性的制度，其中一种可能的做法是要求申请相关拨款的团体证明其活动具有相当的包容性。虽然在 20 世纪 60 年代美国联邦扶贫计划当中，这种做法被认为是一项名不符实的战略（Moynihan，1969），但正如本书其他部分所述，相关措施在国际参与式预算编制中取得了一定的成功（De Sousa Santos，1998），在明尼阿波利斯社区治理中也取得一定的成功（Faggato and Fung，2006）。当然，本文的案例表明，广泛的制度设计特征还不够，必须争取政治承诺的支持及开拓有意义的参与领域，同时必须提供相关支持和激励，让社区理事会管理委员会更具多样性和包容性。

第 5 章

柏林-利希滕贝格的参与式预算：
城市善治的范本？

约亨·弗兰兹克　伊娃·罗德

5.1　引言

在德国，法律规定的地方预算是市政当局主要的规划和控制工具。它阐述了地方财政分配的条件，反映了地方确定的政治（分配）优先事项。通过直接选举产生的市议会完全保有确定预算的权利。今天，虽然公民可以参与几乎所有的地方事项，但仍然无法涉足市政预算领域。由于传统保守思想的影响，许多议员怀疑公民能否处理这一复杂事项，担心会出现"需求爆炸"（explosion of requirements）者。因此，从一定程度上说，德国引入参与式预算所导致的争议在于，通过地方层面的直接民主来修正代议制民主会带来何种机遇和挑战。

德国自 20 世纪 90 年代末以来一直在讨论参与式预算的概念。在北莱茵威斯特法利亚州，参与式预算主要是作为改革市政管理的工具引入的。相比之下，柏林及其行政区（boroughs）的参与式预算项目主要是为了强化参与式民主。目前，德国约有 207 个城市在管理中引入了参与式预算[1]，其中一个重要原因是日益严重的地方预算危机。因此，一些城市通过参与式预算来强化市议会财政紧缩政策的合法性。这在德国存在较大争议，甚至有时候被认为是参与式预算制度的滥用而遭到拒绝。不过，大多数德国城市决定采用"公共财政咨询"模式。这一模式包括信息、咨询和问责三个标准化步骤。只有少数城市试图超越这一模式（Sintomer，Herzberg and Röcke，2010），柏林-利希滕贝格就是其中一个。它为更多获得赋权的公民参与治理铺平了道路，并发展出一种不同于巴西阿雷格里港，但适用于德国具体情境的创新理念。因此，它是德国参与式预算的最佳实践案例之一，甚至引发了广泛的国际关注[2]。

出于多种原因，本案例与分析德国城市善治有所联系。本案例基于一个已经有充分根据的概念化路径，这种路径是行政区迈向公民城市的整体发展路径，将现代民主的不同工具整合在一起。该案例是德国可持续程度最高且行动者经验丰富的参与式预算之一，这种参与式预算始于 2005 年。它揭示了具有众多制度创新和程序创新的长期学习过程，显示了预算编制从开始时的"自上而下"路径过渡到公民广泛参与的过程。最后，该案例被认为是德国最好的参与式预算实践之一（Weise，2006；Klages and Daramus，2007；Herzberg and Cuny，2007；Sintomer，Herzberg and Röcke，2010；Pietsch，2011）。

本文对该案例进行详细分析，研究相关的法律框架、实现路径、实施程序、指导机构、创新和学习过程，并讨论地方民主概念如何影响案例本身的发展以及利益相关者的看法和利益。最后，本文从参与式预算对合法性、有效性和社会资本的影响三方面对案例进行了评估。

---

[1] 2011年4月数据，见市民教育联邦管理局/同一个世界城镇服务部（Bundeszentrale für Politische Bildung/Servicestelle Kommunen in der Einen Welt）（编辑），2011年。

[2] 其他最佳实践案例包括柏林马察恩-海勒斯多夫区、波恩、科隆、波茨坦、大乌姆斯塔特和希尔登。不同地方的领导者背景各异（市长或区长来自不同政党），相关的实践和形式也有很大差异（详见 Franzke and Kleger，2010）。

5.2 背景

利希滕贝格（Lichtenberg）行政区位于柏林东部，有 264 447 名居民[①]。柏林是德国首都，也是联邦州首府和直辖市。柏林包括两级行政架构：州政府（参议院）层级和行政区层级。根据地方自治的宪法原则（德国基本法第 28 条），行政区是自治单位，但本身不具备司法地位。这意味着，与德国大多数城市不同，利希滕贝格无法自行编制预算，也无权加税或借款[②]。

柏林各行政区的治理机构包括行政区代表大会（borough assembly）和行政区政府。前者由德国公民和居住在该行政区的欧盟成员国公民选举产生，后者则包括由行政区代表大会选举产生的区长（borough mayor）和区议员（borough concilors）。自 2006 年以来，利希滕贝格行政区被划分为 13 个街区（即社区）。该行政区的特点是城乡并存，不同社会经济地位的群体共同生活在这个行政区内。然而，令人惊讶的是，与其他行政区相比，利希滕贝格的公民参与社会活动的活跃度明显高于平均水平[③]。

该行政区的预算经费大约 85% 来自柏林市参议院拨款，其他的收入来源包括建筑许可、身份证发放和租赁等方面的收费。预算支出包括两部分。其中一部分包括联邦或州法律规定的强制性支出，如用于确保学校运作、社会福利服务、住房补贴，以及维持街道和公共建筑的安全；另一小部分（约 6%）属于可自由支配（也称为"可控支配"）支出。相关支出的分配可由行政区代表大会自行决定，因此属于参与式预算的组成部分。可自由支配支出可用于各项公共服务，如健康促进、商业活动、体育活动、儿童和青少年事务、老年人照顾、文化设施、图书馆、音乐学校、成人教育、街道绿化、游乐场、公共街道和园林绿化等。

---

① 行政区的德文是"Bezirke"，字面意思是"（行政）地区"。
② 虽然案例本身具有特殊性，但可以将其与德国其他城市的经验进行比较。
③ 各街区的失业率在3.4%至10.2%之间；移民所占比例则在3.8%至25.9%之间。约29.1%的公民参与公民社会活动（2010年12月31日数据）。

柏林参与式预算的辩论始于 2002 年。在这一年，相关工作组为柏林及其行政区确定了参与式预算的理念。德国多个政党和联邦公民教育局下属的基金会则提供外部支持。在柏林市参议院决定拨款 12 万欧元支持该项目后，第一轮参与式预算于 2005 年启动。当时引入参与式预算的条件比较有利，如行政改革的进展相对顺利。除了推出新的成本核算和绩效系统外，柏林在 2004 年还建立了以产出为导向、基于产品的预算（output-oriented product-based budget），以便在行政区之间持续进行产品的比较。在这种情况下，柏林州向各个行政区提供了一次性拨款。此外，从 2005 年开始，法律规定柏林各行政区在各项地区事务上都必须咨询公民意见。同样，利希滕贝格推出参与式预算的时机非常恰当。2001 年，在行政改革过程中，柏林的行政区数量由 23 个减少到 12 个。为了促进地区融合，柏林市参议院支持在新成立的行政区进行财务合并。在"公民参与行政区预算编制过程"的项目中，柏林-利希滕贝格和柏林-马尔扎恩-海勒斯多夫两个行政区需要考虑参与式预算的框架条件。

5.3 案例概述

5.3.1 过程

在利希滕贝格的参与式预算形成过程中，市民拥有第一话语权，然后才是区议员的意见。因此，关于参与式预算的讨论比预算实施的财政年度提前两年。但这个过程并非没有争议，于是以上时间间隔在近些年被缩短至一年。因此，2014 财政年度的参与式预算活动于 2013 年 4 月开始。

利希滕贝格在参与式预算形成过程中建立了不同的参与渠道。参与规则很简单，每位参与者都有权提出预算建议并支持其他参与者的建议。在市民会议上，行政区政府提供关于项目、当地预算和公共服务的信息，收集市民的预算建议并开展讨论。市民会议还集中探讨行政区代表大会对上一年度公民预算建议所做出的决定。作为第二个参与渠道，互联网平台全面介绍了地方预算信息，并为市民提出和讨论预算建议提供平台。此外，市民可随时致函区政府提交预算建议。区政府收集相关建议后进行初步评估，考虑各种预算影响之后，编制预算建议用于后续投票环节。市民可以在市民会议或互联网上投票选出他们认为最佳的预算建议。此外，还有住户调查。随机抽取接受意见调查的市民的数量已从 5 000 人（2005 年参与式预算受访市民数）增加至 50 000 人（2013 年参与式预算受访市民数）。支持程度最高的预算建议将被提交至行政区代表大会进行最终决策。行政区政府会计算每项建议的成本，并就预算建议的法律框架或可行性提出意见。行政区代表大会做出最终决定后，参与式预算过程即告结束。

多年来，每轮参与式预算结束之后，都会举行年度公共评估工作坊，对相关程序进行改进和优化。例如，从 2007 年开始，各行政区参与式预算制定的权力进一步下放，并与各个街区的日常活动相结合。因此，根据该行政区的街区情况，从 2011 年开始，每年都召开 13 次市民会议。各街区的参与式预算流程由相关街区中心（被委任为公民社会机构）负责组织。此外，"投票日"活动在 2011 年成为各社区的中心事务，该活动对在各街区市民会议上所有提交的预算建议进行投票。从 2011 年开始，属于市参议院职权范围内的预算建议可以进行投票表决并将其移交到市民会议。此前许多想法无法在行政区层面进行审议（如与基础设施相关的话题），而上述做法减少了参与式预算支持者的挫败感。其他的变革措施包括为每项预算建议分配一个追踪编号。此项创新令相关程序更加公开透明。其他的调整措施，如 2010 年引入的所谓"节约点"（saving point），以及由一个编辑团队归纳各项预算建议的做法，则失败了[①]。

5.3.2 街区资金

街区资金（district funds）的引入可被视为参与式预算内的基本创新之一。利希滕贝格有 13 个街区，每个街区每年可获得的预算为 5 000 欧元（合计为

---

① "节约点"：让参与者选择一项公共服务进行成本削减，所节约的成本可以为其他领域的项目提供资金。编辑团队由 10 名市民组成，团队成员经由选举产生，对相关预算建议进行排序和归类。此项工作后来被取消，因为有参与者抱怨修改或汇总其建议可能有违建议的初衷。

65 000 欧元），相关资金在拨付后的很短时间内就可使用。居民、地区组织或倡议机构可申请高达 1 000 欧元的财政资金开展各类工作，如举办社区或街头节庆，修缮社区操场、人行道、街道或建筑物外墙，以及开展自助项目和社区项目等。相关项目拨款决定由公民审议团（citizens' jury）做出，该审议团按每 1 000 名居民产生 1 名委员的比例组成 ①。2010 年，街区资金为大约 120 个项目提供资助，包括在公园种植新植物以及开办丝印工作坊。

5.3.3 指导机构

为了在参与式预算项目开始时建立一个框架，利希滕贝格制定了一套新的指导机构体制，现已成为德国很多地区参与式预算的参考模式。在 2005 年至 2006 年期间，指导机构的安排可以被描述为：项目管理团队作为行政区政府的内部协调机构，其成员包括控制部门的主管、个人／财务部门以及环保和自然部门的主管。指导委员会是中央决策机构，由行政区代表大会和行政区政府（行政区区长和两名区议员）组成，明确了参与式预算的概念并界定了"程序规则"。作为工作机构的项目团队由市民代表（包括青年人、老年人、移民和女性）、区议员以及行政单位的代表组成。项目团队为指导委员会拟定决议案并汇报拨款单和下拨结果。

2006 年，随着试点项目的完成，参与式预算被正式整合成为行政区管理的常规任务，指导机构的架构也发生了变化。控制和人事／财务部门内部设立了参与式预算协调办公室，该办公室与这些部门的主管（此前项目管理团队成员）有着紧密联系。指导委员会和项目团队的任务被移交至监督委员会（Begleitgremium），其成员包括行政区议员、行政区代表大会成员、行政区政府和街区中心、当地居民及／或公民社会代表。该委员会目前负责推广参与式预算程序的概念，并处理行政区代表大会和政府提供的反馈。该委员会需要评

---

① 在自愿委员中，有60%是随机挑选的居民。行政区区长会邀请25 000名随机挑选的居民参加公民审议团。公民审议团另外40%的成员是来自相关组织、倡议机构、地方企业以及学校或家长团体的代表。

估相关过程，提出改进建议，以及向行政区政府发起拨款单。该委员会还负责确保参与式预算得到市民接纳，并在未来几年得以实现。

5.4 操作方法

利希滕贝格开展参与式预算的具体方法是在 2004/2005 年度由行政区代表大会和行政区政府这两个项目主体经过充分讨论之后制定的。首先，这两个项目主体为整个行政区的未来发展制定了指导目标，重点包括儿童和家庭友好政策、促进居民构成的多元化、为居民提供平等机会，以及创新的行政改革政策。推动社区发展的各项活动（如社会和青少年福利服务规划、公共卫生规划和城镇发展等），则被整合到《迈向公民城市的利希滕贝格》的文件中，并在 2005 年的行政区代表大会上通过。其次，评估该文件对行政区的政策和行政活动产生的影响。为鼓励市民更积极地参与决策过程，行政区政府应采取更加透明的行动（包括公共支出范畴），并以服务社区作为自己的重要定位。行政区代表大会应制定社区发展目标，支持居民在社区和街区层面的自我发展，并建立新的跨部门组织结构。最后，利希滕贝格明确其采用的参与式预算具有以下特征。

5.4.1 协商一致路径

行政区代表大会的各个党团都承诺在参与式预算项目中相互合作并提供长期支持。其中，"左"派党的区长所做出的强力承诺，以及代表大会其他领导人和行政区政府高级管理人员提供的支持，对项目的成功至关重要。

5.4.2 实事求是路径

在参与式预算制定过程中，参与者有时候需要讨论整个行政区的预算安排。但是，如果对行政区代表大会职权范围以外的公共服务项目进行讨论，可能很容易会令参与者感到沮丧。因此，行政区代表大会决定只讨论其可以真正影响的公共支出。但此类公共服务项目仅占整个行政区预算的 6%。然而，通过引入街区资金以及为期两年的建设投资讨论，参与式预算的涵盖范围得以扩展。

5.4.3 权力下沉路径

利希滕贝格的参与式预算适用于整个行政区及其下属街区，从而影响这些行政区和街区的资产和组织形式。如上所述，行政区政府必须设立新的跨部门且实现权力下沉的机构，另外在街区层面也必须做出必要的制度安排。这方面的特征从 2009 年开始得到加强。

5.4.4 对不同群体的包容路径

利希滕贝格的参与式预算概念力图避免直接民主程序通常偏向中产阶层的弊端。无组织公民（non-organized citizens）的参与门槛应该尽可能降低，不受公民年龄、性别、是否残疾、职业或家庭背景的影响。对于儿童和青少年以及移民等目标群体尤其如此[1]。参与式预算的组织者通过多项措施接触上述目标群体，如举办面向边缘群体的小型活动，通过技术手段支持网上参与，或者让他们在当地图书馆免费上网以参与在线对话[2]。通过公共会议、网上对话和书面表格（住户调查）等媒介的综合运用，实现对不同群体的包容。

5.4.5 问责路径

要让公众参与预算讨论，前提条件是为市民提供通俗易懂、公开透明的预算方案。为此，利希滕贝格会制作了有关预算年度的内容宣传册。市民在公共会议上提出的预算建议会被记录在网上，行政区代表大会也会向市民公

---

[1] 该行政区的居民中大约有 14.2% 是移民，其中 5.0% 来自苏联（主要是俄罗斯人），另外有 2.3% 来自越南。

[2] 其他措施包括在公共会议期间提供托儿或手语翻译服务。参与式预算的宣传册和其他材料也有俄语和越南语版本。

开预算建议的处理情况。然而，推进与行政区政府的沟通对项目的成功至关重要。

5.5　关于主要研究问题的讨论

5.5.1　地方民主概念对柏林-利希滕贝格案例的影响

传统上，德国地方政府层面的主导原则一直是代议制民主，确保经由选举产生的地方议会在地方"议会制度"和政党竞争中占据首要地位。然而，随着地方选举投票率的下降，德国的代议制民主正处于危机之中。为了应对这种发展，自 20 世纪 90 年代初以来，市政当局面临着地方民主制度安排的一系列变化。因此，目前德国的地方政府体制可被视为代议制民主辅以直接的民主决策工具（如公投）及合作形式的民主（如圆桌会议、调停和公民审议团）。尽管德国传统的政治文化和法律框架可能成为地方民主制度实施的主要障碍，但许多城市正逐渐从多数决策的投票民主制转变为更加综合的、协商性的民主。德国联邦各州的政治制度结构各不相同，差异较大，如巴伐利亚采用多数决策、权力下沉的结构，而柏林采取的协商一致的权力分享制度则具有一致民主（concordance-democratic）的特征（Freitag and Vatter，2009）。

利希滕贝格行政区的相关文件和材料中只隐约提到了两个理论概念。第一个是建立公民城市（citizens' municipality）的概念，这出现在名为《迈向公民城市的利希滕贝格》的文件中。这份文件是关于利希滕贝格的整体发展，整合了包括参与式预算在内的各种现代民主和参与工具。事实上，建立公民城市这种具有远见卓识的想法在德国城市当中非常受欢迎，被认为可以重新构建公民（及其组织）、地方政治家（议员）和地方政府之间传统的"权力三角"关系，从而帮助城市走出低谷并重现活力。公民应更直接地参与到解决地方公共议题的过程之中，以提高相关政策的被接纳程度、决策的民主程度、居民的团结程度和认同感，以及地方政策的有效性（Bogumil et al.，2003）。利希滕贝格行政区区长强调这一概念的"过程特征"（Emmrich，2011）。

第二个理论概念是"激发型"（activating）或"授权型"（enabling）政府的概念。随着"新公共管理"概念的引入，自 20 世纪 90 年代中期以来，这两个概念在德国的影响力不断扩大。针对碎片化、排外和社区失灵等城市问题，这一概念假设这些问题只能通过政府、私营经济和地方公民社会（"第三部门"）之间新的制度安排加以解决。基于对公民社会的信任，在地方层面解决相关问题是首选方案，同时还应通过自我监管的网络解决问题（Jann，2003）。

其他一些理论概念，如新公共管理、共同治理或网络治理、社区组织、赋权参与和社会资本，虽然并未明确提及，但对利希滕贝格的实践也有影响。新公共管理的概念改变了地方政府的管理逻辑。它强化了公民的角色（特别是作为市政服务的客户），在重大政治项目中建立新的、制度化的对话形式，试图以此改变政治与行政之间互动的"游戏规则"。只有在所涉的全部利益相关方之间建立信任，这种新的合作形式才能奏效。因此，制度化的合作形式和最低限度的共同利益是必不可少的（Bogumil，2006）。作为一般概念的新公共管理在德国已经失败，但其中的重要元素已被引入柏林的市政管理之中，对利希滕贝格的参与式预算产生两方面的积极影响。首先，行政区代表大会与行政区政府之间的关系以相互信任为特征。其次，利希滕贝格的高级市政人员在推动公民参与地方事务方面有丰富的经验。

共同治理或网络治理的概念非常适用于解释和评估参与式预算对地方决策过程的可能影响。特别是在地方层面，政治家与社会团体之间通过合作制定政治决策的理念在合作主义民主国家（corporatist democracies）中广泛存在，对决策投入以及社区的顺利运作将产生积极影响（Putnam，1993；Grote and Gbikpi，2002）。反对者则认为相关体制存在裙带关系或任人唯亲的现象（Levi，1996）。虽然参与式预算可以被视为"共同治理领域最新、最知名的创新措施之一"（Geißel，2009：57），但德国的项目并不属于共同治理的范畴，因为决策权仍然牢牢掌握在地方当局手中。不过盖泽尔（Geißel）认为参与式预算是德国"唯一"（Geißel，2009：58）接近于共同治理或网络治理理念的做法。

社区组织活动（community organizing）是指在地方层面的民间组织之间

建立持久而稳定的制度化联盟，从而对城市的社会和经济结构进行必要的变革。公民赋权应当通过适当的组织行动以及解决问题和解决冲突的技巧来实现（Schutz and Sandy，2011）。这一概念在解释街区资金的运作机制方面非常有用，因为公民可以自行决定他们所需的公共服务项目（Emmrich，2011）。

最后，社会资本的概念（Putnam，1993）在此专指"过渡型社会资本"（bridging social capital）（Feindt et al.，2000），即在参与式安排中由于不同行动者的网络关系而产生的社会资本。就利希滕贝格的案例而言，要在平常少有交流的个人或群体之间建立社会互信很难做到，但增强公民、地方政策和地方政府之间的互信则是有可能的。

总而言之，利希滕贝格的参与式预算可以理解为不同理论方法和地方民主概念之间非系统化的组合。未来的研究可对此做更详细的分析。

5.5.2 利益相关者对柏林-利希滕贝格的看法

区长、区议员、行政区政府（市政负责人和工作人员）、公民、柏林市政府（参议院）以及部分私营部门可以被视为利希滕贝格参与式预算的关键利益相关者。

区长作为行政区共同利益的受托人和代表，希望在行政区内实施各方的想法[1]。参与式预算的发起者、主要推动者是左翼的民主社会主义党（PDS，现称为"左派党"），特别是区长克里斯蒂娜·埃姆里希（Christina Emmrich，2001—2011年担任区长）。利希滕贝格的参与式预算在国内外深受认可，埃姆里希本人也从中受益匪浅。

行政区政府在参与式预算实施过程中发挥着至关重要的作用。劝说人们接受一项持续的额外工作并非易事，需要投入资源，甚至可能导致机构重组。在此情况下，政府拥有否决权，它可能阻止甚至阻碍这个过程。值得庆幸的是，

---

[1] 虽然区长在宪制上属于政府人员，但其本身也具有政治职能。为简单起见，我们在本次调查中始终将区长视为"政策"行动者。

利希滕贝格的一些高级市政人员在制定参与式预算以及在说服其他市政人员接受相关概念方面发挥了决定性作用。

对于区议员来说，参与式预算主要意味着他们要承诺提高预算决策的透明度，并在处理公民提案时提高问责质量。这一理念得到普遍认可，可被视为该行政区政治文化的组成部分。此外，任何政治参与都有助于抵消选民对政治普遍的消极印象，加强民选政治家与选民之间的联系。然而，利希滕贝格行政区议员对参与式预算的看法似乎更为复杂。虽然所有民主党派（特别是左派党）都支持参与式预算及其整体的进一步发展，但某些社会民主党的议员似乎对此颇有怀疑。他们最担心的是会进一步丧失对预算的控制权，预算编制过程进一步官僚化以及增加不必要的支出。来自其他政党的区议员则或多或少表现得摇摆不定，近年来，他们整体上来说支持参与式预算，但动力不足。

将公民社会视为参与式预算制定过程中的利益相关者相当复杂，在与几位地方议员和参与式预算的其他组织者的访谈中可以明显看出这点。参与式预算最初以自上而下的方式开始，市民需要对项目充满信心。这在一定程度上得以实现，因为该行政区的政治和政府人员在公共会议期间发现市民的自信心有所增强（Emmrich，2011；Reich，2011）。另一方面，也有来自公民社会对参与式预算的真实性的质疑，有些人甚至反对现有形式的参与式预算项目。

我们尝试就公民在利希滕贝格参与式预算制定过程中扮演的角色进行分类，发现情况比较复杂。整个过程被有组织的公民团体所主导，作为个体的、无组织的公民仍然扮演着从属角色。利希滕贝格有 260 多个注册的非政府公民社会组织。按其在参与式预算过程中发挥的不同影响力，可以将这些组织划分为不同的子群体。第一个子群体是具有正式自治地位的公民社会机构，如街区中心。这些机构一方面负责组织街区层面的参与式预算过程，另一方面又接受行政区的资助。它们在对参与式预算提出批评意见时自然会小心翼翼，避免其获得的资助受到影响。第二个子群体包括具有影响力的大型公民社会机构，如福利协会的地方分支机构。这些机构能够更好地在参与式预算的背景下维护自身利益，如动员其成员参与其中。学校和日间托儿中心可被视为特定的第三个子群体。它们在维护自身利益方面的举措似乎相当有力。然而，主导团体利用参与式预算过程维护自身利益本身是一个风险因素，需要持续观察；而成员不多、属于少数派的公民团体在参与式预算框架内追求自身利益时自然会遇到更多问题。新设立的街区资金则加剧了这种情况。

柏林市政府为相关项目提供了政治支持。在 2011 年举行的最近一次选举之前，市参议院与利希滕贝格政府一样，由社会民主党—左派党联合控制。此外，市政府将市民参与公共服务项目的讨论和决策定为行政区政府的法定义务之一，以此推动参与式预算的实施。不过，试点项目结束之后，市参议院不再提供财政支持。

最后，私营部门也可以被视为利益相关者，但只处于次要地位。应特别指出的是，该行政区此前的国有住房企业发挥了至关重要的作用，如豪瓦格集团企业有限公司（HOWOGE Housing Corporation Ltd.）是利希滕贝格许多社会经济协会和倡议机构的成员。然而，私营部门给人的感觉是在参与式预算中扮演的是推动者而非主导者的角色。

总而言之，我们并未发现行政区代表大会之外有机构人员可以否决并终止该项目。令人惊讶的是，虽然参与式预算涉及额外的工作，但行政当局对该项目持开放态度。这清楚地表明利希滕贝格的行政文化与德国许多城市不同，这种行政文化与区长本人以及某些关键的高级市政管理人员的认知能力和思维模式密切相关。

5.6　影响

根据相关评估标准，城市善治涉及多个行动者（在城市范围内）的工作安排，而这些安排需要被认定为"运作非常好"，或者至少是"足够好"。利希滕贝格参与式预算的建立和进一步发展可被视为不断接近这种善治总体思想的过程。

关于拟议的投入价值，可以确定以下变化：过去，利希滕贝格区的传统政治参与方式（选举和公投）的投票率普遍低于整个柏林市的投票率[①]。通过为普通公民特别是边缘群体提供新的参与机会，可以扩大政治参与。经过七轮参与式预算讨论之后，参与式预算中普通公民的参与比例由 1.6%（2005 年第一轮参与式预算）增加至 4.0%。当然，这些数字本身没有代表性，但意味着项目有着良好的开局，且成果在整个德国属于最好的。三种不同的投票渠道（市民会议、网上投票和住户调查）为不同群体提供了参与途径（见表 5.1）。

表 5.1　柏林-利希滕贝格参与式预算过程的参与者

财政年度	市民会议（次）	投票日投票数	网上投票数	住户调查（回应率）	总参与人数
2007	1 324	—	541	763/5 000（15.0%）	4 048
2008	785	—	2 583	772/10 000（7.7%）	4 140
2009	1 004	—	2 767	379/6 000（6.0%）	4 150
2010	1 631	—	2 656	1 289/25 000（5.2%）	5 576
2011	1 069	2 536	2 935	1 590/25 000（6.4%）	8 130
2012	1 211	2 315	3 164	1 299/25 000（5.2%）	7 989
2013	1 177	2 975	3 179	3 157/50 000（6.3%）	10 488

资料来源：柏林-利希滕贝格议会（2012 年 12 月数据）。

　　根据包容不同群体的目标，参与式预算的组织者努力让那些没有被充分代表的群体更多地参与其中，特别是移民、家庭和年轻人等目标群体。取消将 14 周岁作为参加参与式预算的年龄门槛是另一个旨在提升年轻人参与的重要步骤，下一步可能是加强与学校的合作。可惜，关于参与者社会经济地位的情况数据并不充分，因此边缘群体的实际参与情况仍然不明了[②]。但是，我们可以假设该行政区提供的特殊服务和活动加强了边缘群体的参与和赋权。特别是从 2009 年开始，市民会议的职责转移到街区中心，有助于提高参与式预算过程

[①] 这与当地居民在民主德国时期和 1989 年之后过渡时期的经历不无关系。

[②] 官方只提供了性别比例的数据：女性的参与率高于男性（2011 年男性参与者占比为 44.4%，女性参与者占比为 54.2%）。就访谈结果和我们的观察所见，长者是重要的参与群体，而移民没有被充分代表。

的议政质量，因为社区的小型活动和小组讨论开启了连接和对话的空间。这极大地增强了参与过程的合法性，主要是因为话语程序的质量不受主流观念和正式辩论的影响。然而，受访者表示，大多数"正式"的市民会议仍然过多地关注预算建议报告，而对辩论和共同利益的关注太少。

第二组是以预算的有效性作为评估标准，评估参与过程的各种结果及对当地公共福利的影响。利希滕贝格参与式预算发起者的主要目标是提高人们对公共部门服务的满意度（Emmrich，2011）。总体而言，通过让市民的建议变成现实，参与式预算对基础设施和公共服务提供方面产生了一些积极影响。然而，这些影响是有限的，而且对改善贫困和不平等现状只有间接影响，无法用实际数据证明。这是因为参与式预算项目仅占整个行政区预算的6%；重要的社会责任范畴并未包含在内。2005年至2011年期间共收集了1 888份市民建议，其中414份被移交至行政区代表大会，其中83份被拒绝（见表5.2）[①]。

表5.2　参与式预算建议在柏林-利希滕贝格的实施情况

参与式 预算年度	向行政区代表大会 提交的建议（份）	被拒绝的建议 （份）	进入实施／规划 阶段的建议（份）	未实施的建议 （份）
2007年	42（共367）	5	35	2
2008年	40（共182）	3	33	4
2009年	31（共378）	—	30	1
2010年	78（共232）	13	55/5	5
2011年	75（共241）	12	28/32	3
2012年	65（共258）	32	7/26	—
2013年	83（共230）	18	8/57	—

资料来源：柏林-利希滕贝格政府（2012年12月数据）。

同样，参与式预算对利希滕贝格政策的影响似乎相当有限。参与者只能在参与式预算所涉狭隘的公共服务框架内界定新的优先事项。市民建议的主

---

① 本项研究只使用柏林-利希滕贝格区代表大会或者行政区政府的官方数据，可惜相关数据部分存在矛盾。因此，我们自行选择了最具结论性的数据，但无法对其进行验证。

要议题可涵盖环境 / 自然、儿童 / 青年事务、老年人事务以及社会 / 地区事务等范畴。实施相关建议可获得的实际年度拨款仅在 4 000 欧元至 120 万欧元之间。然而，由于现在区议员可以更好地了解公民的偏好，因此对于行政区公共辩论的影响力相对较高。针对《迈向公民城市的利希滕贝格》的文件进行的辩论尤其如此。当地媒体关于公共辩论的许多文章都是基于参与式预算的经验而撰写。

利希滕贝格还必须考虑参与式预算等项目的参与性安排的效率问题。有些人质疑整个过程所产生的实际成效是否值得耗费大量成本和努力。然而，除了直接影响政策外，相关安排可以提供一个有用的工具，这个工具可以用来建立一个超越成本绩效分析的重要民主机制。利希滕贝格的参与式预算在合法性和社会资本领域产生了重大影响。增强合法性与各项标准的设定密切相关，即公民认同和接受一般政治秩序、政治程序、政策或政治精英等政治目标。这也适用于市政决策过程。在利希滕贝格参与式预算确定过程中形成的社会资本专指在参与性安排中由不同行动者网络产生的过渡型社会资本。我们要区分两种建立互信的方式：一个是在平常少有交流的个体或群体之间建立社会互信；另一个是推动在公民、地方政策和地方政府之间建立互信。就利希滕贝格而言，前一种方式很少见，但后一种方式有可能做到，因为参与式预算的过程提供了交流和对话的空间。参与式预算过程实际上是所有行动者的强化学习过程。正如区长在某次访谈中谈到的，相关变化的核心内容如下：

"政府不再将市民视为服务恳求者，而是将自己视为服务提供者。双方的看法已然发生变化。过去，市民对市政人员持负面看法，市政人员也觉得市民讨厌。而现在市民了解到政府有能力和意愿为其服务。另一方面，政府现在将市民视为希望实现变革并拥有相关经验和知识的群体。"（Emmrich，2011）。

因此，利希滕贝格解决地方问题的能力可能也有所增强。参与式预算进程让参与者更加深入地认识和了解原本有限的财务和政策框架，也在其他政治参与程序中为现实辩论和共识导向提供支持。在某些情况下，公民将社会资本与行政区的资源结合起来，特别是将其用于诸如保留音乐学校和图书馆等当地基础设施或者扩建面向年轻人的基础设施。行政区政府进一步下沉权力，推崇公开透明的政治文化，也为上述发展提供了支持。

另一个维度是系统价值，其核心价值是适应性（resilience）。如上所述，本案例体现了稳定性（正式和共识的制度化）与灵活性（年度评估工作坊）的良好结合。相关过程每年都在不断优化，因此可以不断创新和发展。权力下沉对于治理的转型别具意义：自 2009 年以来，行政区政府在参与式预算过程中的角色已由组织者转变为提供建议者。与此同时，一位负责相关事务的高级市政经理指出，"我们现在更多的是回应诉求而非采取行动"（Reich，2011）。从垂直方面来说，行政区政府现在通过"街区负责人"（district managers）更深入地参与街区事务。街区负责人负责协调相关地区的各项活动，增强居民赋权（社区发展），并与街区中心密切合作（街区中心仍然负责组织召开参与式预算的公共会议）。因为网上调查和住户调查需要耗费大量金钱和时间，这些调查现由行政区政府独力完成。行政区政府还负责计算实施市民建议所需的成本，并检查相关预算建议是否属于其管辖范围内的事务，这些都涉及大量人力资源和技术知识。显然，所有行动者在整个过程中的参与意愿，加上强有力的指导机构和强有力的领导，对于项目的成功至关重要，也凸显了制衡标准的重要性。

与可靠性这一核心价值密切相关的是参与过程的正式或非正式质量，这包括遵守正式规则和非正式规范，如透明度和公平性。参与式预算过程可以被看作是公开透明的，各种项目和预算相关信息都能被妥善编制（"通俗易懂"）且加以公布。在问责制和透明度运作良好的情况下开展了更多活动，这可被视为参与式预算过程的积极成果。但是，这一维度在未来需要深化。例如，目前很难找到一致的、定量的实际数据。此外，正如访谈中所见，政府对公民的反馈仍存在不足，这可谓其不足之一。如果政府对预算建议进行初步正式审查之后，否决其中多项建议，却没有很好地向公众交代甚至完全没有向公众说明相关决定，可能会令市民感到沮丧和被排斥。另一方面，现在可以对属于市参议院（而非行政区）权限范围内的预算建议进行投票，这可能有助于克服行政区权限不足的限制，不过行政区仍需等待市参议院相应的反馈结果。

5.7　结语

总而言之，柏林-利希滕贝格的参与式预算可谓是德国的一项激动人心但并不多见的政治参与创新。虽然利希滕贝格作为柏林的一个行政区，具有特定法律地位，但其模式可供其他大城市及行政区借鉴。本案例表明，在地方层面的有限框架内，参与式预算是实现现代地方民主的一种有意义且灵活的工具。但是，它作为单一工具的影响力有限。因此，参与式预算与"公民城市"的理念紧密联系，凸显了城市善治整体框架的重要性。柏林-利希滕贝格的经验也表明，城市善治是一个持续的相互学习和沟通过程，需要时间、灵活性以及所有相关行动者的善意才能实现。

随着 2011 年 9 月的选举结束，柏林-利希滕贝格行政区代表大会的组成发生了变化。新当选的社民党区长最初对参与式预算持怀疑态度，但行政区代表大会投票决定继续执行该项制度。不过，经过 2012 年对一个更加高级的参与式预算过程的公开讨论之后，行政区代表大会于 2012 年 6 月制定并批准了新的参与式预算概念，旨在使参与式预算更加直接透明，并减少官僚主义。因此，问责制将变得更加透明，而提交预算建议和具体实施之间的时间间隔将会缩短。区代表大会还决定（再次）设立一个支持委员会和一个编辑团队，与市民共同处理各项预算建议。新的概念将于 2014 财政年度开始生效（2013 年度参与式预算活动），未来的发展动向值得我们在今后的研究中继续观察和评估。

| 第6章 |

苏黎世的公众自愿参与程序：
比直接民主更进一步？

约勒·皮安佐拉　安德烈亚斯·拉德纳

6.1　引言

公民参与对民主至关重要，参与的方式却不仅限于投票。公民在决策过程中的积极贡献是"民治"（rule by the people）的应有之意，这是确保制度民主性不可或缺的（Lijphart，1999：2）。然而，实现公民参与的方式有许多种。瑞士的政治制度为公民提供了参与政治决策过程的重要方法和工具。瑞士公民不仅可以在国家、州和地方选举中投票，而且可以在这三个层面发挥全民公决（referendum，又称"公投"）和公民倡议（initiative）的作用。瑞士公民每年大约参加四次投票，或是选举各级政府，或是就各种政治项目、法律和宪法修正案作出决定。其他国家的公民很少具有如此广泛的共决权和自决权（rights of co-and self-determination）。这种直接民主真正接近"民治"的理想。

公民投票作为影响政治的因素的重要形式，而瑞士的投票率相当低，这似乎自相矛盾。就整体而言，人们的政治参与度并没有大幅降低：他们参与的方式更具选择性，一般选举的重要性不大，因为人们总有可能通过公投来影响政治决策。与其他国家一样，瑞士也尝试提高公民的政治参与度，这或者是为了让政治更加以客户为导向，或者纯粹是为了提高政治决策的合法性。

本章将介绍瑞士过去几年在地方层面出现的政治参与方式，这些参与方式都是作为直接民主参与的补充。通过瑞士这个公民已拥有可以深刻影响政治决策的国家的案例，我们可以研究新的政治参与方式，并揭示直接民主与公民参与之间的关系。如果直接民主是关于共同地域内的公民做出具有约束力的政治决策，那么新的参与形式更多的是关于如何将公民或消费者纳入政治进程。通过这些新的参与形式，公民（包括无权在某个政治决策实施的范畴进行投票的人）可以对政治项目施加相当大的影响力。

本章是"城市民主和善治探索"研究的一部分。因此，我们探讨了瑞士最大城市的行政程序，并研究了将公民纳入城市规划决策的方法。本案例研究以苏黎世为重点，当地除了直接民主外，还在城市规划中建立了"公众自愿参与程序"（freiwillige Mitwirkungsverfahren），让公民有机会针对影响其日常生活的项目表达意见和看法。这些新的公民参与民主政治的形式已存在十多年，旨在为城市居民提供更多的参与机会。尽管这些参与过程并无法律约束力，但已开展多年，同时已成为城市规划领域固有的参与工具。因此，如果我们要观察改善治理的尝试及其对城市民主的潜在影响，公众自愿参与程序将是很有意义的案例研究。

这个关于苏黎世的案例研究主要关心公众自愿参与程序的管理和实施方式，它们在正式参与程序中的定位，以及它们为瑞士城市领域的既定民主模式作出的贡献。在这样一个已经广泛赋予公民直接民主权利的体系中，我们评估了额外的参与方式是否能够扩展和完善既定的参与程序甚至实现独立的运作。

6.2 背景

在详细阐述这个案例之前，作为必要的背景信息，我们将简要介绍瑞士的政治制度及其特点，以此将公众自愿参与程序置于城市民主的语境之下。

6.2.1　联邦制、协商民主和直接民主

瑞士是联邦制国家，在政体上由联邦政府、26 个联邦州以及大约 2 550 个市镇组成。瑞士的 26 个州在形式上是平等的，但它们之间的差异较大，这不仅体现在规模和资源方面，还体现在其行政职责方面。辅助性原则（principle of subsidiarity）强化了瑞士地方政府的重要性，因为各个州和市镇在履行公共职能方面拥有较大的自由度（Ladner，2010：206）。此外，各州的政治制度差别较大，或者更准确地说，瑞士有 26 种不同的地方政府制度（Kübler and Ladner，2003：139）。各个州的行政官员均由公民直接选举产生。瑞士实行的显然是李帕特（Lijphart，1999：33）所称的"共识民主"（consensus democracy），联邦、州和地方之间的权力分配是决定政府组成的主要因素。

瑞士政治制度最突出的特点是直接民主。公民不仅可以选举国会议员，还可以通过全民公决和公民倡议影响政治决策。通过公投可以对议会的决定提出质疑，而通过公民倡议可以发起关于某个想法或项目的全民投票。在各个州，公民可以倡议修订法律（而不仅限于联邦层面的宪法），也可以通过公投改变行政和管理决策（Linder，2005：157）。例如，苏黎世公民在过去 70 年间就 850 项地方议题进行了投票。如果将地方、州和联邦层面的议题加起来，他们已经就大约 1 800 项议题进行了投票（Ladner，2010：206）。

6.2.2　其他参与形式

这些常见的直接民主形式与地方层面的其他公众参与形式（如参与式规划、议政论坛或民意调查）相辅相成。这些额外的将公民纳入决策过程的方式完全由地方或地区政府执行，但很少成为正式的制度。城市规划则是例外，在此方面已有强制的参与程序（öffentliche Mitwirkungsverfahren），为无组织公民（non-organized citizens）提供参与地区或地方决策过程的合法手段。

近年来，在地方层面出现了新的、非正式化的公民参与形式，并成为地方直接民主进程的固定工具。每当需要就公共空间的使用或开发做出决策时，都会考虑采用这种"公众自愿参与程序"（freiwillige Mitwirkungsverfahren）。这些新的公民参与形式通常适用于大型城市规划项目，涉及交通规划、建筑工程、社区发展项目等。公众自愿参与程序可以在强制的参与程序之前进行或与其同时进行，但绝不能替代强制的参与程序。最终的决策权仍然掌握在民选机构手中，属于直接民主的范畴，因为法律并未要求实施公众自愿参与程序。

6.3 路径

公众自愿参与程序构成了公民参与的补充方式，因此，理论上可以将其描述为市政当局为加强城市治理而制定的工作安排。如果要描述的话，可将城市治理视为"在相互关联的（非）政府行为者所定义的多中心城市环境中，塑造组织能力和建立抗衡力量的工作安排，而这种安排或多或少是制度化的"（Hendriks and Drosterij，2011）。制度化安排可包含纵向或横向运作的正式或非正式关系，这些关系以法律规则或行为准则为基础。

我们关注的是这些额外的参与方式能否被视为改善治理，由此引出（城市）善治的概念。虽然这一概念具有高度规范性，但它旨在评估治理结构是否"就相关投入、产出及系统价值而言属于运作非常好或者至少足够好的安排"（Hendriks and Drosterij，2011）。据此，我们将沙普夫（Scharpf，1999）在评估民主合法性时所用的投入 / 产出区分作为本章的概念框架。沙普夫区分了民主的投入合法性与产出合法性，前者体现为"民治治理"（governance by the people），后者体现为"民享治理"（governance for the people）。因此，好的民主政府不仅能够考虑其公民的诉求，而且能够有效地就相关诉求采取行动（Hendriks and Drosterij，2011）。公众自愿参与程序可被视为有助于加强民主的投入端，通过准制度化的措施实现更大程度的直接参与。深化公民参与决策过程的程度，更多地考虑公民诉求，将有助于优化治理成果。因此，从理论上说，这些额外的参与形式应该能够加强城市规划过程中决策的民主合法性，并成为实现"善治"的尝试。

除了区分制度的投入和产出外，在评估制度功能时，评价制度本身的构成也必不可少。我们对"民治治理"和"民享治理"加以拓展，将"民有治理"（governance of the people）的概念纳入其中。因此，行政管理过程中所反映的制度价值也需要仔细审视。可持续性、适应性、多元环境中的凝聚力以及和平共处是此类制度价值在行政管理过程中的典范（Hendriks and Drosterij，2011）。因此，我们将根据投入、产出和制度价值，对苏黎世城市管理中采用的公众自愿参与程序进行评估。

除了既定的直接民主工具外，还存在公众自愿参与程序，它们被纳入更广泛的城市民主制度之内。因此，我们在评估城市治理领域的公众自愿参与程序时，考虑了响应性（投入）、有效性（产出）和适应性（制度价值）等民主价值。本章旨在讨论实现公众自愿参与程序的必要因素及其运作方式。我们将苏黎世作为主要研究对象，选取了两个有关公众自愿参与的实际例子。在这两个例子的基础上，我们探索相关过程中的具体实践，关注它们如何操作以及如何与城市领域中既定的民主模式共存。此外，我们还将讨论这些工作安排在城市治理中的优缺点。

我们采用以案例为中心的描述方法，旨在了解此前研究基本没有触及的民主参与方式。我们采用定性研究方法，以专家访谈和文件分析作为主要研究手段，具体研究步骤如下：首先，我们将进行案例概述，对公众自愿参与程序的概念及操作形式进行定义。接着我们将说明公众自愿参与程序与既定的参与形式有何不同，以及它们如何融入直接民主的语境当中。其次，我们将介绍两个案例，以此评估公众自愿参与程序的实践及其对城市规划民主程序的影响。最后，我们将研究结果放到一般语境中，评估案例研究是否代表了改善城市治理的有效尝试。

6.4 案例概述

6.4.1 参与程序的定义 [①]

公众参与程序是指将受到政治决策影响的个人、公司或其他利益团体纳入决策的过程。公众自愿参与程序必须与法定的强制公众参与程序区分开来。公民自愿参与程序的目的是在公民在享有法定权利之外，为公民提供参与政治决策程序的额外机会。在瑞士的案例中，这些程序旨在成为现有直接民主权利的补充，而非取而代之。公众自愿参与程序在参与程度、参与形式和参与目标等方面各不相同，具体取决于公众自愿参与程序所涉及的具体项目的性质。

6.4.2 参与程度和形式

基于对项目成果事先界定的程度，公民参与的程度可以有所不同。苏黎世（Stadtentwicklung Zürich，2006：8）提出了公民参与程度的不同阶段，这些阶段从简单地告知民众即将开展的项目，到让民众有机会为他们关心的项目进行自我管理。每进入一个新的阶段，公民参与程度会有所提高，也会做出更大的贡献（见图6.1）。

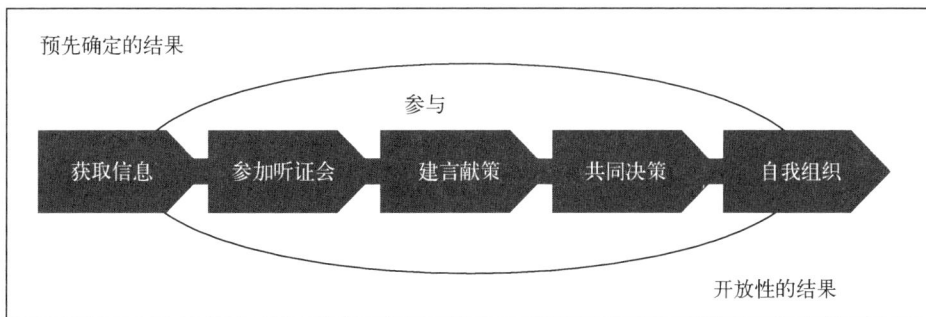

图 6.1 公众自愿参与程序中的不同参与程度

资料来源：《苏黎世城市工作指导手册》（Stadtentwicklung Zürich，2006：9）。

① 以下论述摘取自关于苏黎世的《公民参与程序的指导手册》（Stadtentwicklung Zürich，2006）。

公民参与程度取决于项目留有的余地。如果项目结果由市政当局预先确定，则公民参与项目规划的程度仅限于前两个阶段。但是，如果项目的最终结果是开放性的，那么公民参与的程度可以更具包容性。公民参与程度还取决于为公民自愿参与程序所选择的形式。参与形式各有不同，这取决于最初启动自愿参与程序的原因。从开展对话到参与实际的建设项目，最终各种参与形式的目的都是通过让公民参与早期规划阶段，以提高他们对规划决策的接受和理解程度（Stadtentwicklung Zürich Checklist，2006：7）。

6.4.3 公众自愿参与程序的原因和考虑

在城市发展项目中，公民参与包括公投、公民倡议和强制的公众参与程序等固定的方式，因此我们需要思考的问题是：为什么市政当局会采取除此之外的其他措施提高公民的参与程度？是要提高城市规划程序的民主合法性吗？或是为了规避后续阶段出现的异议，从而令规划更加可靠？还是将其视为让项目在市议会更顺利地获得通过的政治工具？根据城市发展办公室（Interview Office for Urban Development）的说法，上述因素都起到了一定的作用。一方面，引入更多参与方式的主要动机之一似乎是公民积极要求相关参与机会。在信息和通信技术（ICT）时代，这些需求变得更加容易满足，而利益团体也更加容易形成并发挥作用。因此，实施公众自愿参与程序在某种程度上是为了回应公众需求。公众之所以有相应的需求，通常是因为他们受到城市规划项目的直接影响，或者是对现状不满，因而有所担忧。另一方面，自2002年以来，在左翼—绿党联盟占多数的市政厅（City Council of Zurich，2006，2010），在其立法纲要中明确承诺要实现"城市和社区协作发展"，这是其他参与形式得以发展的另一个原因。由于管理公众自愿参与程序是一项复杂的任务，市政厅下属的城市发展办公室已在市政当局内部肩负起咨询角色，指导其他部门和办公室实施相关程序。据其负责人介绍，参与式程序现在已成为"城市善治"行政文化的一部分，多年来在市政管理方面积累了丰富的经验。

与参与过程中通常主张的"赋权"和"包容"目标不同，苏黎世的公众自愿参与程序旨在促进民众对城市规划项目的接纳和支持，让公民对此类项目直接负责。公众自愿参与程序被认为仅适用于涉及特定领域和利益团体的项目或问题。此类程序应该为所有相关方带来有益的结果，因此项目规模越大，就越不适合采用此类程序。在选择公众自愿参与程序适合案例的过程中我们发现，这种参与工具呈现出高度的选择性和特殊性，因此更适用于解决冲突而非实现全面参与。

与强制公众参与程序（在规划过程之后及项目实施之前进行）相反，公众自愿参与的应用比较灵活，使其更有潜力去解决冲突。参与程序启动得越早，将公众意见纳入考虑的空间也就越大。换言之，在项目构思阶段就引入公众参与程序可以减少在项目即将实施时出现的异议。因此，一方面，公众自愿参与程序可以确保规划的可靠性，确保规划过程与公民需求相关；另一方面，让公民从早期阶段就开始参与规划过程也会拖延项目的进度。因此，它始终是一把双刃剑。鉴于建设项目及其利用概念（utilization concepts）已规定了各种正式的参与方式（异议程序、通过市议会确定利用概念、选择提出法律上诉等），因此必须认真考虑其他的参与程序是否具有附加价值。

实施公众自愿参与程序的意愿不仅取决于项目提供的时间和余地，还取决于政策制定者的支持和其努力的意愿。特别是在政策启动或对话过程中，参与程序的结果是完全开放式的。因此，相关结果的实施取决于决策者（行政机构和政界人士）的意愿和财政资源。在启动公众自愿参与程序之前，应明确决策者的支持和接受能力（Stadtentwicklung Zürich，2006：30）。此外，在此过程中，政府除了要承担工作班子的组织费用外，还经常要利用外部的协调机构。

6.4.4　公众自愿参与程序的困难

完成各项准备工作之后，在实施参与程序的过程中还可能会出现一些挑战。根据城市发展办公室的说法，最常见的挑战包括以下几项（Stadtentwicklung Zürich，2006：41）。

（1）包容性。其中最困难的一项任务是将相关人员和团体全部纳入参与程序中。要对所涉及的各种利益进行评估，并与所有相关方进行接触，几乎是不可行的。此外，要让被确定为有利害关系的参与者发挥作用，更加是难上加难。如果在参与程序之后的阶段出现其他利益，则整个过程可能会受到影响。虽然相关程序始终旨在实现"人人参与"，但实际上参与者的选择极少有代表性。因此，公众自愿参与程序的结果从来都无法反映整个地区的意见，而是反映了被选择群体的意见。

（2）期望。参与程序中可采取的行动取决于项目特征。如果建筑项目包含需要遵守的正式规则，就无法采纳参与式程序产生的不同意见。参与者要了解可行的手段，而非提出永远无法实现的过高期望。

（3）责任。公众自愿参与程序涉及的责任越大，相关人士不满意的风险就越低。但责任大小是由决策者自行决定的。因此，为了能让相关人士达到他们的期待，必须在参与程序开始之时就向其明确责任的大小。

（4）对参与者的过度利用。涉及技术议题的项目如果采用参与程序，很可能会因为其内容本身而过度利用了参与者。此外，如果复杂的项目非常耗时，同样也是对参与者的过度利用。在此情况下，要避免参与程序陷入停顿，唯一的方法是由政府或专家提供必要的信息和支持。

（5）达成共识。公众自愿参与程序旨在解决冲突，以便成功实施规划项目。虽然其出发点很好，但几乎不可能迎合所有主体的利益和议程。因此，达成共识的目标往往过于理想化。

上文从行政管理角度审视了公众自愿参与程序的背景和程序设定，下面将仔细研究这些考虑如何在现实中发挥作用。苏黎世两个相关参与程序的例子将有助于了解公民参与城市规划的附加机制。

6.5　公众自愿参与程序的现实例子

以下例子旨在证实公众自愿参与程序在特定环境中的应用，帮助我们了解如何在实践中实施此类程序。公众自愿参与程序的实施和影响在很大程度上取决于具体情况和项目特征，此类程序本身并无具有代表性的例子。因此，以下两个案例仅作为例证来说明在城市规划范畴提供的附加公民参与程序。

6.5.1 "布鲁诺公有地"休憩区的利用理念

1. 背景

"布鲁诺公有地"（Allmend Bruna）是苏黎世最大的休憩区。自 1995 年以来，大量的建筑工程严重破坏了该地区的环境质量。这里的公园越来越多地被用于举办的大型活动。1988 年，市政厅制定了公园的利用理念，保证公园可供公众免费使用。但后来因为长期进行交通建设项目，以及休憩区被用于举办活动，这一理念未能实现。当地居民开始表达不满。于是，有市议员在 1998 年向市政厅提出质询，要求市政厅就如何确保休憩区恢复原有用途表明立场。市政厅回应，一旦必要的建设工作完成，将采取措施恢复和改善该区域的景观和生态（Stadtrat，1998）。1999 年，市政府对当地居民进行了一项关于休憩区使用的调查，结果发现居民对此有不同意见。除了不满经常在公园举办大型活动外，还有相当一部分受访者抱怨有人乱扔垃圾以及没有看管好宠物。基于这些关注点，"绿色城市苏黎世"（Green City Zurich）办公室组建了一个项目小组，负责为休憩区制定新的利用理念，以取代 1988 年的版本。市政府决定让当地居民通过公众自愿参与程序参与制定新的利用理念。在 2002—2003 年，"绿色城市苏黎世"办公室与其他政府部门合作，组织了几项公众自愿参与程序。2002 年，面向社区约 250 名学童的第一届研讨会成功举办，提出了相关的想法和关注点。而在由外部专家主持的第二次工作坊上，来自不同利益团体的约 70 名成员讨论了他们对开发该地区的看法。经过上述公众自愿参与程序，新的利用理念产生，并于 2003 年获得市政厅批准。

2. 公众自愿参与程序的评估

在实际开展公众自愿参与程序之前举行了多次初步会议，以便为计划举行的工作坊确定纲要。"绿色城市苏黎世"办公室在 1999 年进行了一项研究，以确定有关该休憩区使用的主要需求。该办公室其后在市政府内部设立了一个项目小组，负责为该休憩区制定新的利用概念。该项目小组由"绿色城市苏黎世"办公室领导，还邀请了多位内部专家（行政机构）和外部专家（规划局、学术界）提出想法，以便项目小组明确制定新的利用理念时所采用的主导原则。项目小组与社区协调办公室合作成立了一个指导小组，由居民协会和其他利益团体的代表组成，以确定参加公众工作坊的主要人员。指导小组成员需要邀请其利益团体内的公民参加主要的工作坊。除了以"滚雪球"的方式招募利益相关者外，指导小组还在当地报纸上发布了公众自愿参与程序。据主持者介绍，中央工作坊的参与者主要由指导小组通过"滚雪球"的方式募集，而在报刊上发布相关信息对推动公民参与的成效有限。

2003 年 6 月，该指导小组根据"实时战略变革"（RTSC）方法举办了两场研讨会，有大约 70 人参加，其中预先制定的策略是指导构建审议过程时所用的原则。在本案例中，项目小组的指导原则明确如下：休憩区应该全民共享；需要保护自然和景观；需要保证一般情况下的可用性（Office Green City Zurich，2003a）。此外，指导小组列出了此前以政治决议① 规定的一般条件，并指出这些条件不会改变。工作坊的参与者被告知，他们的贡献对正式决策过程并无约束力，但市政当局会加以考虑。

工作坊参与者以不断轮换小组的形式讨论利用理念的不同主题。工作坊的参与者背景各异，包括有组织的利益团体（多个社区协会、家长协会、体育俱乐部和动物协会）、业主（当地饮食摊、森林所有人、农民）、无组织群体（狗的主人、自行车爱好者、家庭、居民）、当地商业机构（银行、购物中心、酒店）、政界人士（地方议员）和公共行政官员（"绿色城市苏黎世"办公室、土木工程办公室、城市发展办公室、社会事务部、市警察局、体育办

---

① 例如，1984年和1988年通过的城市决议指出，该地区只能作为休憩区，需要保留警察射击场等。

公室等）（Office Green City Zurich，2003a）。相关工作坊的主要目标是让参
与者想象休憩区在 2008 年应该是什么样子，然后收集相关意见（所谓"未来
工作坊"的方法）。工作坊由一个名为"清风"（frischer Wind）的外部机构
主持。

上述公众参与程序明确了几项主要要求，包括实现公园不同使用者之间和
平共存，保护自然，以及确保使用者和公共行政部门之间的持续对话。根据公
众自愿参与程序的结果，"绿色城市苏黎世"项目小组制定了一个利用理念，
以保护自然生态、让使用者亲近水、家庭和儿童友好以及城市休憩等元素为重
点（Office Green City Zurich，2003a）。最终的利用理念在 10 月份的一次会议
上提交给工作坊的参与者，然后再通过轮换小组的形式讨论利用理念与工作坊
的结果是否一致。据组织者所说，市政机关提出的利用理念在出席报告会的人
员当中颇受好评。

市政当局将工作坊参与者的要求纳入利用理念，并计划采取若干措施，消
除使用者之间存在的矛盾。根据公众自愿参与程序的主要结果，市政府决定将
休憩区划分为四个拥有不同功能的区域。第一区被界定为"无狗区"，以满足
不喜欢狗的群体（主要是有小孩的家庭）的需求，并被指定为休闲活动区。第
二区和第三区专门用于举办由政府组织或居民自发进行的体育活动。第四区用
于娱乐活动。此利用理念还规定了举办活动的一般条件，以确保在上述四个区
域不得举办大型活动。

公众自愿参与程序得到全面规划和实施，并通过多个阶段的努力，将所有
相关利益团体纳入其中。据工作坊组织者所说，参与程序本身对参与者有几方
面的影响。存在冲突的利益团体通过研讨会进行对话，考虑不同的观点并寻找
一个大家都能接受的解决方式。通过研讨会，参与者还了解到周边地区对利用
概念有影响的其他建筑项目，例如"乌特力山"（Uetliberg）隧道和"西尔城
市"（Shilcity）购物中心，这些项目将参与程序视为融合不同利益并制定公众
普遍接受的利用理念的良好尝试。让儿童参与构想过程被视为提高包容性的又
一举措，旨在兼顾在正式决策过程中通常未能提出的各种可能的需求和利益。

不过，工作坊的组织者也指出，参与者的期望不能过高。由于参与程序本身所限，参与者往往难以达成共识，只能在各种高度分歧的利益当中寻找解决方案。由于参与者往往无力应付实质性的讨论，因此相关讨论通常停留在比较肤浅的层面。此外，对话的质量在很大程度上取决于参与者的社交能力及他们做出妥协的意愿。

据工作坊组织者和项目负责人所说，反对利用理念和后续规划过程的声音主要来自并未参与公众自愿参与程序的团体。不过，在工作坊中，有两个群体对参与程序也感到不满。工作坊的大多数参与者都赞成限制宠物进入公园，狗主人们对此自然无法接受。因此，狗主人们没有参加介绍最终概念的第二次工作坊，而是在当地报章上表达不满（见 Interview Moderation c）。另一个利益团体——"绿色公有地联盟"（Association Green Allmend）认为它们的利益在利用理念中未被充分考虑，因而它们拒绝支持公众自愿参与程序。具体而言，他们不同意利用理念当中关于设立无狗区和规划建立滑板公园的两个项目，最终就此提出上诉（见 Interview Office Green City Zurich）。

市政厅于 2003 年 12 月批准了该利用理念，但这引来了更多的批评声音。在利用理念中，想要恢复贯穿公园的西尔（Shil）河的自然形态。由于相关地区属于苏黎世州所有，因此这一概念的实施需要市政府和州政府之间进一步合作。城市文化遗产保护协会（Städtischer Heimatschutz）反对恢复河流的自然形态，就此提出上诉，相关项目自此陷入停顿。至于由市政府负责的滑板公园项目，也面临法律上诉的挑战。2002 年 6 月，市议会通过一项议案，提出在苏黎世建立自由式单车公园。然而，由于原有规划位置将兴建公路，单车公园需要易址。"绿色城市苏黎世"办公室领导的工作小组决定将"布鲁诺公有地"内规划的滑板公园与单车公园项目结合起来，计划在休憩区内兴建单车公园。名为"苏黎世党"（Party for Zurich）的政党发起了公民倡议，希望禁止在整个休憩区开展建设项目，包括规划中的自由式单车公园，这对利用概念的实施又形成阻碍。该项倡议提出修改关于土地规划分区的法律，以阻止在休憩区兴建自由式单车公园。2010 年 6 月，该项倡议被选民投票否决，其中 70% 的选

民反对修改相关法律（Tages-Anzeiger，2010）。自由式单车公园计划于 2011
年夏天建成。

在"布鲁诺公有地"休憩区的案例中，公众自愿参与程序的结果最初被纳
入正式决策过程，但在实施过程中遇到困难，相关的法律上诉程序严重拖延甚
至在一定程度上改变了原有的利用理念。最终，相关项目花了将近十年时间才
完成，此时居民及其需求都发生了变化。狗主人们与其他居民之间的纠纷仍在
继续。鉴于此，"绿色城市苏黎世"办公室聘用执勤人员在公园负责确保实施
"无狗区"的规则。虽然公众自愿参与程序并未直接解决该地区的现有冲突，
但项目负责人仍然认为相关程序取得了成功，为决策合法化提供了参考（见
Interview Office Green City Zuric）。不过，该负责人承认，在此过程中未能
顾及各方利益，只有特定群体参与其中。工作坊的组织者承认，将"无组织的
群体组织起来"尤为困难。尽管如此，在公众自愿参与程序结束之后的几年
里，项目负责人尽力将各方意见纳入利用理念的实施阶段，以确保最终结果尽
可能地被广泛接受。

向公众介绍利用理念之后，有不同群体提出上诉要求，拖慢了计划实施
进程。而当时的信息流通似乎也不太顺畅。在 2007 年，当地报章报道称，政
府没有继续向公众通报该项目的现状及法律上诉对规划阶段的影响（Tages-
Anzeiger，2007）。市议员在 2005 年也作出干预，针对"布鲁诺公有地"利用理
念实施过程中产生的问题和冲突，要求市政厅解释如何向市议会通报相关解决
措施。市议员指出，虽然利益团体参与了早期规划，但反对利用理念的声音
仍然存在，需要进一步了解市议会的议程（City Parliament，2005）。市政厅在
2007 年提交了一份进度报告作为回应。

正如"布鲁诺公有地"案例所示，公众自愿参与程序应该是以客户为导向
的规划过程，但在不同利益团体之间达成共识可能非常困难。此外，只要任何
一个人提出上诉，就足以拖慢整个项目的进度，即使是最具包容性的参与程序
也不大可能避免这种情况。就此而言，法治为"民治治理"设定了界限。但如
有必要，可以运用直接民主手段调整相关界限。

6.5.2 林登广场的修葺工程

1. 概况

林登广场（Lindenplatz）是位于苏黎世阿尔特施泰滕区（Altstetten）的一个公共空间，又被当地人称为"村庄广场"。这里每周开放两次蔬菜市场，全年举办多项社区活动。阿尔特施泰滕区位于苏黎世郊区，是苏黎世人口最多的行政区。林登广场本身是一个地标，但其路面状况多年以来一直不佳，有必要进行修葺。苏黎世土木工程办公室受委托对该处实施翻新工程，相关工程于2005年开始，到2008年完成。在2006年的一次活动中，作为行政机关的市政厅承诺让公众参与翻新过程。在此前几年，苏黎世土木工程办公室重新开发了该行政区内的另外两个地区，但并未让当地社区和居民参与项目的构思环节，结果遭到居民的强烈抗议。土木工程办公室当时启动的两个项目一个位于火车站附近，而当地社区协会是在翻新工程开始前不久才得知市政厅有意开展相关项目。当地媒体大幅报道此事并强烈批评市政厅的做法，当地居民也对最终的项目结果非常不满。2003年，当地居民成立了一个协会，希望确保城市发展项目都要考虑他们的意见。他们还启动了一个名为"bewegt.Alstetten.bewegt"的项目（字面意思大致为"移动—阿尔特施泰滕—移动"，下文简称为"bAb"）。bAb项目成立了一个工作小组，专门负责监督林登广场（即"村庄广场"）的修葺工程。2005年3月，土木工程办公室与社区协会及附近房屋业主代表举行首次会议，讨论林登广场的修葺。bAb的林登广场工作小组代表并未获邀参加相关座谈，他们觉得被大大忽视，因而决定自行采取行动。他们在当地媒体宣布将为当地居民举办多项活动，表达对林登广场修葺工程的诉求和意见。土木工程办公室的代表出席了相关活动，其后决定组织公众自愿参与程序，以确保相关利益团体了解可行的解决方案。

2. 公众自愿参与程序的评估

根据项目负责人介绍，启动公众自愿参与程序的原因有几个。首先，bAb

项目这一公共运动带来的压力强行推动公众参与到过程中来。其次，此前项目的经验教训也使市政厅明确承诺提供公众参与途径。土木工程办公室与城市发展办公室及外部审核机构合作，设计了适当的公众自愿参与程序。相关机构明确了参与程序的"中立地带"，并安排市政当局与 bAb 项目组举行首次会晤。市政当局向 bAb 保证，后者可以派出两名代表加入负责组织公众自愿参与程序的指导小组。为了让其他利益团体也参与其中，社区协调办公室协助项目团队与当地利益团体接触，包括住房合作社（IGLA）、当地贸易协会、租户代表、社区教会、阿尔特施泰滕社区协会、移民、当地市场（IGMZ）的司机、路加滕（Loogarten）社区中心，以及当地青年工人。这些利益团体的代表成立了一个指导小组（由 12 人组成），指导小组成员需要在他们的利益团体中再找 10 个人参加即将举行的工作坊。在指导小组第二次会议中，除了教会和移民的代表外，其他成员都能招募更多的参与者。为了吸引更多人参与，市政府还印制了传单在当地派发。

第一部分的中央工作坊于 2006 年 8 月成立，共吸引大约 85 人参与。市长没有出席工作坊的启动仪式，仅委派城市工程的主管官员代为出席。据主持机构和项目负责人所说，当地许多居民认为这种做法表明市政府对该地区不够重视，而居民的这种不满情绪此前已引发冲突。工作坊的操作方式与前一个例子所述类似，运用"实时战略变革"（RTSC）方法将参与者分配到 8 个不同的小组，由他们罗列和归纳公共空间的优缺点。每个小组就其需要考虑的四个要点做出决定，然后向其他参与者进行报告。土木工程办公室让参与者了解了参与程序可以协助项目发展的一般条件和框架。与前面的例子一样，市政府确保考虑相关意见，并在可行的情况下将其纳入相关规划中。

第二部分的中央工作坊侧重于公共空间的愿景，由轮换小组确定需要详细探讨的十大主题①。然后，所有参与者都可以选择他们感兴趣的主题开展工作。

---

① 十大主题包括：① 多功能空间；② 绿化；③ 地面；④ 基础设施；⑤ 楼梯；⑥ 照明；⑦ 喷泉；⑧ 装饰；⑨ 活动；⑩ 参与。

对于每个主题，将收集一系列的方案并明确其优先次序，然后提交给市政府考虑。市政当局向参与者保证，城市工程主管官员在构思修葺计划时会考虑他们的意见，而最终结果将在 2006 年 10 月的会议上向工作坊参与者进行简要介绍。土木工程办公室已将若干意见纳入修葺理念中，但其他意见因为各种限制不可行而未获考虑。外部审核机构称，最终的修葺理念得到了参与者的好评，特别是市政府将某些措施无法实行的原因解释得十分清楚。

作为提出异议的其中一方，bAb 项目小组派出两名代表加入工作坊。但他们始终觉得自己的意见未被市政当局纳入考虑范围，他们要求有更多的"共决权"，可以与土木工程办公室共同就相关计划做出决定。市政当局拒绝了他们的要求，并多次重申他们提出的异议并无法律依据。bAb 的代表所发出的反对声音最终被工作坊的其他参与者所压制，后者认为应该利用这个机会表达意见，他们对政府能够提供可行选项进行讨论已感到满意。土木工程办公室确保所有参与者都清楚，其参与程度仅限于表达意见，并非共同确定结果。除了bAb 的两名代表外，其他参与者都遵守这一原则。修葺理念得到市政厅批准，其后进入正式的强制参与过程，包括相关计划的公示环节。除了一项反对意见（最终被否决）外，与利益相关居民合作制定的修葺计划最终获得通过，并进入实施阶段。

林登广场的修葺工程于 2010 年完成。bAb 项目小组公开宣布其对最终结果的不满，并指出最终修建的公共空间与工作坊结果不符。小组的发言人声称，市政府没有考虑公众的要求（TA-Anzeiger，2009）。同样参与了公众自愿参与程序的社区协会态度则比较温和，虽然他们提出的某些补充意见没有得到落实，但他们对结果整体感到满意。土木工程办公室对 bAb 的反对意见作出回应，指出他们之所以做出与工作坊意见不同的决定，大多是因为受到遗产保护法规的限制，或者是出于协调不同利益团体之间互斥的要求。

土木工程办公室等行政单位的作用范围通常非常有限，这自然会减少公众参与提供意见的机会。不过，土木工程办公室在可能的情况下还是会为公众提供参与途径，正如林登广场的例子一样。虽然大部分建筑项目都可以根据法规

第 13 条正式组织公众参与，但公众自愿参与程序使公民有机会在早期规划阶段提出意见，同时增加项目进入正式规划程序的机会。总而言之，这可以被视为双赢局面。当然，相关程序的参与者是被选择的特定群体，其利益可能与其他公众的利益有所不同，至少与项目直接相关或受项目影响的人有机会就所在社区发生的事情表达意见。参与意愿是一个重要的先决条件，在公众自愿参与程序期间或之前均是如此，因为它有助于推动相关工作。

此外，正如本例所示，公众自愿参与程序可以促进不同行政单位之间的合作，因为相关工作往往需要合作完成。在林登广场的案例中，作为项目负责人的工程师在处理调解过程方面缺乏经验。城市发展办公室参与其中，承担协调内部和外部行为者的职责；而外部专业的主持机构确保所有利益相关方在讨论过程中都有表达意见的机会。因此，就私人和公共行为者之间的互动而言，公众自愿参与程序本身就是一种进步，但这种方法也需要处理私人和公共行为者之间的角色分配问题。

6.6　基于善治价值观的公众自愿参与程序

在上面两个例子中，参与的程度和形式都是相同的：公民可以在两个项目的构思和规划阶段参与，从而表达意见。相关参与程序的目的是让公民参与项目早期阶段，并尽可能地考虑其诉求。据工作坊的主持者所述，参与者对公众自愿参与程序的结果总体上感到满意，但始终有人认为这一过程的影响太小，对此感到失望。一些参与者对参与程序有所误解，没有理解其参与程度仅限于表达意见，并不涉及共同决策。在这两个例子中，参考者行动范围受到若干预设准则的限制。

在意见各异的群体建立一个议政场所，然后通过公众自愿参与程序寻找共同的解决办法，无疑增强了政府在城市规划行动中的有效性。其结果是更有可能体现受影响群体的需求，并将问题解决机制纳入其中。与此同时，这种参与过程也可能会加剧冲突。"布鲁诺公有地"利用理念的案例表明，参与过程以外的因素可以影响最终结果，从而令最初的规划意见大打折扣。正如上文提到的，公众自愿参与程序根本无法保证对项目结果产生影响，但肯定可以指明方向。对项目成果的最终影响取决于参与程序是否成功，以及官方决策者对此类工作坊所产生的诉求和意见的接纳程度。公众自愿参与程序的有效性仍然是城市治理的一项挑战。最初启动这种自愿参与进程，其目的就是为了达到最佳结果——"民享治理"（governance for the people）（产出价值）。

虽然公众自愿参与程序并无法律强制力，但它们提供了政府活动的概貌，旨在创造一个可让不同社区、地区或城市区域和平共处的环境，这些价值观涉及体系内的制衡机制，有助于维持其可持续性（制度价值）。在林登广场修葺工程的案例中，市政当局与居民之间的对话通过参与过程中建立的指导小组得以维持。由于公众自愿参与程序经常开展，而且往往是根据公民的要求而开展，因此可将其视为半制度化机制，反映了城市规划中最高水平的程序。与制度化机制的不同之处在于，这些程序在法律上是非强制性的，因此主要是出于习惯而使用。这种额外的自愿参与手段在某种程度上也比较普遍，不仅在苏黎世经常使用，在瑞士其他州也经常使用，只是其影响力不及制度化的直接民主工具。尽管如此，在规划早期阶段实施公众自愿参与程序，不仅可以提高规划的可靠性，而且为公民议政创造了平台。从善治和民主的宏观层面来看，这是一项令人欣喜的发展成果。

本章所述的两个例子并不代表所有的公众自愿参与程序。相关的参与程序既有成功的，也有失败的。它们对正式决策过程的作用也大有不同。然而，它们的目的都是为治理价值作出贡献。它们都旨在通过制度化、结构化的程序以及既定的直接民主手段，让受到规划项目影响的公民有机会参与并影响正式的决策过程。因此，公众自愿参与程序提供的附加选项让参与机制更加完善，对于直接受政府决策影响的群体而言尤其如此。因此，我们认为，公众自愿参与程序是改善治理的一种尝试。

6.7　结语

在本章中，我们说明了公众自愿参与程序的执行方式及其在正式参与程序中的位置。根据两个具体的例子，我们概述了这些机制所固有的机会以及这些努力所面临的挑战。在民主治理概念框架的基础上，我们评估了这些额外的参与方式，并得出结论，这些程序可被视为改善治理的尝试。响应性、有效性和适应性等核心价值在公众自愿参与程序中明显可见，这些方面在民主治理的理论概念中是必不可少的。特别是我们根据已有的直接民主参与方式评估了公众自愿参与程序的作用，发现这些额外的民主机会主要是完善参与，但不会导致更高层次的民主，也不能取代现有程序。它们反而代表了固定参与方式的延伸，最终可以让直接受政府决策影响的人和负责人受益。

与此同时，试图将公众自愿参与程序置于瑞士目前直接民主模式语境下的做法存在几方面的限制。这些自愿程序与当地的社会背景高度相关，在实施过程中要做出相应调整。这使得案例之间难以比较，也难以进行归纳。一个工作坊的结果可能会对正式决策产生重大影响，避免日后进行公投，并促使规划项目取得成功，另一个工作坊则未必有这样的影响。因此，我们需要强调，这些程序可被视为改善治理的尝试；这些额外的参与方式可以与善治联系起来，但其实施则未必能促成善治。为使项目结果更加符合早期参与过程的结果，后者必须具有法律约束力。为此，苏黎世的市民必须通过直接民主手段的要求做出这种改变。但他们尚未这样做。

不同的利益团体在公众自愿参与程序以及在民主程序中的组织能力和处理冲突的能力有差异，能力较弱的团体会处于不利地位。正如参与式工作坊的主持者所指出的，要"将无组织的群体组织起来"，并在此过程中给予他们平等的发言权和权重，是极其困难的。那些加入工作坊的人通常已有政治参与的经验和热情，但他们在工作坊提出的意见没有约束力，相关程序的动员能力是微不足道的。传统的直接民主工具更适合民主参与，而公众自愿参与程序作为新的参与工具促进了城市规划的善治。

公民在规划早期阶段的参与可以提高行政部门规划的可靠性，在项目后期阶段也可以使行政部门的行动合法化。例如，建筑项目必须提交给市议会审议，通过之后才能实施。如果行政部门能够说明在规划过程中开展了有效的公众参与，项目就更容易通过。正式参与程序中的异议也可以在较早期阶段进行处理，这自然会缩短项目的实施周期。成功的项目有利于政界人士的连任，因此在评估其他参与方式时，必须考虑相关利益因素。但是，公众自愿参与程序通常是公民直接要求开展，因此这一程序不仅有自上而下的要素，还有自下而上的要素。虽然决策仍然掌握在当局手中，但公众自愿参与程序为决策提供了基础，即将公共需求纳入其中，从而使城市规划更加全面，更注重以客户为导向。但是，如果规划项目有一定的规模，也必须克服直接民主的障碍。就大型项目而言，不仅受项目直接影响的人有发言权，苏黎世的全体市民都有投票权。同样，成功的参与式规划可能有利于项目开展，但成本等因素也变得非常重要。在瑞士的案例中，城市善治除了提高市政当局回应民众诉求的能力外，还可以被视为是在直接民主决策中提高议政质量的一种积极而可行的手段。然而，这并非是在直接民主之上更进一步，而是可视为实现直接民主之前的重要一步。

第 7 章

"弗兰肯斯坦的怪物"：
阿姆斯特丹协作善治案例

塔玛拉·梅茨　萨宾纳·范祖丹

7.1　引言

　　"我们创造了弗兰肯斯坦的怪物。"这是阿姆斯特丹负责财政、教育和青年事务的市政委员路德维克·阿舍尔（Lodewijk Asscher）在 2007 年就该市青少年计划和项目所做的结论。在他看来，社会福利、青少年保健、青少年心理护理和教育等工作不够透明，对于有需求的儿童和青少年来说也不易获得。以上领域存在以下问题：第一，专业机构提供的计划和项目多有重叠和不足之处，市政服务的欠缺使得有需要的青少年夹在不同组织当中，或者需要面对过多的专业人员。第二，阿舍尔认为不同政府部门之间缺乏协调，专业人员及其机构的内部和外部沟通需要改善。每个市属区为青少年提供的服务各有不同，因为除了城区（city region）和中央政府提供的服务外，各个市属区还可以自己来"确定和购买"针对青少年的项目。第三，阿舍尔认为，青少年服务领域的规范和绩效协议导致了"不当激励"（perverse incentives）现象的出现。例如，实际上无人使用的床位却在文件中被标为"有人占用"，因为这样做比实际占用床位更具经济效益。因此，阿舍尔认为，应该从问题青少年及其家庭的角度而不是从政府的角度出发，更好地了解他们需要的服务。第四，阿舍尔希望改善专业人员与其所在机构之间的合作，确保相关项目和计划没有重复或缺失环节，并确保阿姆斯特丹青少年得到适当的照顾。

然而，市政府及市政委员的资源有限，无法引导并要求提供青少年关怀和教育服务的机构进行变革①。购买相关服务项目和计划的主要是市属区、城市区域和中央政府。直到不久前，政府部门还能通过财政手段影响专业机构，现在情况却发生了变化。因此，阿舍尔决定另辟蹊径。2007 年，他推出名为"Systeem in Beeld"（制度全貌）的项目，旨在提供关于阿姆斯特丹青少年服务的全面信息。我们认为该项目可被视为协作治理的一个例子。来自不同机构的专业人员协作分析青少年服务领域的问题，并提出新的解决方案。但该项目的组织者和参与者一次又一次受到"常规"政策制定惯例的制约。此外，在其中几个阶段，组织利益问题凸显出来，阻碍了不同机构之间的协作。在这些关键时刻，协作善治的价值观受到挑战。这就提出了一个问题——"制度全貌"可否作为协作善治的案例？

为了回答这个问题，我们将首先讨论协作善治的概念及必要性。我们认为，善治是一个协作过程，而关于结果的谈判是协作的重要组成部分。为了建立良好的协作关系，组织和政策领域需要保持一致。此外，政策学习以及对常规运作或常规治理的反思是协作治理不可分割的组成部分。首先，我们将制定协作善治的三个标准，包括跨越边界（boundary crossing）、政策学习（policy learning）及民主锚地（democratic anchorage）。要以民主作为锚地，协作过程必须满足：① 由民选政治家控制；② 代表参与团体和组织的成员基础；③ 对领土范围内的公民负责；④ 遵循特定行为语言（grammar of conduct）所述的

---

① 目前，情况已发生变化，城市区域可用的财政资源将移交至市政府。市议会准备对青少年服务领域的组织和财务结构进行变革。

民主规则。其次，我们将分析 500 多份政策文件，通过对 7 次会议的观察，以及与专业人员和管理人员的 16 次访谈，以评估"制度全貌"是否遵循了这些协作型善治标准。最后，我们将总结在民主决策背景下协作型善治所面临的挑战。

7.2　协作善治

"协作（collaboration）的字面意思是共同劳动，与他人共同工作。"

（Innes，Connick，and Booher，2007：198）

协作治理可定义为："一种由一个或多个公共机构与非国家的利益相关者在正式的、共识导向的、协商式的集体决策过程中进行直接沟通的治理安排，从而制定或实施公共政策或者管理公共计划或资产。"（Ansell and Gash，2007：544）这种类型的协作通常由治理伙伴发起，以寻求应对"常规"政治和政策制定带来的负面结果。在各种政策领域——包括阿姆斯特丹的青少年服务领域——组织碎片化和政策的不连贯形成了一些行政障碍，影响公民服务提供的结果（参见 Kickert，Klijn, and Koppenjan，1997；Pierre，2000；Wong，2008）。当层级化、以利益驱动的常规决策方式不够有效，导致僵局并且问题无法得到满意解决时，协作治理就应运而生了。它是一种新的治理方式，是"对下游执行失败以及监管的高成本和政治化的回应"（Ansell and Gash，2007：544；Noveck，2009）。正如布赫（Booher，2004：32-34）所言，协作治理致力于应对政策制定中的关键挑战。它着重处理已经面向新的、相对不正式的治理领域当中对政府开放的领域。而且，它应对的挑战包括日益增长的不确定性、文化多样性以及决策过程中日益强烈的相互依赖意识。

在研究协作治理时，我们可以确定至少三个协作善治的标准或价值：跨越边界、政策学习和民主锚地。协作善治的第一个标准是"跨越边界"，因为政治实践中的理论家和行动者都承认不同组织在协作时需要跨越组织和制度的边界（Booher，2004：34）。协作治理的参与者试图在不同领域和政策部门之间建立桥梁，促进相互协调、理解和学习（Coenders and Metze，2009）。启动协作治理的政策行动者经常发现，"对抗性和管理性"[①] 的常规工作方式不够有效，常与行政边界、组织边界甚至制度边界相抵触。协作治理尝试跨越这些边界，以应对不确定性和多样性。协作治理所着眼的并非某一领域或部门的孤立问题，而是整个"系统"的问题[②]。从这个意义上讲，相关问题也可以被视为边界概念。在明确和界定问题的过程中，我们将跨越不同领域和部门之间的边界，将不同的话语和实践联系起来（Bal，2006；Halffman，2003；Metze，2010）。由于各种问题被看作是相互关联的，而且人们意识到解决这些问题需要不同行动者、领域和组织进行合作，因此可以说，边界概念中的跨越边界是协作治理的必要条件（Star and Griesemer，1989：387）。

协作善治第二个标准，即政策学习。它涉及两个层面的学习：既涉及从综合的角度学习和解决问题的尝试，也涉及对现有治理方式的改变。换言之，协作治理只有同时结合一阶和二阶（双循环）学习才能成功（Argyris and Schön，1978；Bateson，1973）。在一阶或单循环学习中，行为的调整只是为了解决预期产出与实际产出之间的感知差异，而第二循环学习却对基本规则、常规做法和假设提出了质疑[③]。因此,协作治理中成功的政策学习不仅意味着寻找创新的解决方案，而且还需要学习相关规则和程序。在本案例中，就是要学习与青少

---

① 荷兰（新）社团主义［（neo）corporatist］可谓协作治理的雏形。安塞尔（Ansell）和加什（Gash）（2007：547）甚至认为社团主义是协作治理的同义词。诚然，荷兰的决策风格不那么具有对抗性，在某种程度上比美国更具包容性。然而，荷兰的决策者也面对着类似的挑战，涉及"顺流"运动（down streaming）、管理风格、追求完美、组织与制度边界、不确定性以及多元化等范畴，这些都是现有决策方式无法解决的。此外，市议会的正式决策过程同样具有对抗性，协商质量（deliberative quality）不佳。

② 这也意味着协作治理的结果是在制度层面上实现并形成反馈循环：制度的各个方面与此协作相关。这与政府行为者所用的常规产出测量结果相符。

③ 我们意识到在有关文献中还提到第三种类型的学习，即"再学习"（deuterolearning），或"学会学习"（learning to learn）（Argyris and Schön，1978：27-28）。然而，该项目的重点是双循环学习。再学习可以在项目开始之前进行，但不属于我们的研究范畴。

年服务相关的规则和程序。

前两个标准是协作治理特有的：如果不能满足这些标准，就无法协作，而只是"常规"管理。协作善治的第三个标准是民主锚地，基于善治的规范价值，这些价值源于民主理论①，通常适用于民主制度。我们将上述标准从制度层面调整至政策参与者互动的层面。不仅民主制度需要满足这些标准，协作伙伴之间的互动也需要透明、包容和具有代表性，同时需要产生有效和可以接受的结果（Alexander，2002；Drosterij and Hendriks，2012；Gutmann and Thompson，1996；Scharpf，1997；Sørensen and Torfing，2005）。

将民主价值观应用于协作治理时，我们需要考虑到协作治理具有多个中心（pluricentric），因此更少根植于常规治理的法律程序；其合理性存在于磋商而非程序或实质；协作治理取决于信任和政治义务（直接表达的同意），而随着时间的推移，这些义务是通过自主形成的规则和规范加以维持的（Sørensen and Torfing，2005：197-198）。

然而，协作善治不仅仅存在于旁观者眼中。正如索伦森（Sørensen）和托尔芬（Torfing）（2005）所指出的那样，要做到善治，网络形式的治理必须以民主作为锚地。这些协作治理安排基于网络协作，需要融入民主制度之中。民

---

① 善治的概念是在国际发展的文献和实践中形成的。捐助国采用善治标准来确定受援国的民主程度是否达标，然后才提供经济援助。受援国必须在处理发展援助方面制定"适当的行政程序"，而捐助机构期望"就此目的制定有效的政策工具"（Doornbos，2001）。如今，荷兰等国家正在制定各种善治规范，如荷兰为高等教育、住房企业和卫生部门制定了善治规范，最重要的目的是改正以前被认为是"恶治"的做法（例如糟糕的行政程序），或者改善此前被质疑不够民主或不够合理的治理措施（Algemene Rekenkamer，2008）。荷兰内务部制定了一套适用于所有政府机构的善政规范，其核心概念包括：透明、参与、知情权、有效性与高效性、合法性、学习以及问责制。然而，卫生部门的善治可能与其他部门不同。例如，"在医疗卫生领域，患者的需求至关重要。卫生保健机构需要与患者和服务对象进行对话。善治意味着患者或受保人作为卫生保健领域最重要的角色，必须参与其中。"（Ministry of Health Welfare and Social Security，2005）。至于政策实践中的善治规范，最重要的是为行为者和机构提供可达成共识并加以遵守的准则。这些规范通常用于需要由国家、相关机构或专业人员签署的合同之中。因此，这些规范类似于民主制度和模式的标准，但针对的是不同的层面——并非体系或制度层面，而是政策行为层面。

主锚地要求协作伙伴满足：① 由民选政治家控制；② 代表参与团体和组织的成员基础；③ 对领土范围内的公民负责；④ 遵循特定行为语言所述的民主规则。这四个标准当中的最后一项意味着参与者网络具有包容性、协商是民主的（所有参与者都能够表达意见和选择退出，而且决策是透明及负责任的），同时政策结果应当对社会有利（Sørensen and Torfing，2005：213）。换言之，这个网络的产出结果是否高效？所有参与者是否都认同这一点？这个过程是否具有包容性和透明度？网络是否具有问责性？所有参与者是否都认同这一点？网络是否具有响应性？所有参与者是否都认同这一点？为实现协作善治，我们假设"将利益相关者和其他人都包括进来将明确相关问题……和解决方案实施的责任归属"（Wallington, Lawrence, and Loechel，2008：21）。

总而言之，协作善治需要有各种不同的治理价值，但这些价值应该与善治和民主相关。我们认为协作善治的具体价值包括以下三个方面。

（1）以结果为导向的跨越边界：政府和其他治理伙伴跨越组织边界，包括财务和管理方面的边界，以及问题构建及可能解决方案方面的边界。

（2）政策学习：治理伙伴（在本案例中包括青少年福利机构和关怀组织）创建一个反思流程，以提高其综合体系的适应性。这一价值属于制度价值，将协作伙伴视为制度的组成部分。

（3）民主锚地：协作伙伴要以民主作为锚地，满足民主治理的标准，即要求协作伙伴满足以下四个标准——① 由民选政治家控制；② 代表参与团体和组织的成员基础；③ 对领土范围内的公民负责；④ 遵循特定行为语言所述的民主规则。

7.3 "制度全貌"：协作善治的案例？

本节将首先概述该项目，证明该项目本身确实能够作为例子说明协作治理能跨越边界。其次，我们将描述政策学习是如何发生的。再次，我们将评估项目的民主锚地及其与民主决策的关系。最后，我们将描述跨越边界时会遇到何种困境、政策学习何时发生，以及何时将这种形式的协作治理纳入民主决策。最后一部分要回答的问题是，阿姆斯特丹的"制度全貌"案例在多大程度上符合协作善治的标准，以及遇到了何种困境。

7.3.1 "制度全貌"中的协作治理：跨越边界

路德维克·阿舍尔在 2007 年指出，阿姆斯特丹市的青少年关怀和福利机构及相关服务体系未能很好地满足当地青少年的需要（System Pictured，2008a）。阿舍尔想知道在帮助问题青少年方面，相关计划和项目所组成的复杂体系当中是否存在不足和重复之处，于是委托相关机构开展"制度全貌"项目。该项目的主要出发点是，青少年及其家庭不应该受到福利机构的"制约"。没有人会反对上述观点，但该项目确实使青少年关怀方面有了很大的改变。其成果是新公共管理（NPM）传统的核心（De Bruijn，2007；Hood，1991；Pollit and Bouckaert，2004），本项目将重点转移到结果，即对青少年及其家庭的实际影响。此外，"制度全貌"的出发点不仅限于青少年关怀或青少年福利，而是整个青少年服务领域，项目关注阿姆斯特丹市提供的各项儿童和青少年服务，包括由中央政府、省政府、市政府及各个市属区提供的服务。因此，"制度全貌"项目的主要任务是"研究社会领域的运作结构，分析可能的结构改进"。市政当局认为青少年服务项目开支过高，却不知道钱花在哪里，它们认为相关服务存在不足和重复之处（Municipality of Amsterdam，2007）。

该项目于 2007 年 11 月至 2008 年 12 月 31 日进行，分为两个阶段。在第一阶段，由 15 人组成的项目团队对青少年服务领域的相关机构、项目、计划和财政资源进行了分析。市政府与专业机构合作，从青少年及其家庭的角度出发，分析哪些项目是可行的，财务资金如何流动，以及有何重复和不足之处。在第二阶段，参与者开展了更深入的分析，寻求改进措施。项目团队与专业人员一起重新梳理了青少年关怀工作的各种模式，分析哪些模式是有害的，哪些是具有建设性的。他们首先列出了该市提供相关服务的各种机构、计划和项目，然后明确这些组织和项目的相互关系和资金来源。项目团队针对六个有问题家庭的情况，组织了六次"墙纸会议"（wallpaper sessions）。在这些会议中，为相关家庭提供关怀服务的专业人员重新梳理了他们为这些问题家庭的成员提供支持时有何重复和不足之处。例如，他们发现有些家庭会"钻制度的空子"，重复占用相关服务；而有些家庭的子女得到帮助，但其父母的心理问题或其他问题却未受重视。接着，项目团队成员与35名团队领袖进行了访谈，看看能否将相关模式推广至其他家庭。最后，服务提供机构的管理人员对上述会议和访谈的结果进行分析，从而找出其专业人员和机构之间的合作模式（Van den Berg and Van der Groot，2010）。正如下文所述，参与相关协作的人员凭借以下因素跨越组织和话语的边界：

（1）边界概念：青少年服务领域。

（2）边界对象：市政府的会计咨询服务部（ACAM）从青少年的角度出发，明确相关资金流动情况。

（3）第一个议政设定：通过"墙纸会议"对几个存在多项问题的家庭进行分析。在相关设计中，作为"边界对象"（boundary object）的墙纸处于中心地位，而作为"边界人员"（boundary people）的政府召集人促成跨越边界。

（4）第二个议政设定：由参与机构的边界人员组成的模式团队。在此设定中，参与人员对墙纸会话中出现的反常模式进行了更详细的讨论，并分析其对于不同机构的影响。

1. 边界概念：青少年服务领域

2007年，阿舍尔及其下属官员引入了一个边界概念：青少年服务领域。而这个概念可以通过一种整体的路径来实施。在荷兰，这是处理整个青少年相关服务领域的全新方式，涵盖青少年身体健康和心理关怀、社会福利、教育和儿童保护服务。这一概念有助于跨越话语、组织和专业边界，并整合不同的分支领域。青少年服务领域意味着参与青少年相关服务提供的不同机构必须相互合作。因此，不同青少年服务部门之间的边界已发生变化，已将所有服务纳入其中。此外，该边界概念也意味着相关机构的责任发生了变化：相关机构不仅对自己的服务和产出负责，而且对其相互协作为儿童及其家庭争取权益的结果负责。因此，对于机构而言，青少年服务思维的这一转变意味着他们的工作流程发生了重大变化：除了组织产出外，他们还必须将为儿童争取权益视为其参与协作的目标之一。这意味着相关机构本身不再是参考点，而儿童及其家庭成为政策分析和政策制定的主要焦点[①]。

2. 边界对象：财政资金网络图

阿姆斯特丹市政府会计咨询服务部（ACAM）的一位会计师以图表形式描绘出各种财政资金的流动情况，相关资金来源涉及中央政府、省政府、地区政府、市政府、市属区政府，以及提供青少年福利、青少年关怀、教育、心理关怀等服务机构。

该会计师在绘制图 7.1 时，不是从政府的角度出发，而是从儿童及家庭的角度出发。例如，图 7.1 中列出了住房部门为儿童制定的住房项目。会计师在绘制上述图 7.1 时遇到了几个问题。他需要别人提供给他所需的信息，但专业机构并不愿意分享其财务资料。此外，相关机构编制财务账目的方式各不相同，相关数据难以进行横向比较。尽管如此，该会计师所绘制的"财政资金网络图"起到了"边界对象"的作用，清楚地表明了财政体系的复杂性，迫使相关机构超越自己的组织边界并共享信息。

3. 议政设定："墙纸会议"

第二种方式是在议政设定（"设计环境或迷你公共领域"）中实现跨越边界（Fung，2003；Goodin and Dryzek，2006；Hendriks，2009）。项目团队邀请来自不同机构的一线社工参加这个"墙纸会议"（见图 7.2）。在这些会议中，一共展示了涉及儿童及其家庭的六个不同案例，这些案例在一张很长的墙纸上展示出来，以可视化的方式反映某个儿童及其家庭面临的困境和他们需要的帮

[①] 关于这一以儿童为中心的方法，另见：《孟洛儿童保护评论：最终报告》（Munro，2011）。

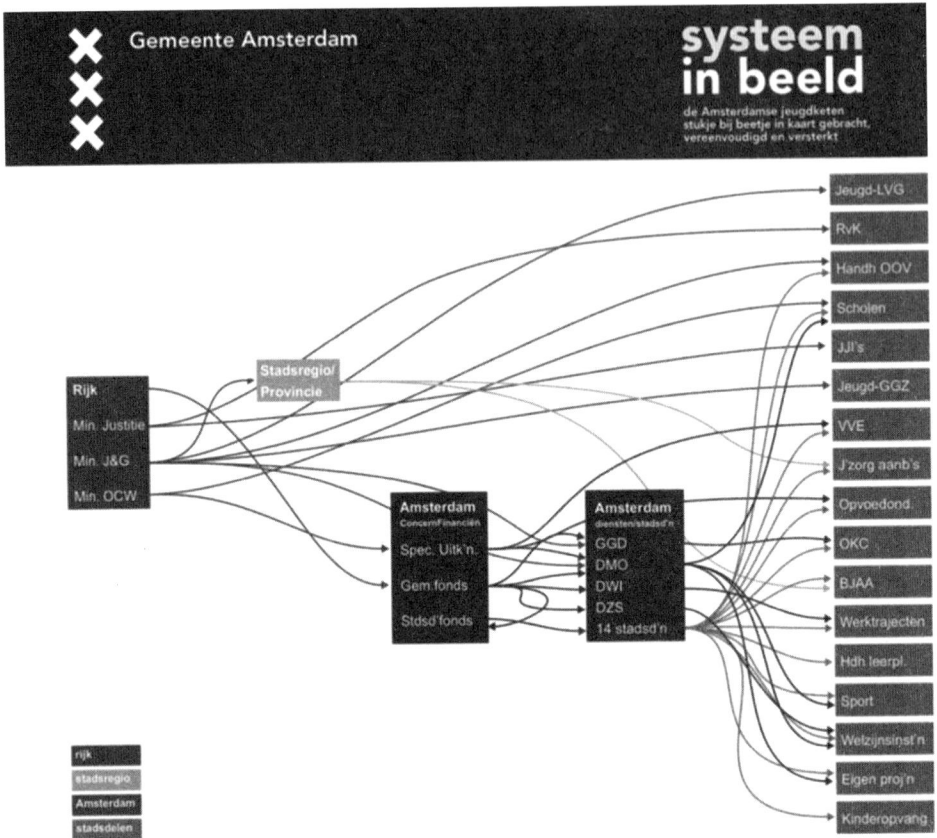

图 7.1　青少年服务领域的财政资金网络图
资料来源：阿姆斯特丹市政府（Gemeente Amsterdam）。

助。这种"墙纸会议"让不同专业人员得以参与分析问题，共同绘制向特定家庭提供帮助和服务的时间表。

　　通过这一绘制过程、相关的对话以及墙纸，所有参与者最终都能清楚地意识到，案例所述的家庭虽然得到过一系列的机构和社工的帮助，但是每个机构和社工都有自己的一套工作程序，相互之间缺乏协调。有些家庭在十年时间里与四十位社工打过交道，而每一位社工都有其专门的服务对象、服务方法和服务项目，并不知道其他社工为相关家庭提供了何种帮助或服务（Van den Berg and Van der Groot，2010）。因此，在这些"墙纸会议"中，来自阿姆斯特丹市政府的社工和工作人员通过协作来识别问题并找出改善方案。

通过此类会议，合作团队了解到青少年项目和计划中存在重复和不足之处。此外，"墙纸会议"也揭示了专业机构与当地政府之间的沟通失效问题。一线工作人员、管理层和政治人物之间出现某种不透明性是可以理解的，因为不同机构需要保护自身利益。然而，它也导致在人们需要什么样的关怀与组织能提供什么样的关怀之间出现错配（Van den Berg and Van der Groot, 2010）。

总而言之，我们认为"墙纸会议"是一种"边界对象"，因为它让不同专业人员得以讨论问题并尝试超越自身的专业限制去提供解决方案。

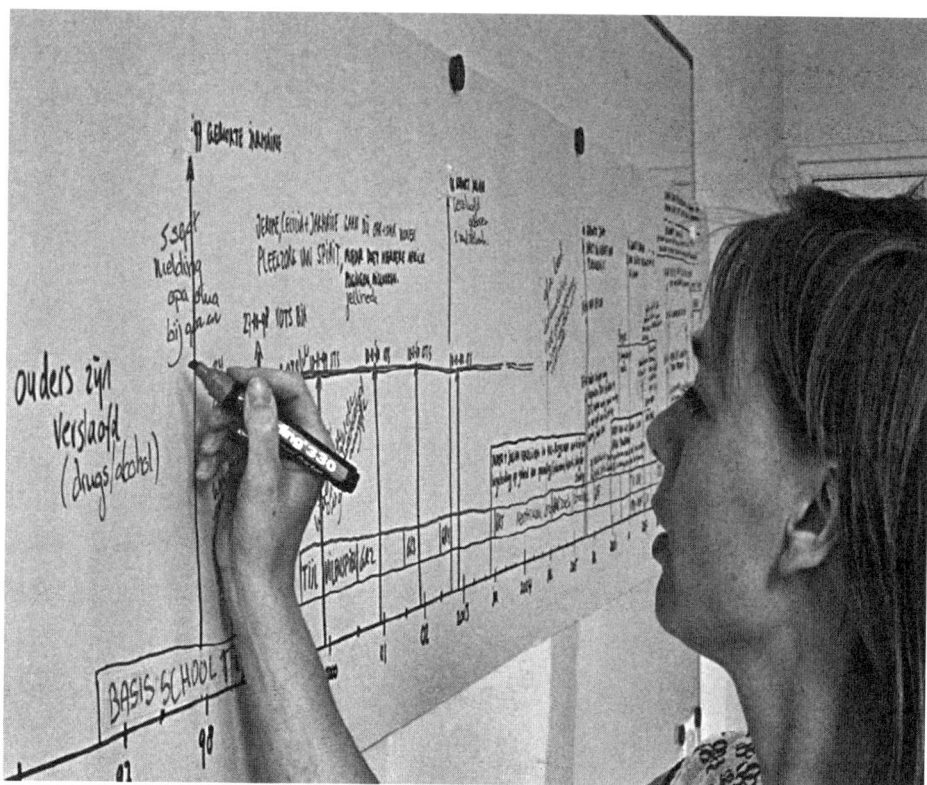

图 7.2　墙纸会议

资料来源：阿姆斯特丹市政府（Gemeente Amsterdam）。

4. 第二个议政设定：合作模式团队

项目团队用于推动协作学习和跨越边界的第二个议政设定是合作模式团队，其成员包括来自不同青少年关怀和福利机构的管理人员，被选中的这些人都有打破陈规的意愿。合作模式团队分析了"墙纸会议"和 35 次访谈的结果，发现"不当激励"——作为一种大多数时候无效的模式——在三个范畴内都存在，这三个范畴包括家庭当中、专业人员和组织当中以及日常管理和政策落实当中。合作模式的目标是将组织利益放在一边，关注对儿童及其家庭最有利的事情。这种关注让他们能够"大胆"地表达意见（Foucault，2001）。

从本质上讲，"制度全貌"项目试图采用一种协作治理的方式，分析重点是阿姆斯特丹的青少年本身，而非青少年服务领域的机构和计划，而跨越边界正是该项目的核心。各种机构需要协作，找出可以为阿姆斯特丹问题青少年提供的服务，以及服务提供中的重复和不足之处。下面将评估参与者是否真正成功地参与了协作治理。不过首先让我们来评估项目是否符合第二个标准：政策学习。

7.3.2　政策学习

政策学习需要二阶学习，反思基本规则、惯例和假设。就本案例而言，则是反思与青少年服务相关的规则和程序。如上所述，项目团队希望了解在为处于困境中的家庭提供专业医疗保健服务以及在制定青少年服务政策方面存在哪些不良模式。在"墙纸会议"中，合作模式团队了解到青少年服务项目和计划中存在的重复和不足之处，揭示了为青少年及其家庭提供关怀服务时以及组织管理中的模式（见图 7.3）。

合作模式团队与相关机构管理层、政策制定者及问责官员就这些模式进行了沟通。此外，他们找到可能避免使用这些模式的方法，然后制定措施来打破这些模式。因此，项目团队满足了协作善治的第二个标准——政策学习。但是，正如我们所讨论的那样，这种政策学习中存在一些挑战和障碍，不仅体现在项目团队和合作模式本身，也体现在其政治背景中。

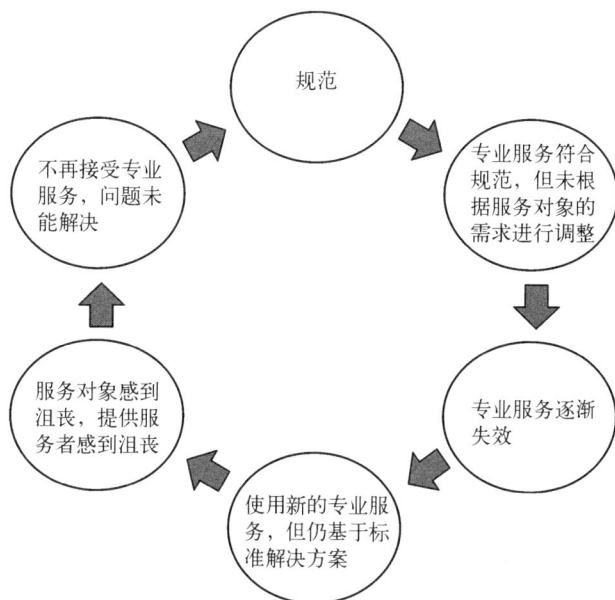

图 7.3　青少年服务领域模式举例

7.3.3　民主锚地

正如索伦森和托尔芬所述，像阿姆斯特丹"制度全貌"这样的项目或案例以民主作为锚地，"与不同政治选区及作为社会民主思潮组成部分的相关民主规范适当联系起来"（2005：201）。他们认为，此类网络式治理应当做到：① 由民选政治家控制；② 代表参与团体和组织的成员基础；③ 对领土范围内的公民负责；④ 遵循特定行为语言所述的民主规则（Sørensen and Torfing，2005：201）。

1. 民主控制

民主控制涉及民选政治家、问责制和透明度等要素。我们首先需要考虑几个"问责关系"（Bovens and Schillemans，2009）：项目团队与行政团队之间的问责关系，行政团队（市政委员）与市议会之间的问责关系，参与项目的协作伙伴之间的问责关系，以及市政府与市民之间的问责关系。"制度全貌"的问责程序采用"传统"的组织形式，有一位专门的市政委员以及一位专门的指导委员会委员负责指导该项目。项目团队向该指导委员会及相关市政委员报告初步结果。一些政治人物担任项目负责人，向阿姆斯特丹市议会负责。市议会通过小组委员会定期提供的最新情况，密切监督该项目。与协作方式不同，项目团队并不向青少年服务领域的其他机构负责。

关于项目的透明度，我们审视了项目是否公开透明，是否明确了预期结果，以及是否实现了相关结果。鉴于市政委员对青少年服务领域提出了严厉批评，该项目对公众而言是公开透明的（NRC Handelsblad，2008；Telegraaf，2007），项目结果也受到媒体关注（AT5，2008；Trouw，2008；Volkskrant，2008）。此外，阿姆斯特丹市政府也向公众通报了该项目涉及的活动和结果。此前市政府网站曾设立一个名为"政策全貌"（Policy Pictured）的栏目（现已停办），如果公民对某个问题感兴趣，可以比较轻松地直接找到相关信息。通过提供相关信息，市政当局让广大公众知晓相关项目，也为其行为提供了充分的理由。

2. 代表性

根据代表性标准，所有利益相关者都应该在参与特定问题或特定领域的讨论和决策过程中被代表。这未必意味着相关领域的所有行动者都参与其中，但所有相关利益都应该得到体现。在"制度全貌"中，这种代表性是以相当传统的方式来实现的。该项目由三个不同的小组组成，部分成员有所重叠。其中行政团队由来自市政府的三名市政委员以及来自四个市属区（当时共有 15 个市属区）的市政委员组成。

除了行政团队外，还有一个项目团队负责日常事务。正如上文所提到的，项目团队由大约 15 人组成[①]，其成员来自市政当局的各个部门和服务机构。为

---

① 在此过程中，团队有新的成员加入，也有成员离开。总体而言，项目团队的人数一度达到 21 人（Ruppert and De Groot，2008；System Pictured，2008d）。

此，市政府和相关市属区的政府部门都参与其中。而参与项目的政府部门不仅包括社会发展部以及就业和收入部等"事务"部门（"content" department），还包括行政支持服务部和会计咨询服务部（ACAM）等"人事"部门（staff department）。但是，青少年服务领域的其他（非市政）机构并未被纳入项目团队或指导委员会内，更不用说咨询某些问题青少年的意见了。其中一些社会服务机构参加了"墙纸会议"，或者接受了访谈（System Pictured，2008b；Van den Berg，Van der Groot, and Jansen，2008）。

最后，项目团队成员中并没有居住在阿姆斯特丹市的青少年代表，也并非所有机构都参与了这一过程。此外，提供服务的机构并没有加入项目团队或指导委员会。从这个意义上说，代表性不够全面。然而，由于项目团队采取以儿童为中心的做法，邀请社工参与对 6 个家庭的分析和对 35 位团队领袖进行访谈，并将青少年关怀和福利机构的管理者纳入合作模式团队之中，因此许多相关的利益和观点都被纳入分析范围。

3. 遵循民主规则

最后一个标准是民主锚地，即遵循特定行为语言所述的民主规则。更具体地说，这个标准是指将相关行动者、民主协商和政策结果的实现纳入其中（Sørensen and Torfing，2005：212-213）。包容性的问题已在"代表性"的部分加以讨论。下面，我们将重点关注民主协商的质量以及项目团队在评估和变革阿姆斯特丹现有青少年服务提供方面的成功之处。

根据索内森（Sørensen）和托尔芬（Torfing）（2005：212）所述，在民主协商的过程中，允许参与者表达意见和选择退出，参与者尊重他人意见并致力于达成共识，决策过程也是透明且负责任的。关于后三个要素，前面几节已表明"制度全貌"的案例或多或少遵守了相关要求。在此过程中，没有迹象表明存在参与者不尊重彼此观点的行为。相反，似乎他们就作出改善达成了共识（Metze and Van Zuydam，2012）。最后，整个项目内部都有表达意见的机会。项目团队、合作模式团队和"墙纸会议"的参与者均获邀去表达意见，同时未参与团队或会议的人员也接受了访谈（Pattern Team，2008，2009；System Pictured，2008c；Van den Berg et al.，2008）。对于合作模式团队的参与者来说，退出这个选项非常清晰：他们可以在任何时候退出项目。

鉴于这一协作项目的成果对社会有益，我们可以认为它是相对成功的。项目团队与合作伙伴进行协作，绘制出反映不同服务提供者资金来源及所提供服务的网络图。此外，他们还明确了在服务提供过程中的不足和重复之处（System Pictured，2008b；Van den Berg et al.，2008）。此外，服务提供者不仅讨论相关问题，还果断采取行动，试图变革协作方式和提供服务的方式。因此，项目团队的成员，更重要的是合作模式团队的成员，不仅讨论了最佳实践（best practice），而且还创建了"未来实践"（next practice）（Metze and Van Zuydam，2012：118）。但是，我们并未评估青少年服务领域的内容变革和模式变革是否有效，更没有评估相关的服务变革能否被问题青少年所接受。我们的分析中未体现服务对象是否受益，直到最近才在相关机构的监督工具中体现出来。例如，阿姆斯特丹青少年服务办公室称，由于他们完善了工作方法，2012 年阿姆斯特丹市发出的儿童"监管令"减少了 17%，而荷兰其他地区仅减少了 3%[①]。

7.4 协作善治的挑战

到目前为止，该项目的结果似乎令人满意，但参与者有时也会感到沮丧。项目团队、合作模式团队以及参与"墙纸会议"的专业人员努力跨越了组织、专业和话语的边界，参与了政策学习，而且项目也是以民主的方式开展。然而，他们在协作及常规治理方面遇到了一些困难和障碍。参与者一致认为，他们的合作方式可以改善，但协作善治的三个价值在更实际的层面上受到了挑战。

---

① 来自青少年服务办公室（Bureau Jeugdzorg）。

7.4.1　跨越边界的挑战

整个项目所面临的第一个挑战是参与者应该将时间投入到所属机构，或者投入到与其他机构的合作上。显然，后者是协作治理所需的"跨越边界"，而前者是开展工作的传统方式。在"制度全貌"中，项目团队鼓励社工直接调整其工作关系，而"墙纸会议"很快改善了相关关系。

第二个挑战是让专业人员跨越其专业边界：精神病专家可能不想对患者进行家访，因为这对他们而言并非最好的工作环境，但家访对于年幼服务对象而言可能是必不可少的。因此，相关挑战在于是需要一个专家团队，还是需要一个可以照顾儿童的"通才"。这一挑战主要在统一安排儿童接受适当机构服务的交谈中出现。精神病学机构尤其反对这一做法。在他们看来，由福利机构决定服务对象是否需要精神病专家帮助是不可接受的，因为只有专业的医生才能做出此类决定。这种专业自治的划分是传统实践的一个例子，与协作治理方法存在矛盾。在"制度全貌"中，这一挑战在一定程度上得到克服，但仍是讨论的主题之一。

7.4.2　政策学习的挑战

"制度全貌"参与者通过对政策学习的分析，指出协作善治面临的第三个挑战。这一挑战属于战略层面，构成非参与者（更具体而言是市议会）参与政策学习的障碍。政府的工作惯例之一是要求有切实的结果。在本案例中所指的成果则是项目团队建议取消特定服务计划，甚至解散青少年服务领域的相关机构。我们的分析表明，参与者对于切实的结果究竟该如何定义有着不同的解读。项目团队的建议旨在改善市政府与服务提供者之间以及与市政府不同部门之间的协作（De Groot and Ruppert，2008）。团队希望改善机构向市政府负责的方式，承认该城市的青少年服务项目存在不足之处（Asscher，2008，2009；De Groot，2009）。事实证明，接受这些作为实在的、切实的结果是非常困难的。市政委员阿舍尔的一名战略顾问指出："如果想跟市政委员讨论项目结果，就需要……提供非常简明的成果概述及应用方法……。他们太含糊其词了。"此外，正如阿舍尔后来指出："不客气地说，在审计委员会看来，根本没有解决问题。很难看出原因何在，或者说有哪些干预措施是成功的。"（Interview Asscher，2010）对"实在的结果"这一词汇的解读存在差异，一方面与协作治理方式有关；另一方面则是因为市政委员采用的是更为传统的政府工作方式，市政委员对市议会负责，而市议会坚持要有具体成果。

7.4.3 民主锚地的挑战

正如"政策学习"部分所述，该项目属于正式的决策过程，市议会要求市政委员和项目团队对其负责。这为协作善治提出了第四个挑战：需要同时向项目的直接参与者以及向项目的民主过程负责。

协作治理的第五个挑战也涉及问责制，具体与合作模式有关：项目团队是向治理网络进而向合作模式团队的参与者负责，还是向其上司进而向市政委员和管理人员负责？虽然第一个选项适用于协作治理方法，但项目团队首先选择向其主管负责。但是，他们也可以选择同时向协作机构汇报工作，这可能是更具协作性的工作方法。合作模式团队则可以担当委托代理人的角色。

7.5 结语和讨论：协作善治

"建立共识需要通过合理的过程产生良好的结果，因为共识并非建立在法律权威和传统之上"（Innes and Booher，1999：415）。

在各个政策领域，政策的不连贯性和组织碎片化导致了行政"藩篱"，从而影响向公民提供服务的效率。这既影响到荷兰各地和其他国家的青少年关怀和福利工作（Le Cointre，2012；Sullivan and Skelcher，2002；Skelcher，Mathur and Smith，2005），也影响到其他领域，如以社区为基础的健康与公众服务（Head，2008；Bode and Firbank，2009）、社区安全（Skelcher et al.，2005），以及经济发展项目（Argranoff and McGuire，2004）。就"制度全貌"的案例而言，阿舍尔指出，在青少年服务方面存在重复和不足之处，不同政府服务之间缺乏协调，青少年服务领域的规范和绩效导致"不当激励"出现。协作治理可被视为克服这些负面影响的方法之一。我们在本章中已经分析了"制度全貌"项目在多大程度上可被视为这种治理的一个范例。

我们认为"制度全貌"可被视为协作治理的一个范例，原因有四点。首先，此前各种彼此独立的青年服务领域被整合为具有连贯性和系统性的工作内容。其次，青少年服务不仅仅是市政问题，所有参与者——包括市政当局、市属区和其他服务提供机构——都是相关问题的共同负责者。再次，参与者通过协作探索可行的解决方案和改进措施。以合作模式为例，来自不同机构的成员自由讨论需要变革的内容以及完成工作的方式。最后，全局性的工作方法带来了二阶学习（Argyris and Schön，1978）和反馈循环。例如，不仅要重新规划预算资金流向，还必须改变相关资金流动的组织方式。因此，由于参与者对青少年服务领域进行了反思，整个制度也变得更具反思性。此外，"制度全貌"之所以能成为协作治理的案例，除了上述四点原因外，最根本的是项目重点发生了变化，不再注重组织产出，而是关注服务对象群体本身（在本案例中是指阿姆斯特丹的青少年）。

因此，协作治理的三个价值——以结果为导向的跨越边界、政策学习和民主锚地——以多种方式得以实现。第一，市政委员界定了青少年服务领域，为该领域所有行动者阐明了以儿童为中心的工作方法。第二，市政府推动建立了两个协作环境（"墙纸会议"和合作模式），来自当地政府和其他机构的参与者进一步意识到青少年服务领域存在的问题是协作问题，这是所有参与者都要解决的问题。第三，选定了"边界对象"（财务资金网络图），让协作更具紧迫感。第四，在协作环境中识别并反思错误的模式，从而实现了必要的政策学习。第五，该项目被纳入正常决策过程，由此得到民主保障。

然而，我们在项目实施中也遇到了协作善治的五大挑战：参与者应该将时间投入到所属机构上还是投入到协作上；专业人员是否应该跨越其专业边界；是否必须要有切实的结果；是否要向参与者及所在的民主过程负责；是否要向治理网络或主管者（市政委员和管理人员）负责。这些挑战主要发生在项目正式结束之时，也是跨越边界、政策学习和民主锚地的障碍。其中两个障碍存在于协作层面：参与者难以投入时间开展协作，而人员本身的专业使其难以跨越边界。其中三个障碍与协同工作的背景有关：两个障碍涉及项目团队的问责方式，另一个则与预期结果相关。项目团队向指导委员会负责，但该指导委员会的成员并不包括服务机构的管理人员，而仅限于政治问责行动者。另外两个障碍都涉及对项目团队可交付成果的解释性误解（interpretive misunderstandings）。这不仅仅是语言问题，更是政府惯例的象征。就本案例而言，在市政委员、监督其工作的市议会以及协作治理项目的结果之间存在错配。这也意味着政策学习仅限于项目团队成员和其他参与者，而市政委员和市议会都无法参加项目相关的政策学习过程。

协作善治的三个标准不仅要在政策意图方面得到满足，在政策实践方面也要得到满足。然而，在追求协作善治时，我们应该记住，即使满足相关标准，也可能产生诸如解释性误解等其他障碍。

第 8 章

多层次善治：埃因霍温智慧港^①

林茨·夏普 朱利安·范·奥斯泰衍

8.1　引言

许多国家的地方政府之间都有合作。这种合作（无论是自愿还是强制性的）旨在提高公众服务提供的效率，促进经济发展，或者制定应对国际竞争的联合战略。在某些情况下，地方政府也会扩大与私人行动者的合作，这正是本章要探讨的内容。"埃因霍温智慧港"（Brainport Eindhoven）就是这种公私合作的一个例子。埃因霍温智慧港是在当地政府、企业和研究机构的共同努力下，从传统工业区转变而来的"智慧港"，位于荷兰东南部。

这种区域化进程完全符合治理结构的国际化趋势（John，2001；Kjaer，2004；Pierre and Peters，2000）。网络化的治理与合作（无论是公共部门之间的合作还是公私合作）对传统民主构成严峻挑战（Bekkers et al.，2007；

---

① 本章部分内容参考了受荷兰科学研究组织（NWO）资助的相关研究的项目成果，以及有关埃因霍温智慧港的学术研究成果（Van Ostaaijen and Schaap，2012）。

Duchastel and Canet，2005；Hager，2012；Purcell，2007；Sørensen and Torfing，2007）。行政区划不再是政策制定的主要考虑因素，社会议题可能超越城市边界。此外，决策不再是代议机构的特权，而是各行动者之间谈判的结果。

本章涉及一种特定的区域合作，即政府、大学等学术机构以及私营企业之间形成的三方合作。我们将探讨这种区域合作对城市善治有何意义，特别是对地方和地区政策的民主合法性有何影响。

根据我们的定义，城市善治涉及城市范畴的工作安排，而这些安排需要符合"运作非常好"，或者至少是"足够好"的质量标准。我们将埃因霍温智慧港归类为"体制合作"（regime cooperation）的案例，这是城市治理四种模式之一（Stone，1989）。行动者围绕特定议程，具有实施该议程的能力。这些行动者大多是来自政府和商界的精英，往往不包括市议员，更不用说普通公民了。因此，这一体制是在公众视线范围以外运作。如果我们将民主合法性理解为直接选举产生的议员在有公共资金资助的项目或计划中具有发言权，那么这种公私合作的模式和体制往往是不合格的。这一缺陷及其解决方法正是本章的中心主题。

接下来，我们会进一步定义相关问题。就传统而言，城市政府的民主合法性意味着什么？三方合作的设定对相关城市的民主合法性构成何种挑战？在第三节中，我们将讨论三方合作与城市体制概念的相似性，并指出这种合作形式与民主合法性之间的关系需要进一步加强。在最后一节中，我们关注埃因霍温智慧港的案例，探讨在区域合作中应当如何真正提高民主合法性。

8.2　合作：对民主合法性的挑战？

就传统而言，城市政府的民主合法性意味着什么？三方合作的设定对相关城市的民主合法性构成何种挑战？这是本节将要回答的问题。

地方民主传统上以地域管辖为基础，其形式是间接式民主和代议制民主。特定地区的公民通常会选出一个议会管理该地区，直到举行下一次选举为止。当然，选举制度有很多变量，如市长职位的设定，市长、行政官员和议员可能扮演的角色，议会官员在介入其他政府层级运作方面的影响力，公民参与的程度等。然而，这些差异并没有掩盖一个简单的事实，即无论国家的政治传统如何，地方政府在本质上都是与特定区域相关的。国家传统和不同的地方政府制度可能仍然存在，每个制度都有其自身的含义（Hesse and Sharpe，1991；Loughlin and Peters，1997）。但许多观察者认为（Denters and Rose，2005；John，2001；Vetter and Kersting，2003），近几十年来各种制度之间的差距已经缩小了。戈德史密斯（Goldsmith）和佩奇（Page）（2010）的最新研究表明，各国之间的差异正在逐渐消失，促成这一发展的主要因素在于政府的多层次特征不断加强，许多国家都存在横向与纵向的合作（Heinelt and Kübler，2005；Savitch and Vogel，2009）。很显然，这种现象是迈向网络化社会（Castells，2004）和政策网络形态下的治理（Kickert, Klijn, and Koppenjan，1997；Rhodes，1997；Sørensen and Torfing，2005）而产生的结果。这种现象既存在于国家层面，也存在于地方层面（John，2001）。

当城市政府开始与公共或私人行动者合作时，在地方议会被视为地方民主的表达形式的代议制民主框架内，出现了两个主要问题。当地方政府参与区域合作时，议员必须继续发挥重要作用，或者是作为决策者，或者至少审查合作结果并对行政官员实施问责。然而，在实践中，合作导致了城际官僚体制（inter-municipal bureaucracy）的出现。行政机构的政治人物（市政委员或市长）在议员的监督下，正式掌管相关官僚机构。然而，在实践中，决策是在议会官员和行政官员的相互影响下做出的，民选议员未能扮演重要角色。议员要对行政官员实施问责，就需要有充分的参与权和知情权。第一个问题是，议会想要获取必要信息，或者想要在合作层面对决策产生重大影响，将面临严峻挑战。在城际合作的情况下，建立城际代议机构是其中一种补救方式。然而，正如埃因霍温智慧港案例所示，当市政当局与诸如公司等私营行动者以及诸如大学等半公共行动者进行合作时，很难看出代议制民主如何能在此类合作中形成。

换言之，地方代议制民主无法保障地方议会充分参与三方决策。然而，民主的合法性不应该等同于议会的参与；民主的概念要复杂得多。我们参考卢曼的理论（Luhmann，1983：34；Börzel and Panka，2007：160），将社会环境中的合法性定义为政府决策的正当性：

因此，合法性依赖于……社会环境，这种社会环境通过制度化机制使具有约束力的决策自然而然地得到认可，同时……将其视为公共机构有效决策的结果（Luhmann，1983：34）[1]。

在这种合法性概念中，决策不一定得到每个人或大多数人的支持。相反，它是基于对决策结构和决策机构的认可。我们进一步参考 Scharpf（1999）、Haus and Heinelt（2005）以及 Bekkers and Edwards（2007）的理论，对三种形式的民主合法性进行区分。

（1）投入合法性（Input legitimacy）。涉及的议题包括：公民参与的机会（投票和其他类型的参与）；利益代表的质量及代表们的偏好；议程对公民愿望和需求的接纳程度。

（2）过程合法性（Throughput legitimacy）：如何影响决策（聚集或整合）；参与者的特性（当选者的参与；基于个人身份和利益的公民参与，独立专家的参与；为保护弱势利益或弱势群体而制定的制衡机制的特性）。

（3）产出合法性（Output legitimacy）：高效性和有效性；响应性；问责制的组织形式。

通过对合法性概念的这种理解，要解决三方合作中所谓合法性缺失的问题，似乎很简单：那就是超越代议制民主模式，提高民主合法性，并意识到民主的多面性。在这一概念层面，我们遇到了第二个问题。大多数政治人物，尤

---

① 引文的德语原文为：*Legitimität beruht somit (...) auf einem soziale Klima, das die Anerkennung verbindlicher Entscheidungen als Selbstverständlichkeit institutionalisiert und sie (...) als Folge der Geltung der amtlichen Entscheidung ansieht.*

其是西方民主国家的政治人物，仅仅将民主视为代议制。然而，耐人寻味的是，近年来地方民主的实践已经发生了变化。地方民主不再仅仅具有代表性（Denters and Rose，2005；Schaap and Daemen，2012）。在过去几十年间，许多地方政府根据参与式民主和直接民主的模式，引入了各种民主举措。那些其他的民主模式可能适用于合作层面，并弥补地方议会参与不足的问题。换言之，其他类型的民主可能会加强合作民主的合法性，而不会损害地方民主本身。但令人惊讶的是，其他类型的民主很少被采用。政治人物和行政官员似乎意识到三方政策制定的必要性以及公民参与地方政策制定的必要性，但不知何故没有思考城际层面的公民参与问题。于是，民主的合法性完全与代议制民主画上等号，而后者其实只具有间接的合法性而已（Jouve，2005：233）。在讨论实践中的三方民主时，地方议会的参与似乎是唯一的议题。

现在，即使对民主合法性的概念加以拓展，也不能立即让这些问题消失。研究治理的学者认识到民主合法性的概念存在问题（Bekkers et al.，2007；Sørensen and Torfing，2007）。决策是在政策网络中进行谈判的结果，但"何人做了何事""何时""为什么"等要素并不明确。让行政官员对结果负责几乎是不可能的（Haus and Heinelt，2005：25），他们毕竟只是治理网络的组成部分。民主问责制传统上意味着公民可以对治理者实施问责，同时有机制防止权力被滥用（Aarsaether et al.，2009）。但我们需要知道的是，谁是治理者，谁掌握了权力。皮埃尔（Pierre，2009：592）非常简明而中肯地阐述了这个问题："权力和责任已经分道扬镳了。"然而，就公共部门的决策而言，政治人物和治理者们仍然是唯一的问责对象（Franzke et al.，2007）。

正如奎恩（Quinn，2007）一针见血地指出：治理与合作对民主合法性未必只有负面影响。合作也可能为公民和社会机构带来更多公开参与的机会，只是这些机会似乎很难把握。即使社会机构参与治理网络中的政策制定，也可能出现问题，因为其代表性也可能受到质疑（Quinn，2007：22）。

我们的结论是，通常意义上的多层次治理，特别是三方合作，对地方政府的民主合法性构成严重挑战。贝卡斯（Bekkers）、戴克斯特拉（Dijkstra）、爱德华兹（Edwards）和冯格（Fenger）（2007）得出结论，多层次治理往往会削弱多种形式的民主合法性。另一方面，奎恩（Quinn，2007）指出，合作未必产生负面影响，反而可能为提高民主合法性提供了机会。那么问题在于，我们需要对代议制民主作何种补充。在探讨这个问题之前，让我们首先看看荷兰的三方合作模式。

8.3 作为新型城市治理体制的三方合作

三方合作并非全新现象。公共与非公共行动者之间通过某种形式的合作参与城市治理，长期以来都是学术研究的对象之一（Hunter，1953；Dahl，1961；Trounstine and Christensen，1982）。我们尤其不应忽视克拉伦斯·斯通（Clarence Stone）关于城市体制概念的研究成果。通过分析美国亚特兰大的治理情况（Stone，1989），斯通提出"城市体制"（urban regime）的概念，他将城市体制定义为："公共机构和私人利益共同制定和执行治理决策的非正式安排。"（Stone，1989：6）他总结道，亚特兰大的发展相对蓬勃，这是当地政治精英与商界精英之间正式而稳定合作的结果。商界精英投身于这种合作关系，不仅仅是出于商业利益，还因为许多商业人士都来自亚特兰大，他们对这座城市饱含感情。有如此强大的精英团体之间的合作，相关体制足以"改变现状"。然而，相关体制和参与的精英都打着各自的"算盘"。其他利益群体和行动者通常被排除在外，这可能导致公民等外部群体的抗议。然而，在成功的体制中，这种抗议没有一个是成功的。

城市体制也存在于其他城市以及地区层面（Hamilton，2002，2004；Van Ostaaijen，2010b），其发展也是长期公私合作的结果。我们将斯通的定义进行扩展，"体制"一词被理解为（半）自主的行动者通过协作实施共同利益议程的非正式结构。体制有四个共同特征（Stone，2005：329；Van Ostaaijen，2010a）：① 处理问题的议程；② 相关议程的治理联盟；③ 实施议程的资源；④ 联盟成员之间的协调模式。

　　埃因霍温智慧港也具有这些特征，但智慧港与斯通的城市体制之间存在明显差异：后者没有包括与学术机构的合作。在下一节中，我们将分析埃因霍温智慧港的发展及其作为一种制度的出现。

　　20 世纪 90 年代，埃因霍温地区遭受到严重的经济危机。时任市长威尔森（Welschen）意识到城市、企业和学术机构之间合作的必要性。在当时欧洲经济刺激计划的带动下，涌现出许多新的项目和新的商业形式（Stichting Brainport，2008：20）。2001 年，一个混合形式的地区机遇委员会（成员包括地方政府、企业和研究机构的代表）制定了一项名为"智慧港"的战略，希望将埃因霍温这个传统工业区转变为高科技区。地方政府、企业和研究机构之间的密切合作被称为"三螺旋模式"（Triple Helix），被认为是实现智慧港的必要条件（Horizon，2005：8-9）。到 2004 年，该项目的合作伙伴对合作结果感到满意，决定投入更多努力开展合作，制定了一项名为"智慧港领航 2013：超越里斯本！"（Brainport Navigator，2013）的全新战略和行动计划（Stichting Brainport，2008：17）。智慧港项目的合作伙伴承诺相关计划将超越旨在将欧盟建设成为全球最具竞争力地区的里斯本议程。

　　智慧港项目合伙伙伴成立了"智慧港基金会"（Brainport Foundation, 荷兰语称为 Stichting Brainport），由三方合作伙伴共同管理。该基金会以协商一致的形式决定长期战略和政策。另外，合作伙伴还专门成立了智慧港发展有限公司，负责执行基金会的决定。政府拥有该公司一半的股份（见图 8.1）。

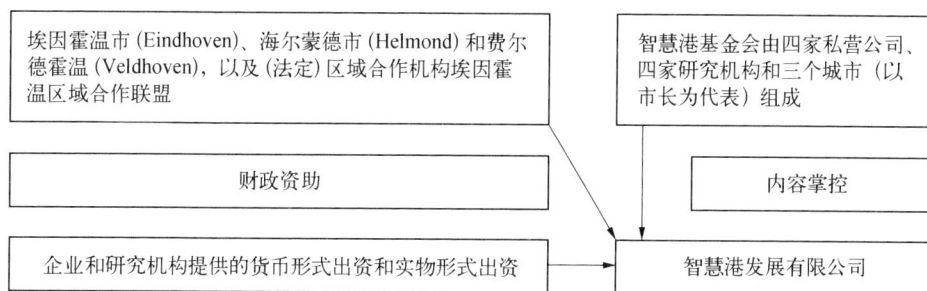

图 8.1　埃因霍温智慧港组织架构

埃因霍温智慧港是欧洲为数不多能够达到里斯本规范的地区之一，即研发经费至少占国民生产总值（GNP）的3%（Van den Berg et al.，2006：13）。2011年，埃因霍温地区被智慧社区论坛（Intelligent Community Forum）评选为2011年世界智能社区。埃因霍温智慧港的优势包括以下几点（Stichting Brainport，2008：17；Horlings and Beckers，2009）：① 所有伙伴围绕一个议程开展合作；② 其联合计划不仅注重核心活动（技术和经济发展），还注重基础设施、空间规划、劳动力市场、文化等领域；③ 具有推动计划实际执行的组织能力。

虽然埃因霍温智慧港的发展类似于亚特兰大城市体制的形成，只是两者在合作结构和组织构成上有明显差异而已。无论是埃因霍温智慧港还是亚特兰大，都是由于经济问题促使精英之间形成新的合作方式和连接方式。两个案例的成功都源于一种危机感（经济危机），以及地方政府和企业结成的强大联盟。埃因霍温智慧港的成功还得益于学术机构的贡献。此外，合作伙伴全力支持的联合议程以及资源的可用性（时间、资金、领导力和法律能力）也至关重要（Horlings and Beckers，2009）。参与者强调了非正式合作和相互了解的重要性。

无论是智慧港、亚特兰大的城市体制，另一个相似之处在于，还是其他形式的公私合作或三方合作，在产出合法性和结果方面都相当成功。这是因为相关体制不仅将实施议程所需的行动者纳入其中，还将其不需要的行动者排除在外。在实践中，这通常意味着精英被纳入城市体制内，而公民则被排除在外（Van Ostaaijen，2010a）。因此，城市体制虽然在产出合法性方面比较成功，但可能存在一个缺点，就是忽视民主的合法性。将民主的合法性定义为民意代表的参与时尤其如此。议会和议员对智慧港的战略几乎没有影响，相关战略是由智慧港基金会决定的，在设立智慧港时并未想到其他类型的合法性。有人可能会说，好的产出和成果弥补了合法性的缺失。或者更确切地说，智慧港在产出合法性方面相当强大，但在投入合法性和过程合法性方面相当薄弱。然而，如果合法性由结果来定义，同样会存在风险。退一步说，如果我们容忍民主赤字，那么当结果不如人意时，合作的合法性也会受到削弱。因此，产出合法性需要以绩效作为支撑。

8.4　加强民主合法性；更好的城市治理

正如上文指出，智慧港在产出合法性方面相当强大。本研究团队在与智慧港参与者和议员（包括对智慧港持怀疑态度的人）进行的访谈中证实了这一结论（Van Ostaaijen and Schaap，2012）。根据城市善治的相关特征（见第 1 章），我们可以认为智慧港及其整个体制在产出价值方面表现良好。然而，产出价值只是三种价值之一。我们的研究项目试图填补相关空白。我们认为智慧港的案例缺乏投入合法性（被理解为大体上缺乏民主合法性），因此我们专注于在投入价值方面展开分析。我们希望提出改善智慧港民主合法性的建议，从而改善城市 / 区域治理。

不同的民主模式，包括文献资料提及的大量民主模式，都为我们带来启发。赫尔德（Held，2006）一人就提出十种不同的民主模型。其他学者也提出了其他模式（Bekkers et al.，2007；Duchastel and Canet，2005；Held，2006；Hendriks，2010）。出于实际的原因，我们只选取了三种民主模式，包括代议制民主、直接民主和参与式民主，分析它们对三方合作的民主合法性可能产生的影响。这些民主模式已被证明与地方层面的治理有关，因此我们更有理由探讨在这些模式基础上提出的解决方案，以加强三方合作的民主合法性。这些解决方案在上述典型模式中均有论述。但正如下文所述，直接民主和参与式民主模式所提供的启发相对较少受人关注或被应用，而代议制民主可以加强城际合作的民主合法性。

8.4.1　代议制民主模式

代议制是一种重要的民主模型，适用于民主国家的大多数地方政府（Norton，1997）。在这种模式中，公民授权一小部分人代表他们处理公共事务。这种民主形式有很多变体，而且有学者认为这种决策形式是民主的重要组成部分（Dahl，2000）。虽然选民与民意代表的最佳比例并无定论，但民意代表可以通过多种方式代表选民做出决定。亨德里克斯（Hendriks）区分了两种形式［是对李帕特（Lijphart）所做的笼统区分的进一步细化］：在钟摆模型（pendulum model）中，以民意代表多数人的意见为准做出决定；而在共识模型（consensus model）中，多数规则被视为最低的要求，需要由尽可能多的民主代表做出决定（Hendriks，2006，2010；Lijphart，1984，1999）。

代议制民主模式可通过几种方式加强城际合作的民主合法性，这主要是指设立或加强地方的民意机构。地方议会参与区域合作的部分决策过程，由此获得更多权限，这不仅限于合作开始或结束时，更包括在合作过程的关键时刻。除了赋予相关城市的民意代表更多权限外，还可以设立由直接选举产生的区域行政首长或区域民意机构（见表 8.1）。然而，这类区域性的民意机构往往成为争议的焦点，因为它们可以在选民与区域政策之间建立更直接的联系，从而提高民主合法性，但它们未必能提高相关区域的（经济）绩效（Arto，Airaksinen，and Jäntti，2010）。

表 8.1　通过代议制民主加强三方合作的合法性

参 与 形 式	加强城际民主合法性
扩大地方议会权限（决策或问责）	制衡质量（投入合法性/过程合法性）
设立由公民直接选举产生的区域议会或区域行政首长	在公民与区域政策之间建立更密切的联系（投入合法性）

8.4.2　参与式民主模式

支持参与式民主的人认为，对民主而言，公民参与至关重要。研究参与式民主的现代理论家并不希望民主参与仅限于政治决策，而是强调民主参与应该涵盖工作场所和当地社区等领域（Barber，1984；Pateman，1970）。在 20 世纪 60 年代和 70 年代，政治学家们对参与式民主的概念进行了热烈讨论（Macpherson，1977；Milbrath，1966；Pateman，1970）。这一民主概念相对新颖，但仍然建构在经典的民主原则之上（Held，2002：263-273）。对参与式民主的讨论仍在进行中（Edelenbos and Klijn，2006；Held，2002；Hendriks，

2006，2010；Purcell，2007；Saward，2003；Uitermark and Duyvendak，2008）。塞沃德（Saward，2003:149）将参与式民主描述为"强调或促使相关群体所有成员广泛参与决策的任何形式的民主"。亨德里克斯（Hendriks，2006：124）则言简意赅地指出参与式民主是"自下而上的民主。其民主进程由公共领域的参与者推动。这是一个社会互动的过程"。赫尔德（Held，2002：5）以麦克弗森（Macpherson，1977）和帕特曼（Pateman，1970）的"参与式民主模式"为基础，认为参与式民主与更为经典的直接民主模式相关联，并且是多元化的。

在学术辩论中，人们常常认为参与式民主得到越来越多人的支持，能够使决策和政策合法化。人们普遍认为代议制民主缺失，对民主创新的呼声越来越高（Saward，2000）。政府引入参与式政策制定的动机可能各有不同，但他们的主要论点是，在政策制定过程的早期阶段让利益相关者和公民参与，而非在即将实施时才与其协商，这样可以为政策决策争取更广泛的支持，从而使政府政策更具有效性和合法性（De Graaf，2007）。不过，政府采用参与式政策制定方式还有其他原因。让公民参与政策制定能够使政府获取更广泛的信息和潜在的解决方案，从而提高决策的质量。它还有助于建立公众对政府的信任，提高民主质量并加强公民的参与能力（Durose, Greasly and Richardson，2009；OECD，2001：11；Stoker, Lowndes and Pratchett，2006）。简而言之，参与式政策制定被寄希望于提高民主合法性，减少公民与政府之间的分歧，增加政策的支持度，并提高政策质量（Edelenbos，2000）。因此，虽然参与式民主加强了城际合作的民主合法性，但它并非灵丹妙药（Hamel，2005：39）。朗兹（Lowndes，1995：168-169）则指出参与式民主中部分群体权益的代表性不足，以及有短期决策压力过大的风险。

在实践中可用的参与式民主工具越来越多，如公民审议团、公民小组、参与式预算、伙伴关系等，可将其划分为"制度化程度较高"和"制度化程度较低"两种形式［该灵感来自阿尔恩斯坦（Arnstein）提出的"参与阶梯"（ladders of participation）；见 Arnstein，1969；Edelenbos et al.，2001；Sintomer, Herzberg and Röcke，2008；OECD，2001；Pateman，1970；Pröpper and

Steenbeek，2001；Uitermark and Duyvendak，2008〕。制度化程度较低的形式属于"参与阶梯"的最低层次，如向公民提供有关政策的信息或咨询其意见。而"参与阶梯"的较高层次可以创造制度化程度较高的安排。例如，爱德兰博（Edelenbos，2000）提到了共同生产（co-production）和共同决策（co-decision-making）。这是公共和私人利益相关者之间共同达成协议并做出决策的一种合作关系（见表 8.2）。

我们可能需要区分以下两者的不同：一方面是一般公众（包括公民和民间组织）的参与；另一方面是拥有必要资源的行动者（公共或私营部门组织）的参与（Klausen and Sweeting，2005：214）。我们将两者分别称为公民参与和网络参与。这两种参与似乎都是必要的（Klausen and Sweeting，2005：222）。

表 8.2　三方合作中的参与式民主

参 与 形 式	加强城际民主合法性
信息与咨询	为公民参与创造机会（投入合法性） 提高议程开放性（投入合法性） 提高响应力（产出合法性）
共同生产和共同决策	参与质量 制衡质量（均涉及过程合法性）

8.5　直接民主模式

参与式民主可以极大地增强三方合作的合法性。公民、居民和居民以外的人能够表达自己的具体需求。然而，参与式民主可能会产生负面影响：强大的利益可能会主导讨论过程。这种民主模式缺乏衡量参与质量的标准。

制度化直接民主的特征不同于制度化的代议制民主（Dahl，2000）。直接民主与代议制民主模式之间的本质区别在于最终的决策主体（Hendriks，2006）。在直接民主安排中，行政区划内的成员最终决定要做什么，因此民主合法性直接来源于这些选民的选票。在代议制民主中，具有最终决定权的不是选民，而是其民意代表。在参与式民主中，实际参与者拥有最终决定权，但必须遵守民意代表设定的限制。具体决策和政策的合法性是通过民意代表从行政区划内的成员手中间接获得的。代议制民主和直接民主之间的这种区分似乎很简单，但在许多情况下并非如此（Anduiza et al.，2008）。此外，在代议制民主和直接民主环境中，理想的民主进程可能会受到许多因素的干扰。诸如议程设置权、信息可用性或投票程序等因素都可以极大地影响民主进程，而在直接民主国家和代议制民主国家中都存在这样的干扰因素。

直接民主安排包括几种类型。例如，克罗宁（Cronin，1989：2）提到了两种直接民主安排[①]：公民倡议（initiative）和全民公决（referendum）。公民倡议让公民可以提出某项立法或政策举措，通常分为两个步骤：首先提出获得足够支持的请愿书（petition），然后将请愿书中的提议付诸全民公决。全民公决（又称"公投"）本身可能是最为人所知的直接民主安排，是指将特定建议付诸全民投票的过程（见表 8.3）。全民公决有几种类型。一些全民公决是强制性的，例如，修改宪法时，宪法某项条款本身可能要求举行全民公决；还有一些全民公决是选择性的，由政府或公民倡议提出举行。最后，可以根据全民公决的结果将其区分为具有约束力的全民公决以及咨询性质的全民公决。目前的总体趋势是全民公决举行的次数越来越多（Leduc，2003）。

表 8.3　三方合作中的直接民主

直接民主的形式	加强城际民主合法性
地方和地区公投	加强公民参与的机会（投入合法性）。创造集体决策的新方式（过程合法性）； 改进制衡机制（过程合法性）
公民倡议	提高议程开放性（投入合法性）； 提高政治体制的响应力（产出合法性）

[①] 克罗宁实际上提到了三种直接民主安排，第三种是罢免表决（recall）。此处并不讨论这种安排，因为它似乎更适合用于代议制民主。罢免表决"允许选民罢免某一公职人员或撤销其职务……"（Cronin，1989：2），所涉及的是间接民主以及代表选民的官员。

全民公决或许确实能提高三方合作的合法性，但其本身也有一些缺点。公投对象只能是某一项决策或政策计划。我们假设，公投对民主合法性的积极影响是，它们有助于公民对决策程序的认可，从而有助于形成社会接受决策结果的氛围。其无意义的点或者说消极影响则在于，公民只能就某项决策或计划投赞成票或反对票。公民倡议可能为影响决策内容提供更多空间，但最终决定权仍然在民意代表而非公民手中。在这两种情况下，都应该试图让居民以外的人也参与市政决策过程。

通过将上述发现应用于智慧港案例，我们有以下发现。表 8.4 包含了 A 至 H 的理论选项，但并非所有选项都适用于荷兰的智慧港，有些选项可能适用于一般的区域合作。

表 8.4　提高智慧港的民主合法性

	代议制民主	参与式民主	直接民主
如何保障民主合法性？	中等。相关民意机构的作用有限	相当好。"三螺旋模式"实现了私人企业和研究机构的参与，但并非所有利益相关者都能参与其中。该地区的普通公民通常被排除在外	薄弱。几乎没有任何方式可以直接发挥公民的影响力
如何运用多种民主模式来提高民主合法性？	A 建立直接选举产生的区域民意机构	D 建立涵盖更多行动者和利益相关者的参与机制（及改善现有机制）	F 举行关于智慧港的未来或战略的全民公决
	B 直接或间接选举产生智慧港主席	E 让公民参与决策，如共同制定政策	G 通过公民倡议让公民能够将相关议题纳入智慧港的议程
	C 发挥民意代表在智慧港流程和项目中的作用		H 制定"罢免"智慧港基金会董事会成员的程序

我们将讨论这些选择对于智慧港的适用性。第一种选择是通过加强代表性来加强民主合法性，具体包括建立直接选举产生的区域民意机构（A），直

接或间接选举产生智慧港主席（B），或者发挥民意代表在智慧港流程和项目
中的作用（C）。选项 A 和 B 几乎不适用荷兰目前的政治氛围。政治精英已
觉得政府层级过多，再建立一个直接选举产生的民意机构会令政府体制更加
"冗余"。更重要的是，荷兰政治精英强烈反对任何直接的公民参与（Geurtz，
2012）。最后，人们可能会怀疑这两种选项是否符合智慧港的本质，因为在智
慧港项目中，互信和合作至关重要。选项 C 是当地民意代表的首选。然而，
它并不匹配于智慧港的三方特征。智慧港的合作伙伴或多或少应该是平等的，
而且涉及的都是专业人员，让民意代表参与将会带来层级化和非专业的问题。

　　第二种选择是通过加强民主参与来加强民主合法性，为此可以建立涵盖
更多行动者和利益相关者的参与机制（及改善现有机制）（D），或者让公民参
与决策，如共同制定政策（E）。扩大智慧港的参与涵盖范围是可行之举。智
慧港天然具有参与性。私营企业（即跨国公司）和研究机构已经发挥了重要作
用，它们与地方政府的地位平等。但其他一些行动者和利益相关者并未参与其
中。例如，小企业和某些类型的学校（如中等职业教育学校）未能参与相关项
目。除了实践上的考虑，很难想出有任何理由不邀请这些企业或学校参与其
中。普通公民的参与则更加困难。他们完全无法参与智慧港的决策过程，只有
个别的普通公民能够参与智慧港的项目或者讨论智慧港的战略和未来。

　　第三种选择是通过加强直接民主来加强民主合法性，具体做法包括举行
关于智慧港未来或战略的全民公决（F），通过公民倡议让公民能够将相关议
题纳入智慧港的议程（G），或者制定可"罢免"智慧港基金会董事会成员的
程序（H）。在荷兰的政治体制中，只有任命产生的市长和间接选举产生的市
政委员，选项 H 并不存在。选项 F 是就智慧港的未来或战略举行公投，相对
比较可行。然而，需要注意的是，荷兰并不允许公民在政府决策中拥有直接的
发言权，大多数政治人物也强烈反对将直接民主的要素添加到代议制民主中
（Geurtz，2012）。换言之，如果公投成为可能，几乎肯定只能是咨询性质的。
选项 G 可能是唯一可以接受的。它一方面为公民提供表达诉求的机会；另一
方面则将决定权留给了政治人物和其他领域的精英。

要在区域合作中加强民主合法性，并没有放之四海而皆准的做法。对于智慧港而言也是如此。然而，我们期望加强民主合法性的 8 个选项（A 至 H）可提供有益借鉴，有助于加强荷兰和其他国家公私合作、相关体制的民主合法性。但这些选项能否成功落地，取决于其适用的政治语境和政府环境。只有实践才能检验何种选项在何种时机和背景下最有效。

8.6 结语

本章首先指出三方合作下的民主合法性受到的挑战，旨在分析其他民主模式能否为加强三方决策的民主合法性提供借鉴。

我们尝试探索其他民主模式，特别是参与式民主和直接民主模式，从而提出加强三方民主的多个选择。公民或社会机构的参与有多种形式，适用于地方（如果涉及区域问题）和区域层面，主要作用在于加强投入合法性和过程合法性。通过对加强民主合法性的三种形式进行分析，我们得出以下结论：

（1）投入合法性可以通过简单的公民参与（"参与阶梯"的较低层次）加以改善，如向公民和社会机构提供信息并咨询其意见，以及举行全民公决和公民提议。

（2）过程合法性可以通过共同生产和共同决策（"参与阶梯"较成熟、较高的层次）以及公投实现。

（3）产出合法性也可以通过提供信息、咨询意见以及公民倡议得到加强，这些举措都能提高政府的响应力。

据学者观察，智慧港作为本章分析的核心案例，在产出合法性方面相对较强，但在投入合法性方面相对较弱，主要是来自公民的民主投入较弱，来自民意代表的民主投入在一定程度上也比较弱（Van Ostaaijen and Schaap，2011）。我们认为，可以通过参考上述三种民主模式来加强民主合法性。仅仅存在于智慧港或其战略以及公民倡议的全民公决，改善了一些公民的投入合法性（这些公民有时候认为，决策过程是在没有他们参与的情况下进行的），从而通过直接民主模式提高了投入合法性。此外，在智慧港的决策过程中，公民和民意代表可以通过共同制定政策或者互动式的政策制定方式进一步参与其中，从而分别加强参与式民主和代议制民主。其他形式的区域合作和相关体制通常缺乏民主合法性，也可从上述解决方案中受益。

毫无疑问，其他民主模式，包括传统的代议制民主，或许能够提供其他解决方案。例如，我们可以假设顾客民主（client democracy）能够加强产出合法性（Bekkers et al.，2007：310；Ruano de la Fuente and Schaap，2007）。然而，本项研究得出的最重要结论并不会因此而改变。只要我们愿意超越传统模式，三方民主具有现实可能性，但学术界对相关变革措施的落地或有效性存有疑虑（Hamel，2005；Lowndes，1995）。对于实践者而言，这似乎是最困难的挑战。正如引言所述，政府当局寻求通过间接代议制来确定城际政策制定过程的民主合法性。

| 第 9 章 |

印度和中国的城市治理及伙伴关系：
以德里、北京和上海为例①

安克·米歇尔斯　科尔·范·蒙特福特

9.1　引言

印度和中国都属于转型中国家，都是高速增长的经济体，也都为高速增长付出了代价：迅速增长的城市人口给水资源、能源、公共卫生、教育和基础设施带来了压力。城市政府无法独自应对这些重大挑战，需要民间资本、各类投资的支持，以及强大的公民社会和积极的公民意识作为后盾，才能提供合法且经济上可持续的公共服务。

本章旨在评估印度和中国在城市治理中是否可能运用以及如何运用伙伴关系（partnership）。因此，我们识别了公私治理安排的主要趋势，重点介绍两

① 本章是安克·米歇尔斯（Ank Michels）和科尔·范·蒙特福特（Cor van Montfort）所撰写文章《伙伴关系对印度和中国城市治理之贡献》（*Partnerships as a contribution to urban governance in India and China*）的修订和更新版本。原文见 *Journal of US-China Public Administration*，第 10（1）期，第 26-38 页。

种类型的伙伴关系，即城市政府与私营企业之间的伙伴关系，以及城市政府与
（社区组织）公民之间的伙伴关系。伙伴关系有助于加强政府解决问题的能力，
但是，只有在城市政府层面和伙伴关系本身层面得到善治的支持，伙伴关系才
能维持和促进合法及可持续的公共政策。因此，本章的第二个目标是评估相关
体制安排是否符合善治标准。

　　本章的结构如下：9.2 节将提供关于中国和印度经济增长和城市化的背景
信息。9.3 节将讨论伙伴关系和治理的相关文献，并提出用于分析相关研究结
果的概念框架，接着将通过（印度）德里以及（中国）北京和上海的例子，
介绍有关伙伴关系的主要模式。最后总结国家决策与城市治理伙伴关系之间
的关系。

9.2　背景：经济增长与城市化

　　中国和印度都属于高速增长的经济体，其经济增长率如表 9.1 所示。

表 9.1　中国和印度的经济增长率（%）

地区	2007 年	2008 年	2009 年	2010 年	2011 年
印度	9.8	3.9	8.2	9.6	6.9
中国	14.2	9.6	9.2	10.4	9.3
全球	3.9	1.3	−2.2	4.3	2.7

资料来源：http://data.worldbank.org/indicator/NY.GDP.MKTP.KD.ZG/countries/1W-INCN?display=default.

　　虽然中国和印度两国经济均有高速增长，但就经济增长对人民生活的影响
而言，两国存在很大差异。更具体地说，中国的表现比印度好得多。例如，中
国在医疗保健方面的政府支出几乎是印度的 5 倍。中国的成人识字率为 94%，
而印度的成人识字率仅为 74%。印度的平均受教育年限为 4.4 年，而中国为
7.5 年（Sen，2011）。

　　两国的城市人口在总人口中的比例均不断提高（见表 9.2）。中国的城镇

人口已超过农村人口（每日电讯报，2011）。与中国相比，印度的城市人口比例较低。而就绝对数字而言，2011 年，印度有 388 524 909 人居住在城市地区，中国则有 678 796 403 人居住在城市。

表 9.2　中国和印度的城市人口占总人口的比例（%）

地区	2007 年	2008 年	2009 年	2010 年	2011 年
印度	29.9	30.3	30.6	30.9	31.3
中国	45.2	46.5	47.9	49.2	50.5
全球	50.1	50.5	51	51.5	52

资料来源：http://data.worldbank.org/indicator/SP.URB.TOTL.IN.ZS/countries/1W-CNIN?display=default.

印度的数据表明其城市化进程缓慢、稳定。如果经济增长和现代化进程能够继续下去，预计印度的城市化程度也会提高。据高盛 2007 年的估计，印度"到 2020 年将有 1.4 亿人迁移到城市，到 2050 年将剧增到 7 亿人，现有城市将迅速发展，新城镇将大量涌现"。

经济增长和城市化不仅给国家财政带来压力，而且给国家治理结构带来压力。负责估算城市基础设施服务投资需求的印度权威专家委员会（HPEC）在2011 年得出结论："必须赋予城市权力，加强其财政能力并实现有效治理，以满足公民需求并为增长的动力做出贡献。"（HPEC，2011）

9.3　伙伴关系

伙伴关系有许多定义。例如，马瑟（Mathur）将伙伴关系定义为新的组织安排，体现了为实现集体公共政策目标而采取联合行动的承诺（Mathur et al.，2003）。其他定义则包括伙伴关系的若干特征。鲍德（Baud）和达娜拉希米（Dhanalakshmi）（2007：135）对伙伴关系的定义如下：① 涉及两个或以上的行为者；② 指的是行为者之间关于公共产品供给的长期关系；③ 这种关系使所有行为者受益（并未假设平等互利）；④ 表现在具体的活动中，行为者在此类活动中进行物质或非物质的投资；⑤ 讨价还价的过程可能包括紧张、冲突以及合作；⑥ 伙伴关系涉及公共产品的提供。

这些定义的共同之处在于，它们都强调伙伴关系的公共性：伙伴关系中的联合行动涉及集体公共政策目标或者公共产品供给。除此之外，伙伴关系的定义还可以有多种解释。伙伴关系有多种形式：有些基于具有法律约束力的规则或合同，另一些是比较松散的组织；有些只关注一项活动，另一些则参与多项活动；有时候一个行为者占主导地位，紧张和冲突比合作更为突出。本章采用这一广义的伙伴关系概念，以政府、市场和公民社会之间的关系作为出发点，区分了三种不同类型的伙伴关系：政府与私营企业之间、政府与社区组织之间以及私营组织与社区组织之间的伙伴关系。本章关注的是政府参与的伙伴关系。本章的首要目标是勾勒印度和中国公私治理安排的主要趋势。为此，我们使用了以下概念框架（见图 9.1）。

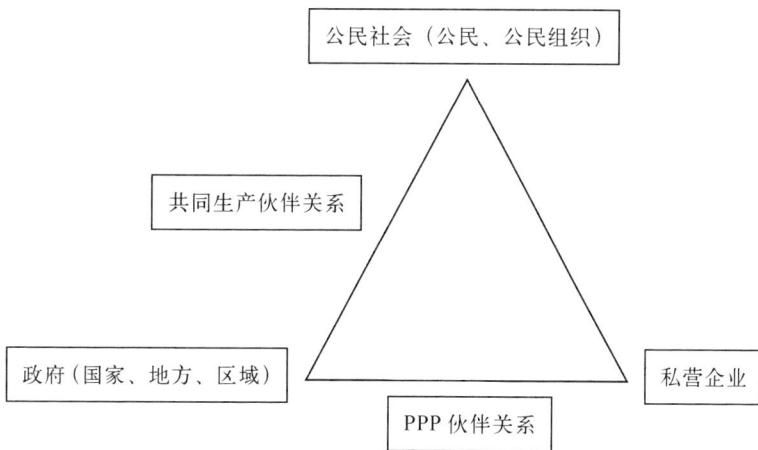

图 9.1　公私治理安排的分析框架

我们假设治理网络和伙伴关系方面的合作可以为公民群体提供更好的服务、更高的效率和更好的机会，以满足他们的诉求。从知识共享、合法性和获取财政资源的角度看，伙伴关系通常具有必要性。正如库伊曼（Kooiman，1993：4）所说："没有一个公共或私人行为体拥有解决各种复杂而动态的问题所需的全部知识和信息；没有一个行为者对问题有充分全面的理解，从而能够有效应用所需的手段；在特定的治理模式中，没有任何一个行为者拥有足够的行动潜力来实现单方面的支配。"

另一方面，伙伴关系也提出了责任与问责的问题（谁负责政策决策？决策者对谁负责？），同时涉及响应力和民主合法性的问题（公众是否支持相关决策？公民如何参与？）。这些问题在各种治理理论中都涉及更广泛的关注——如何治理？ ——同时也与合法性、高效性、响应力和问责制等议题有关（Kjaer，2004：11）。正如本章所示，这些问题通常被认为是"善治"的组成部分。

9.4 善治

对善治的含义有各种各样的理解。包括世界银行和联合国在内的多个机构都大力推广这一概念，以解决许多发展中国家存在的腐败、行政效率低下和管理机制缺乏透明度等问题。联合国对善治的定义包括公共问责、响应力、透明度、高效性和有效性等内容。本书所用的善治价值体系建立在联合国、世界银行、经济合作与发展组织等国际组织所使用的治理概念之上。

首先，善治的不同方面之间可能出现冲突。例如，在满足特定条件的前提下，涉及多个利益相关方的安排可以提高有效性和高效性，但会降低包容度。其次，善治不仅是结构和程序的问题，而且是行为、文化和传统的问题，这些因素虽然难以衡量和改变，但仍必不可少。鉴于这些可能存在的冲突和概念难题，我们的分析限定于以下善治标准：响应力（responsiveness）、有效性（efficiency）、高效性（efficacy）和问责（accountability）。在本章所用的善治价值体系中，这些标准被视为城市善治的核心价值。响应力是一种核心投入价值；高效性和有效性是关键的产出价值；问责则是与可靠性这一核心价值相关的过程价值。

我们对印度和中国城市治理伙伴关系的分析基于相关学术研究、报告和网

站的内容，以及基于 2011 年 9 月和 10 月及 2012 年 11 月对（印度）新德里及
（中国）北京和上海主要机构和组织的 22 名代表进行的访谈①。相关访谈还提供
了获取其他信息的线索，包括研究机构、政府、非政府组织和其他机构网站发
布的报告。

9.5　公私伙伴关系在印度和中国的现状

9.5.1　印度

1. 公私伙伴关系

政府与私营企业之间的公私伙伴关系在印度城市治理中的作用在不
断增强，这主要得益于当前经济的高速增长以及对基础设施的相应需求
（Mahalingam，2008，2012）。印度的城市需要高速公路、道路、地铁和机场。
虽然印度经济高速增长，但政府预算不足以为日益增长的基础设施需求提供资
金，这是印度政府开始寻求以公私伙伴关系（public-private partnership，PPP）
形式获取其他资金来源的主要原因之一。另一个原因是印度政府提供的公共服
务质量差，迫切需要创新的解决方案。四十多年来，印度政府已经证明了自身
没有能力修建和管理符合质量标准的铁路系统。首批 PPP 项目在服务提供质
量方面表现良好。因此，联邦政府、各邦政府和地方政府越来越相信 PPP 作
为一种工具，可以带来更多资金，提高公共服务的质量，并发挥私营部门的专
业优势（CAG Manual，2010）。

---

① 2011年9月和10月进行的访谈涉及以下机构：印度理工学院马德拉斯校区（IITM钦奈）、
世界银行（新德里）、亚洲参与研究会（PRIA新德里）、德勤（新德里）、印度主计审计长公
署（CAG新德里）、清华大学公共管理学院（北京）、斯顿食品原料公司（上海）、上海交通
大学国际与公共事务学院、上海交通大学第三部门研究中心、北京大学政府管理学院（北
京）、中华人民共和国审计署（CNAO北京）、中央编译局（CCTB北京）、商务部中国国际
经济合作学会（北京）。2012年11月的访谈在德里举行，涉及的机构包括在威立雅水务、能
源与资源研究所（TERI）、"问责倡议"（Accountability Initiative）以及印度主计审计长公署。

在过去十年间，印度各级政府与私营部门之间已普遍建立 PPP 合作关系。印度绝大多数（超过 95%）的 PPP 项目都是基础设施工程。印度的 PPP 模式创建于 1998 年，当时政府希望建设 15 000 公里的高速公路网，将印度的四个大都市中心连接起来（印度国家公路管理局：http://www.nhai.org/index.asp）。其后，印度的道路、港口、发电厂、城市基础设施（如通往德里机场的地铁），以及机场（如德里机场的维护）等工程项目，都广泛采用 PPP 模式。

自此之后，PPP 模式扩展至印度其他部门，如供水部门，教育部门也引入 PPP 模式，通过相关项目为生活在贫民窟和农村的失学儿童提供基础教育。另外一种做法是由私人合作伙伴建设、拥有和运营基础设施，而政府则运用相关设施开办学校（世界银行，2011）。此外，许多较小的 PPP 项目已在城市启动，涉及公园、公共汽车站、小型医疗中心和技能发展项目等领域。在技能发展项目中，私营分支机构和政府共同合作，如向人们传授纺织行业的工作技能，或者帮助人们开设自己的小商店。

然而，印度 PPP 项目数量的增长却无法掩盖与善治问题密切相关的一些消极影响，如以下例子所示。

德里的 PPP：德里国际机场和机场快线的例子

印度的航空业从 2000 年至今快速增长。2000—2006 年，印度航空业客运量和货运量几乎翻了一番，并且仍在继续增长（CAg, 2012）。机场基础设施需要进行现代化的翻修，以便应付人流和物流的迅猛增长。机场的现代化是一项重要的国家议题和政策。德里机场是需要进行现代化改造的机场之一。2006 年的德里机场合同体现了公共机构与私营企业之间基于收入分成（revenue sharing）模式的长期合作关系。

印度主计审计长公署最近对该项目进行了审计（CAG, 2012），其结论是，德里机场为旅客提供的服务已有显著改善，在全球同类机场排名第二。然而，审计报告认为作为公营机构的机场管理局在合同中面临糟糕的财务安排及长期的不利义务，并对此进行了猛烈的抨击。审计报告指出，表面上条件优厚、有吸引力的合同存在巨大隐患。对于此类 PPP 而言，以下情况更为常见：服务质量很好，交付很及时，但政府或使用者需要支付的价格比较高（甚至过高？）。

新机场建成后，德里市投资兴建了一条连接机场与市中心的地铁快线，即德里机场快线。这也是一个公私伙伴关系的项目。到目前为止（2013 年），新的机场快线尚未取得成功：乘客量远远低于预期，车站的大部分物业尚未出租，基础设施的施工质量也出现了问题。针对谁应该对施工质量不佳负责以及谁应为乘客人数未达到预期买单，德里地铁（公共协作伙伴）和 Reliance Infra（私人合资企业）互相指责，机场快线停运了半年，到 2013 年 1 月才重新投入使用。

德里国际机场和德里机场快线的例子很好地说明了印度许多城市 PPP 项目的现状。在这两个案例中，产出（公共服务提供）都绰绰有余。但就德里国际机场而言，公共协作伙伴需要支付的长期价格远高于预期（问责不足），而就德里机场快线而言，合同缺乏灵活性，未能根据乘客量的波动进行调整。此外，问责机制也不明确：谁应该对施工质量问题负责？虽然 PPP 项目绩效良好，但由于其缺乏灵活性和问责机制，同时消费者或地方政府有时候需要支付高昂的服务费用，印度城市是否应该继续实行 PPP 模式，仍然存在争议。

2. 政府与公民之间的共同生产

地方政府是公民与政府之间最直接的连接。1993 年和 1994 年，印度分别通过第 73 号和第 74 号宪法修正案，为市政机构民主化奠定了基础，同时将乡村自治的"潘查亚特制度"（Panchayati Raj）和城市管理机构定为自治机构（Dasgupta，2010：1；PRIA，2008）。相关法案明确了政府权力和资源的下沉，使地方政府机构能够充分发挥其活力（PRIA，2008：viii）。印度各邦都必须制定自己的自治法案。相应地，许多地方自治单位根据新法律举行了选举，要选出大约300万名民意代表，远远超过"高等级"种姓家族的人数。此外，根据新的法律，有三分之一的席位将预留给女性。另外，根据比例代表制的原则，议会中必须有"低等级"种姓的代表。简而言之，宪法修正案开启了迈向民主分权和公民参与的范式转变。另一项具开创性的改革是2005年通过的《信息权法案》（RTI）。RTI法案让公民有权了解政府的治理方式，由此为公民提供了对政府实施问责的新依据。现在，印度各邦都需要根据公民宪章和RTI披露规定，公开政府运作的大量详情以便公众监督。

这就是地方政府和（社区组织）公民之间在城市治理中建立伙伴关系的背景。伙伴关系存在于印度政策制定和政策实施环节，有三方面的发展不得不提。

第一，政府颁布法令将城市治理当中的公民参与制度化，规定在人口超过30万人的城市地区都必须成立选区委员会（ward committees）。理论上，城市行政委员会对重大城市决策拥有否决权。然而，该法令在大多数邦尚未实施，在很大程度上形同虚设。公民社会与市政治理之间的关系在很大程度上仍然取决于当选民意代表和官员的良好意图（PRIA，2009：3）。

第二，政府和社区组织之间的伙伴关系也存在于服务提供领域，如在固体废物管理、街道清洁和供水项目中有许多所谓的利益相关者伙伴关系的例子（Ghose，2007；Sekher，2002），也出现了各种不同的模式。在其中一种模式下，邦政府可以主动寻求公民的帮助与合作，如通过组织公民团体与市政府和公民社团组织密切合作，建立废物管理系统。另一种模式则涉及参与式预算，例如在供水项目中，公民除了可以监督项目进展外，还可以决定预算支出。

第三，社会审计已成为政府与社区之间新的伙伴关系形式。印度最初是在全国农村就业保障计划（National Rural Employment Guarantee Scheme）之下开展社会审计的。从2005年开始，地方政府必须组织开展社会审计作为其政策的一部分（CAG Manual，2010），并邀请公民和利益相关者评价当地政策。但印度社会审计的经验比较零散，尚未建立更持久的监督形式，但一些最佳实践已得以确定（如安得拉邦的例子，见 Singh and Vutukuru，2009）。

其他领域的社会审计让公民得以监督政府公共服务提供情况，虽然相关审计比较少而分散，但也在不断发展。例如，印度政府通过公民报告卡和地方监督机构来评估和改善供水及卫生服务情况（PRIA，2010）。由于资金和职能下放到地方一级，社会审计变得越来越重要。

德里的公民检查权

德里政府中央信息委员会（CIC）最近发布一项法令，允许市民在每个月最后一天对公立学校进行检查。根据该法令，德里所有公立学校都必须提供有关招生、考勤、预算分配、支出和奖学金的记录资料，以供市民进行检查。这在实践中如何操作呢？例如，根据这项法令，2011 年 9 月，参加德里教育权论坛（Delhi Right to Education Forum）的 15 个非营利组织视察了该市的 60 所学校。他们发现，德里许多公立学校仍然存在书籍和教职员短缺、厕所卫生不佳、没有操场以及学生旷课等严重问题。大多数学校在周五的学生出勤率约为 50%，而有关官员称这是正常现象。德里教育权论坛决定在 10 月最后一天视察其他学校（Pushkarna，2011）。

虽然社会审计缺乏正式的处罚制度，但仍然是非常重要的工具，可以让腐败和糟糕的服务供给无所遁形，另外也可以让人们意识到自己可以出一份力，可以要求更好的基本服务。从这个角度来看，社会审计回应了民众希望在政府服务供给领域实施问责的日益强烈的诉求。

9.5.2　中国

1. 公私伙伴关系

自 20 世纪 80 年代初，中国的经济模式是将市场经济体制与公有制的体制化安排相结合。因此，通常很难理解何谓公共，何谓私人。中国目前仍有大约150家国有企业，其中包括中国铁路总公司等国内规模最大的企业。另外有大约500万家私营企业，大多数属于小企业，目前约占国民生产总值的60%。私营通常是指所有权是私有的，但所有权的私有并不意味着企业管理层的私有。这些企业的管理层可以由任何人担任。除了上述两类企业外，还有一些半国有（由中央政府或省级政府控股）和半私营的企业（国家是大股东或者具有影响力的股东）以及私营企业和上市公司合组的合资企业，这些企业介于国有企业和私营企业之间。薛澜（Xue）和钟开斌（Zhong）认为，过去30年里中国的一项重大改革战略就是让地方政府更加主动地尝试以创新方式解决问题（Xue and Zhong，2012：298）。

PPP 模式在中国相对较新。在城市治理方面，自1990年以来，PPP 模式在中国供水、废物管理、道路和地铁等多个部门变得更为普遍（De Jong et al.，2010）。此时，中国 PPP 项目数量增加的主要原因之一是地方政府资金来源有限。地方政府拥有高度自治权，但缺乏支持基础设施和公用事业服务的大型项目所需的资金，同时不得向银行借贷。其他原因包括国有企业改革速度缓慢，公共设施和服务供应不足，以及对技术和管理专业知识的需求（Beh，2010）。

要强调的是，由于中国的私人行为体具有（半）公共性质，其 PPP 模式与其他国家的 PPP 模式有所不同。这也会对流程的透明度产生影响，如以下例子所示。

上海污水处理和北京公共交通 PPP 项目

亚洲开发银行（"亚行"）提及上海（污水处理厂）和北京（公共交通）两个 PPP 项目例子（www.adb.org/urbandev）。上海市和北京市政府均引入 PPP 采购流程，与私营部门合作实施项目。然而，如果仔细审视这些 PPP 项目的组织结构和资金流动，就会发现，在这些案例中，"私人"方实际上是国有企业，或者至少是严重依赖公共财政的企业。不过在相关项目中，创造了某种不同的供应商竞争的市场，从而降低成本或提升质量。事实上，至少根据亚行资料显示，上海 PPP 项目最后的服务费用比政府预计的成本要低 40%。然而，亚行同时指出，由于 PPP 结构不明确，相关项目受到制约，阻碍了 PPP 模式在中国的成功和进一步推广。在这两个案例中，其中一个制约因素是招标过程缺乏透明度："中国的大多数 PPP 项目仍然因为招标和项目监督过程缺乏透明度而受到阻碍。"（亚洲开发银行）。

在过去 10 多年间，BOT 模式（建造、运营、移交）已经成为更为普遍的做法。外国企业经常参与其中。例如，上海磁悬浮是由德国企业、中国企业和上海市政府共同开展的伙伴关系项目，三方共同承担风险，共享利润，而项目运营部分由中德双方企业共同组成的公司负责。在供水部门也有类似的例子。2003 年，法国威立雅水务公司签署了一份为期 15 年的外包合同，负责管理米其林轮胎上海工厂的整个供水系统。在 BOOT（建造、拥有、运营、转让）合同之下，威立雅负责根据事先确定的运营绩效标准，运营和维护设施内的所有供水设施，包括管理原水和工艺用水，以及处理废水和固体废物。威立雅还参与了 13 个项目，并与上海浦东新区签订了一份为期 50 年的供水管理合同（Liu and Yamamoto，2009：226）。在中国，PPP 模式也应用于规模较小的项目。例如，上海某大学将土地租赁给私营企业建设酒店，而酒店业主向大学支付部分利润。30 年后，酒店将成为大学资产。

2. 政府与公民之间的共同生产

中国在 20 世纪 80 年代初开始实行经济改革，体制化的社会结构发生了根本性的变化。在各个领域出现了新的社会组织，包括环保组织、社区组织（体育俱乐部和公民调解组织）、业主组织、社会服务组织和慈善基金会。"绿家园志愿者"和"自然之友"等许多环保组织变得活跃起来。其中一些组织已在相关主管部门注册，有一些则没有注册。此外，还有其他众多没有注册的非政府组织，包括活跃在互联网上的组织。没有在相关主管部门注册的团体严格来说是非法的，但其有时候颇具影响力。

公民在政策制定过程中可以发挥一定制度化的角色，例如可以出席听证会，对政府提意见，也可以参加村委会选举（Leonard，2008；Saich and Yang，2003）。城市管理者认为，公民参与的空间应当扩大，但应该在更加有序的模式下组织起来。2007年颁布的《政府信息公开条例》理论上也让公民有机会向政府查询有关预算、开支和政策等方面的信息，但具体实施情况不理想。互联网和媒体在提供公民发言的机会方面发挥了非常重要的作用。新闻工作者常与学者一起担当意见领袖的角色。互联网也为公民提供了表达意见的平台。

这就是地方政府和（社区组织）公民之间在城市治理的政策制定和实施方面建立伙伴关系的背景。这里应当讨论两方面的发展。

在政策制定方面，首先，征求公民意见的听证会已比较普遍，成为公众参与政府决策的一种方式。中国1998年开始施行的《价格法》规定，对于供暖、供水、供电、公共交通等商品和服务，必须由相关机构和普通公民代表组成听证小组举行公开听证之后方可涨价。今天，举行价格听证会几乎已是常规做法。除了《价格法》外，2000年通过的《立法法》也规定在通过任何法律法规之前必须举行听证会。至今有50多个城市举行过公开听证会，专家和公民可以对法律草案发表意见（He and Thørgensen，2010；Fishkin et al.，2010）。相关公开听证会涉及农民安置、历史文物保护和推动就业等议题（He and Thørgensen，2010）。

北京的一场公开听证会

北京曾就圆明园整治工程（遗址公园湖底防渗工程）举行环境影响听证会，邀请当地利益相关者出席，就圆明园遗址公园湖底防渗工程表达意见和建议。这一案例的特别之处在于，相关听证会是在民众要求之后才举行的。人们担心在圆明园湖底铺设防渗膜会对环境造成影响（Enserink and Koppenjan，2007：466-467）。听证会最终使当局决定暂停工程并重新讨论修建防渗大坝的必要性。

其次，在政策实施中，政府与社区组织可以在服务供给方面建立伙伴关系。政府与提供社会服务的机构合作，为老年人、残疾人及其家庭提供服务。政府通过采购程序，将公共任务外包给社会服务机构，而这些机构通常是社区中的志愿组织，如家居护理组织、社区中心和养老机构等。中国的社区机构是在 20 世纪 80 年代后期成立的，承担起一些社会福利职责。它们很快遍布全国，在其他领域积极开展活动，涵盖青年中心、环保项目和健康服务等领域（Derleth and Koldyk，2004）。

上海浦东新区启动了一个旨在预防和减少犯罪的项目，这是在政策实施方面建立伙伴关系的另一个例子。该项目由政府主导，由社会组织开展，有多个利益相关方参与。这些社会组织的资源被整合成为一个非政府、非商业性质的全区服务机构。当地（区）政府与该机构签订合同，对该机构提供的服务进行监管，并支付服务费用。根据《中国地方政府创新案例研究报告（2009—2010）》所述，该项目的主要创新之处在于"创建能够承担政府部分工作的社会组织，以及建立政府与社会之间的伙伴关系"（IECLG，2011：83）[①]。

---

① 政府与公民之间的关系正在取得新突破。中央编译局等机构于 2000 年联合创办"中国地方政府创新奖"评选活动，每年有 1 000 多个项目申请该奖项。过去几年的获奖项目涉及政治改革（乡镇选举；政党民主）、行政改革（政府效率）和公共服务改革（效率和质量）等范畴（IECLG，2011）。

9.6 对善治的意义：机遇与挑战

由于经济高速增长以及城市化进程，城市政府不得不与私营企业和公民组织合作，以应对当前各部门（基础设施、供水、废物处理、公共服务供给等）所面临的巨大挑战。因此，政府、私营企业和公民社会组织之间的伙伴关系在印度和中国的城市治理中变得更为重要。然而，伙伴关系必须在高效性、有效性、问责和响应力等方面达到善治标准。而相关标准被认为是城市善治的核心价值。中国和印度在发展与善治相关的伙伴关系方面，面临一些机遇和挑战。

9.6.1 印度

显然，如果没有 PPP 模式，印度就无法兴建许多高速公路、道路和其他基础设施工程。因此，与传统的公共服务提供模式相比，公私伙伴关系有助于印度政府提供更便捷有效的服务。然而，有些受访者指出，在实施过程中并非总能完全达到有效的 PPP 标准：地方政府往往缺乏专业知识；PPP 的各种不同定义有时候会导致责任混淆不清；而且往往缺乏明确的采购程序、良好的项目管理以及标准化的合同。世界银行指出印度 PPP 框架存在各种弱点：当公共部门缺乏资金时，采用 PPP 模式的政策依据往往仅限于将其用作投资资本的来源；即使在公共部门内部也很少系统地编辑和传播信息；而且，与传统的公共选项相比，并没有对 PPP 的绩效进行太多严格的事前或事后评估（世界银行，2006）。

善治的另一个标准——问责，也存在严重问题。相关责任和预期绩效在合同中似乎非常明确，但对实际操作的监督却非常薄弱。当一方违反协议时，政府往往不愿干预，也不愿实施制裁。监督的重点仍然在于过程（"怎么样"），而非产出和结果。由于缺乏透明度，利益相关者和监管机构难以加强问责和监督。此外，审计监督结构存在严重不足。在国家公私伙伴关系政策文件的意见征求稿草案中，印度政府宣布："为了维持项目开发和实施的透明、公平和公正，政府将继续加强对利益相关方负责的治理流程和机构。"（印度政府，

2011：24）。印度主计审计长公署还寻求对私营企业的账册或者对参与 PPP 项目的特殊目的机构进行审计 ①。然而，私营企业或特殊目的机构不受《信息权法案》约束，因此对 PPP 项目的审计极为困难。

在地方政府和公民社会之间建立伙伴关系时，也存在各种机遇和挑战。第 73 号和第 74 号宪法修正案通过之后，又出现推动公众参与决策、服务提供和监督的运动，鼓励公民组织起来表达意见。《信息权法案》也是加强政府问责的重要工具。虽然腐败仍然是印度存在的主要问题之一，但人们开始明白腐败对其生活有何影响，公民要求官员问责已成为常规做法；相应地，政府官员越来越多地需要对其决策负责。

另一方面，问责的理论与实践之间存在很大差距。一份关于问责状况的报告显示，印度存在各种可行的问责计划和机制（"问责倡议"，2009：15-20）。然而，在实践中面临的一大障碍是很多人缺乏相关知识和技能，甚至有公民在不知情的情况下被任命为某个公共监督委员会的成员，相当滑稽可笑（"问责倡议"，2009）。

同样，表面上看，政府的响应力似乎在加强，因为越来越多公民参与决策，特别是妇女和来自被压迫种姓的公民参与其中。公民也通过"选区"（ward）参与城市决策。然而，在实践中，公民和民间组织往往缺乏相关知识和技能，在其能力建设方面仍长路漫漫（Tandon and Mohanty，2005）。除此之外，还有一系列制度上的缺陷（官僚主义、腐败、政府代表的是个人利益的总和而非集体利益等）和社会经济问题（贫困和文盲）需要解决（"问责倡议"，2009）。

9.6.2　中国

虽然中国公共领域和私人领域之间的关系较为复杂，而且政治制度处于逐步开放过程中，但仍然可以对 PPP 和善治进行初步观察。正如在印度一样，PPP 有助于中国提供更有效的服务，特别是在基础设施方面。然而，招标过程

---

① 相关审计要求被印度议会计划小组委员会否决（商业标准，2011 年 9 月 13 日）。

往往不够透明，无法有效地将不可靠的承包商排除在外。地方政府也缺乏监督公私合作项目的工具和能力（De Jong et al.，2010）。PPP 模式在中国的应用也存在一些问题，涉及政策环境（投资和融资体系）、法律环境、政府信誉、政府角色转变、能力建设和预防腐败等方面（Liu and Yamamoto，2009）。相应地，穆睿等（Mu et al.，2011）注意到，由于一些私人参与者存在各种形式的机会主义行为，以及一些政府官员在与私人参与者的互动中存在不正当行为，交通基础设施和服务方面的私人参与出现减少的趋势。审计和监督结构也出现了问题。地方和地区的审计办公室对于 PPP 模式不是特别感兴趣，也很少关注。此外，中国国家审计署（CNAO）对相关项目的监督主要是在项目建造阶段，并未延伸至运营阶段。

在政府与公民之间共同生产形式的发展方面，中国也存在各种机遇和挑战。公民与政府之间建立伙伴关系可能会提高政府的响应力和问责水平。互联网和新的社交媒体在政府和公民社会之间创造了一种不可预测的互动，公民社会有时会挑战政府的权威。在另一些情况下，互联网和新的社交媒体也为政府和公民社会带来新的合作形式。因此，互联网和社交媒体作为一种工具，不仅可以更有效地发挥制衡政府的作用，从而更好地实施问责，还可以作为新形式伙伴关系的催化剂，以提高透明度、问责水平和响应力。就目前而言，中国政府采取比较务实的态度，往往能对相关诉求作出回应，而非根据预设立场实施相应的行动。

9.7　结语

正如我们在引言中所论述的那样，由于世界各地城市的社会和经济重要性日益增强，城市治理也变得越来越重要。印度和中国的情况尤其如此，两国都是高速增长的经济体，而迅速增长的城市人口给水资源、能源、公共卫生、教育和基础设施带来了压力。为了应对城市化和经济高速增长带来的巨大挑战，地方政府、私营企业、公民及公民组织不得不相互合作。因此，在印度和中国，政府、市场和公民社会之间的关系正在发生巨大变化。

在城市地区，作为创造和刺激经济增长的工具，以及作为解决基础设施、废物处理、供水、住房等方面日益严峻的问题的手段，PPP 模式被应用于基础设施建设领域。此外，PPP 模式也受到各国具体国情的影响。中国地方政府的自治程度相对较高，它们必须自己寻求财政资源，私人资本只是可能的资源之一。而在印度，公共投资政策的失败为 PPP 模式创造了新的机遇。然而，为了维持 PPP 模式的持续发展，公私合作项目的透明度、问责和监督都是中、印两国需要解决的问题。此外，还应该考虑 PPP 项目的启动条件，认真审视以长期的公共成本换取短期的良好服务是否值得，以较高的长期成本和较高的风险为代价换取良好的公共服务绩效算不算是善治呢？这个问题并非三言两语能够说清楚。

我们必须在深入的民主化背景下理解印度政府与公民社会共同决策形式的发展。而在中国，政府也允许有更多的公民参与，但强调必须"有序"组织。此外，互联网和社交媒体的发展也推动着中国的善治发展，可以对政府实施问责，而且往往能促使政府作出回应。然而，政府与公民之间要建立面向未来的伙伴关系，大量贫困和缺乏相关技能的人口的存在是首要挑战。这种情况在印度比较突出，在中国则相对好一些。第二个挑战是克服政府过于弱势或强势的问题。

从广义而言，如果社会和经济不平等的情况继续恶化，政府、市场和公民社会之间就难以形成可持续且富有成效的伙伴关系，有关集体利益的共同观念也会受到损害。腐败盛行的弱势政府或者藐视法治的强势政府都会破坏有效及合法的伙伴关系和治理体系在未来的发展。政府与私营部门和公民社会的伙伴关系想要促进城市地区的可持续稳定发展必须满足三个条件：更好地达到善治要求（符合响应力、高效性、有效性和问责制的核心价值）；政府接受法治原则并提供相应支持；经济发展能让社会弱势群体受益。

第 10 章

香港城市治理和预防腐败的经验①

伊恩·斯科特

10.1 引言

城市善治通常被认为包括几个核心价值观：地方政治参与的民主权利、分权体制下有效地提供适当的服务、提供相关服务的人员不应存在腐败行为②。我们假设这些价值观可以实现，并在治理的过程中得到制度化的体现，从而为所有公民带来更好的生活品质。然而，就香港的经验而言，不能说这些价值观

---

① 本章部分内容参考了香港廉政公署资助的香港特区政府诚信管理研究项目当中的调查和访谈资料。谨此向一同参与该项目研究的白尔彬（Brian Brewer）博士和梁燕红博士表示感谢。

② 例如，见 ALAN GILBERT. Good urban governance: evidence from a model city[J]. Bulletin of Latin American Research，2006，25（3）：392–416; D. Mehta, *Urban governance: lessons from best practice in Asia*（《城市治理：亚洲最佳实践的经验教训》）临时文件第40号（泰国：城市管理方案，亚太地区计划，1998年）。本文讨论的价值观通常纳入较大的城市善治指标之中。例如，联合国的善治指标包括有效性（其中包含高效性）、公平、参与、问责制（包含预防腐败）和安全（包含预防犯罪）。见 KENNEDY STEWART. Designing good governance indicators：the importance of citizen participation and its evaluation in Greater Vancouver[J]. Cities，23(3): 194–204.

之间的和谐与平衡已经实现。在 1887 年至 1985 年的近一百年间，香港市政局及其前身洁净局是香港市民唯一可以投票产生议员的行政机构。虽然市政局确实实现了一定程度的民众参与，也确实行使了一些重要的权力，但其运作并不算特别高效，甚至存在普遍（但通常比较轻微）的腐败现象。2000 年，香港以提高效率的名义废除市政局，市政局此前履行的各项职能则并入特区政府各部门。效率的定义是以最低成本实现最大收益，这是香港特区政府非常重视的一项价值。然而，这项价值并不能取代预防腐败的重要性。确保特区政府在履行市政局以前执行的职能时廉洁奉公，这一目标已经得以实现，但在某种程度上是以牺牲最优效率作为代价。笔者认为香港的案例体现了城市治理中预防腐败的最佳实践，但需要注意的是，地方政治参与和效率之间尚未取得适当平衡。

10.2　城市治理的发展

自 1841 年香港岛成为英国殖民地以来，当地行政官员一直坚信，香港应该实行单一集权制。然而，到了 19 世纪末，由于英国商人要求在政府内增加更多民选成分，以及当时爆发腺鼠疫，香港成立了洁净局，以管理造成疫情的不良卫生环境。洁净局最初并无选举产生的议员。到 1887 年，洁净局重组，由十名议员组成，其中四人为官守议员，另有四人由港督任命（包括两名华人），其余两名议员由地方税纳税人选出 ①。当时有人要求成立一个赋予更全面权力的市政局，但遭到殖民地当局的抵制。香港洁净局发现，由于华人和业主的反对改变现状，港督对改变现状的支持也不足，因此很难改善环境卫生和个人卫生状况。香港仍然不时受到瘟疫困扰。洁净局几乎没有独立的权力，而政府又逐渐凌驾于洁净局仅有的权力之上，在 1895 年，除一名非官守议员外，其他成员纷纷辞职。1908 年，由于一桩贪污丑闻，洁净局重组，由政府直接

---

① G. B. Endacott（安德葛），*A History of Hong Kong*（《香港史》）（牛津大学出版社，1964 年），第 201 页。

控制，但其始终不是一个高效运转的机构 ①。

从 1908 年洁净局职能被弱化，到 2000 年市政局和区域市政局被废除，在此期间，地方行政机构确实获得了一些权力，并确实履行了一些重要职能。洁净局于 1936 年被市政局取代，后者在公共卫生方面发挥了更广泛的作用，但几年之后面对一场重大疫情的爆发，仍然束手无策。除了两名议员由陪审团名册上的地方纳税人选出外，港英政府并没有在市政局中加入更多的民选成分。不过，第二次世界大战结束后，香港朝着民主制度的方向迈出了几步，其中有一项宪制改革提案：杨慕琦计划（the Young Plan）。第二次世界大战结束后，港督杨慕琦爵士（Sir Mark Young）于 1946 年 5 月回到香港复任，提出进行宪制改革的其中一种可能做法是将"迄今为止由政府行使的某些内部行政职能移交给具有充分代表性的市政局"。同年，杨慕琦提议成立一个有 30 名议员的市政局，负责管理港岛和九龙（但不包括新界）。市政局三分之一议员由华人社区选出，另有三分之一由非华人社区选出，其余议员则由代表全体市民的特定"负责机构"选出。那些即将经由选举获得赋权的人对此反应并不热烈。杨慕琦指出，人们担心民选产生的市政局会更加腐败。这一计划即使之后以多种方式进行修改，由于民众对相关政治议题的漠不关心，继任港督对计划所采取的截然不同的立场，相关计划只能无疾而终。

虽然杨慕琦计划失败了，但港英政府认为市政局应该进行改革，于是市政局的权力最终发生了显著变化。港英政府之所以进一步界定市政局的权力并精简其运作，还有其他迫切原因。第二次世界大战结束后，大量人口从内地涌入香港，香港人口迅速增加。从 1946 年底到 1950 年春季，香港人口从 160 万增加到 236 万，给有限的住房供应带来巨大的压力，并且大多数新移民擅自在山坡上搭建"寮屋"，结果导致火灾、瘟疫和山体滑坡等问题。港英政府当时忙于处理日本人留下的烂摊子，因人手和资源不足，无法应对这些新的问题，于是向市政局寻求帮助和解决方案。由此造成两者之间存在某种紧张关系：港英

---

① Norman Miners（罗文·米勒），*The Government and Politics of Hong Kong*（《香港政府与政治》，第五版）（牛津大学出版社，1995 年），第 155 页。

政府不想将权力下放给市政局，而市政局认为其对于处理"寮屋"问题的看法未受重视[①]。尽管如此，港英政府争取支持的需要为市政局提供了机遇，并使后者的权力和职能在 20 世纪 50 年代得到大幅扩充。

直到 1951 年，才举行了市政局的选举，当时在 9 000 名地方纳税人中以 36% 的投票率选出了两名议员[②]。其后民选议员再增加两人，而最显著的进展是市政局的职能得到扩大。1953 年 5 月，港英政府成立一个新部门——市政事务署（后改称市政总署），由政府行政官员担任署长，但受市政局的管辖。市政事务署下辖三个部门：负责处理"寮屋"问题的徙置组、负责绿化和动植物公园管理的花园组、房屋组[③]。市政局主席同时兼任新成立的房屋署的署长。这些都是非常重要的权利，因为"寮屋"和住房问题在当时是迫切需要解决的问题。然而，经过 1953 年圣诞节的灾难性寮屋区大火之后，港英政府认为市政局无法处理相关问题，于是在 1954 年将徙置组从市政局剥离出来，使其成为一个独立的政府部门。

1960 年，香港新颁布了《公众卫生及市政条例》，授权市政局管理涉及食品卫生、垃圾处理和环境的多项设施和服务，负责范围包括泳滩和游泳池、博物馆、图书馆和文娱中心、屠宰场、殡仪馆、墓地、与房屋相关的一些卫生问题、餐饮牌照、虫害防治、与空气污染相关的一些问题以及垃圾收集等[④]。此外，根据相关条文规定，市政局还有权进行小贩管理和发牌事务（20 世纪五六十年代的一个主要难题），同时负责管理市政公园和绿化事务。市政局的管辖范围在某些领域不可避免地与政府管辖范围重叠。港英政府始终将市政局视为"眼中钉"，政府高官经常认为市政局效率低下且腐败，而且其政策往往与政府制定的目标背道而驰。另一方面，市政局议员认为应扩大其管辖范围，将新界包括在内，政府应把更多的服务和职能交给市政局控制[⑤]。

---

① 见余嘉勋，引用如前，第 182 页。

② 刘润和：《香港市议会史（1883—1999）》（香港：康乐及文化事务署，2002 年）。

③ 刘润和：《香港市议会史（1883—1999）》（香港：康乐及文化事务署，2002 年），第 77 页。

④ 《公众卫生及市政条例》（第 132 章）；《市政局条例》（第 101 章）。

⑤ 市政局，*Report of the Ad Hoc Committee on the Future Scope and Operation of the Urban Council*（《市政局未来范围及工作特设委员会报告书》）（1966 年 8 月）。

市政局与政府之间存在紧张关系的另一个原因是，市政局成员越来越多地对香港的未来政治发展表达不同看法。1966 年 8 月，市政局编写了一份报告，不仅要求大幅扩大自身权力，以涵盖社会福利、教育、住房、消防、规划和部分公共工程领域，还提出成立部分议员由民选产生的"大香港议会"，将新界纳入其管辖范围[①]。上述报告发表之时，港英政府正面对 1966 年骚乱过后的余波，以及有关其脱离民众的指责。市政局的报告中及随后的骚乱调查委员会亦再次提及这一指责[②]。就在市政局报告发表之后不久，港英政府于 1966 年 11 月公布一份其委托撰写的地方行政报告[③]。负责撰写相关报告的委员会是在骚乱发生几周后成立的，由狄坚信（Bill Dickson）担任主席，成员包括六名政府高级官员。该委员会建议香港建立一种地方政府制度，将权力下放到地方议会，港英政府只保留少数职能，并设想在地方议会层面举行民主选举。《狄坚信报告书》极具争议性，有四名委员会成员对其中部分结论表示反对，特别是关于民主选举的建议[④]。该报告激怒了港督和港英政府其他高官，用狄坚信一位同僚的话来说，狄坚信成为"文官（高级公务员）系统中最不被人理解、受到最糟糕对待的人"[⑤]。英国政府也对该报告表示反对，认为可能会令已经陷入困境的中英关系雪上加霜。

港英政府高官认为通过高度统一的公务员制度，香港未来可实现行政主导

---

① 市政局，*Report of the Ad Hoc Committee on the Future Scope and Operation of the Urban Council*（《市政局未来范围及工作特设委员会报告书》）（1966 年 8 月），第 5—6，12—13 页。

② 市政局，*Report of the Ad Hoc Committee on the Future Scope and Operation of the Urban Council*（《市政局未来范围及工作特设委员会报告书》）（1966 年 8 月），第 3 页；调查委员会，*Kowloon Disturbances 1966, Report of the Commission of Inquiry*（《1966 年九龙骚动调查委员会报告书》）（香港：政府印务局，1967 年）。

③ *Report of the Working Party on Local Administration*（《地方行政制度工作小组委员会报告书》）（1966 年 11 月）。

④ *Report of the Working Party on Local Administration*（《地方行政制度工作小组委员会报告书》）（1966 年 11 月），第 82—88 页。

⑤ Trevor Clark（贾赫），*The Dickinson Report: An Account of the Background to, and Preparation of, the 1966 Working Report on Local Administration*（《狄坚信报告书：1966 年地方行政制度工作小组委员会报告书的背景及编写》），英国皇家亚洲学会（香港分会）期刊，第 37 卷（1997 年）。

的政治体制。他们质疑香港民众是否已准备好迎接民主。在他们看来，香港政治前景的唯一出路，就是通过听取地方的意见的调解机构，同时通过增加社会行政支出以减少人们在政治上的不满，拉近政府与民众的距离^①。然而，市政局一直认为应扩大其权力，同时增加民选议员的人数。1969 年，市政局提交另一份报告，基本上重申了 1966 年报告的立场^②。1970 年的一份机密政府备忘录对市政局提出严厉批评，指出在某些人眼中，市政局"被视为是政府的竞争对手"。备忘录建议，虽然市政局"在现阶段无法废除"，但其运作应该更加透明化并减少争议^③。港英政府在 1971 年正式回应市政局报告时，拒绝了相关建议，指出已经作出各种安排以改善与民众的关系^④。市政局输掉一仗。1973 年，市政局再次重组，增加了两名民选议员和两名委任议员，官守议员的人数有所减少。市政局丧失了有关房屋的所有权力，但获得了更大的财政自主权^⑤。因此，市政局的管辖范围局限在 20 世纪 50 年代获得的权力，到 1985 年它又承担起文娱方面的新职责。虽然继续在为居民提供服务，但市政局并未获得新界地区的管辖权。新界区域市政局于 1986 年成立，与市政局及其辖下的区域市政总署拥有类似的权力。

10.3　市政服务领域的反腐行动

在 1974 年成立廉政公署（ICAC）之前，贿赂政府官员在香港是司空见惯之事。警队存在大规模腐败现象，是最为腐化的政府部门。而其他政府部门在正常费用之外收取"茶水钱"，也成为理所当然之事。因此，贪污腐败现象

---

① 为解决这个问题，回应其脱离民众的指控，港英政府制定了民政主任计划，旨在通过与基层公务员的互动，让地区人士在一定程度上参与地区事务。见华民政务司署，民政主任计划（1969 年 1 月）。

② 市政局，*Report on the Reform of Local Government*（《地方政制改革报告书》）（1969 年 3 月）。

③ CR 2/511/67 III，第 5、12 页。

④ 殖民地司署，*White Paper: The Urban Council*（《市政局白皮书》）（1971 年 10 月），第 1—2 页。

⑤ 米勒，引用如前，第 156 页。

非常普遍。由于市政总署经常与市民打交道，涉及民生事务众多，其腐败程度与警队不相上下。长期服务民众的市政局议员和反贪先锋杜叶锡恩（Elsie Tu，曾用名 Elsie Elliot）对当时的贪污现象进行了描述。例如，开一间餐馆，意味着老板必须"先打点市政总署的检查员，他们才会点头同意所有必要的设备均已按他们的规定安装并维护。要想取得市政总署的餐馆牌照，那可能需要好几年的时间，直至每一细枝末节都符合规定。当然，除非老板准备给检查员好处，使他们对任何不足之处视而不见"。从殡葬业务、给小贩发牌、防治虫鼠和收集废物，市政总署负责的各项牌照和检查工作都存在类似的贪污腐败现象。小贩尤其深受其害。市政总署辖下的小贩管理队滥用权力，即将进行突击检查之前通知已行贿的小贩，这一做法加剧了小贩造成的交通挤塞和乱丢垃圾的问题。"寮屋"管制是腐败猖獗的另一个领域。只要支付一定费用，就能提前得知政府将清拆"寮屋"区的消息。于是大量店铺就会突然出现，在清拆时要求赔偿。

港英政府意识到贪污问题严重，但认为腐败现象仅限于低级官员。然而，1973 年，一名涉嫌贪污的高级警官逃离香港，激起民愤，港英政府不得不采取行动，成立了廉政公署（ICAC）。凭借被赋予的巨大权力，廉政公署以其将官僚腐败减少到最低程度获得全世界的认可。廉政公署逐渐改变了香港的贪污文化，建立其作为检控腐败机构的声誉[①]。例如，在 1977 年的一项调查中，只有 32% 的受访者意识到向公务人员提供小费是违法行为；而到 1986 年，相关数字上升到 72%。另外，有 88% 的受访者相信，无论贪污涉及的金额有多少，廉政公署都会提出检控[②]。

---

① 详见 Ian Scott（伊恩·斯科特），"The Hong Kong ICAC's Approach to Corruption Control,"（香港廉政公署反贪方法），载 Adam Graycar（亚当·葛雷卡）and Russell G. Smith（罗素·G.史密斯）（编辑）*Handbook of Global Research and Practice in Corruption*（《全球贪污研究与实践手册》）（切尔滕纳姆：爱德华·艾尔加出版社，2011 年）。

② Gael M. McDonald（盖尔·M.麦当劳），"Value Modification Strategies on a National Scale: the Activities of the Independent Commission Against Corruption"（《全国范围内的价值调整战略：廉政公署的活动》，载于 W. Michael Hoffman（M·迈克尔·霍夫曼）等（编辑）*Emerging Global Business Ethics*（《新兴全球商业伦理》）（1994 年）第 28 页。

10.4 市政局及辖下机构的消亡

尽管 1980 年至 1990 年的调查显示，市政总署和区域市政总署被视为存在贪污问题的部门，仅次于警队，廉政公署的出现令两个机构的贪污现象大为减少。虽然港英政府对贪污腐败的减少表示欢迎，但市政局及其辖下机构仍然存在重大问题，最终导致其消亡。

市政总署和区域市政总署存在严重的组织问题和行政文化问题，这是其行政效率和工作效率低下的主要原因。两者是行政部门中最大的两个部门，包括各种劳工、清洁工、垃圾收集员和检查员，而这些群体难以被监管。在廉政公署成立之前，市政总署的多项服务收费甚至包括给服务提供者的贿赂。廉政公署成立后，官员提供服务的经济诱因消失了，工作效率似乎也大幅下降。例如，1998 年，审计署审计长在两份关于垃圾收集队工作效率的报告中指出，市政总署和区域市政总署的垃圾收集员在完成任务后就立即下班，每日工作时间从规定的 7.5 小时锐减到 4.7 小时。此前，两个市政总署曾尝试阻止这种长期存在的做法，结果是职员开始怠工甚至称病请假。审计署审计长认为，市政总署如裁减冗余的人手和垃圾车，可节省 3 580 万港币的开支[1]。另一份审计报告提出，负责清理渠道污泥的工人没有履行相关职责。检查发现，他们清理的污泥数量少于规定的数量，还有人在上班时间睡觉和打牌[2]。旷工也是一大问题。其中一名工头在 1990 年至 1991 年间共旷工 323 次，共计 2 000 小时[3]。此外，市政总署内部甚至存在犯罪活动。廉政公署于 1999 年逮捕了 8 名市政总

---

[1] 审计署，第 31 号报告（1998 年 10 月）。网址 www.aud.gov.hk. 另见李天耀，*An Analysis of Staff Discipline in the Urban Services Department from 1996 to 1998*（《1996 年至 1998 年市政总署职员纪律分析》）（未公开的公共管理硕士论文，香港大学，2000 年）。

[2] 审计署，第 31 号报告（1998 年 10 月）。网址 www.aud.gov.hk. 另见李天耀，*An Analysis of Staff Discipline in the Urban Services Department from 1996 to 1998*（《1996 年至 1998 年市政总署职员纪律分析》）（未公开的公共管理硕士论文，香港大学，2000 年），第 33 页。另见 John P. Burns（卜约翰），*Government Capacity and the Hong Kong Civil Service*（《政府管治能力与香港公务员》）（牛津大学出版社，2004 年），第 255 页。

[3] 卜约翰，引用如前，第 252 页。另见李天耀，引用如前，第 34 页。

署职员，指控他们从棺材中盗窃贵重物品。

1997 年董建华上任后，特区政府宣布废除两个市政局，将其辖下机构纳入新成立的食物环境卫生署（食环署）和康乐及文化事务署（康文署）两个政府部门之内。2000 年 1 月 1 日，市政局停止运作。

10.5 追求行政效率

效率是香港公务员体系的核心价值。1998 年关于两个市政局的咨询文件提及五项工作范畴，其中四项旨在提高效率，第五项旨在改善公众对社区事务的参与情况[①]。香港特区政府有充分的理由抨击两个市政局的工作效率，而 1997 年的禽流感暴发更为其进一步提供了有力论据。两个市政局当时被要求宰杀 120 万只活鸡，但在规定时间内完成这项任务实在超出了它们现有的能力，于是很多鸡"死里逃生"，家禽的尸体也没有得到妥善处理[②]。然而，咨询文件提及的理论依据并非两个市政局有明显缺点或其过往工作存在不足之处。咨询文件的中心论点是，在香港这样的小地方，必须集中服务以避免资源浪费。特区政府认为，如果资源浪费，就可能导致割据分裂和政策协调效果不佳，并指出环境卫生问题就是一个例子[③]。有关市政局在环境卫生方面表现的民意调查显示，不满意率达到 20%。而民众对政府在体育休闲和文化娱乐领域的不满意率则远低得多，分别为 6% 和 7%[④]。

将两个市政局的职能纳入特区政府部门之内，对于提高效率有一定帮助。然而，我们必须明确这种做法在哪些方面可以提高效率，在哪些方面并无作用。两个市政局在一定程度上与政府部门相似，其职员薪酬水平与公务员相当，也需要遵守《公务员事务规例》和相关操守，也需要遵守审计署、申诉

---

① 卜约翰，引用如前，第252页。另见李天耀，引用如前，第iv页。
② 立法会议事录，1998 年 7 月 29 日，第 1199 页。
③ 政制事务局，引用如前，第 20—21 页。
④ 政制事务局，引用如前，第 18 页。

专员公署和廉政公署等监管机构提出的要求，以及政府效率促进组等咨询机构提出的建议。与其他政府部门的不同之处在于，两个市政局的活动受制一些政治选举因素的制约。特区政府声称两个市政局的职能导致资源浪费和政策协调效果不佳，以此作为废除两个市政局的最有力论据。接下来的问题在于，新成立的食环署和康文署能否实现与两个市政局一样的服务水平和服务效率。

如果考虑到新部门的职位编制有所减少，则效率似乎有所提高。表 10.1 显示了 2000 年至 2011 年两个部门的职位编制和实际人数的减少情况。在此期间，食环署的职位编制减少了 32%，而康文署的职位编制减少了 17.5%；两个部门的实际人数都低于职位编制数量，同时需要保持良好运作。虽然两个部门的缩减规模较大，但从整个公务员队伍来看，在 2000 年至 2011 年期间，公务员的职位编制数量从 193 606 个减少至 163 410 个，缩减幅度为 15.6%[①]。

表 10.1　2000—2011 年食物环境卫生署和康乐及文化事务署职位编制和实际人数的减少情况

部　　门	2000 年		2004 年		2011 年	
	职位编制	实际人数	职位编制	实际人数	职位编制	实际人数
食物环境卫生署（食环署）	16580	15 519	12317	11 145	11142	9 522
康乐及文化事务署（康文署）	9778	9 068	7870	7 343	8066	7 502

资料来源：公务员事务局公务员人事资料统计资料（2000 年、2004 年、2011 年）。

与整个公务员队伍相比，食环署职位编制的削减幅度非常大，不过其部分职能已外包出去，还有一些职能则由非公务员合约员工承担；康文署的职位编制削减幅度则接近平均水平。

[①] 公务员事务局，公务人事资料统计数字，2011 年（香港：公务员事务局，2012 年），第 18 页。另见 Ian Scott（伊恩·斯科特），*The Public Sector in Hong Kong*（《香港公共部门》）（香港大学出版社，2010 年），第 87-91 页。

从表面上看，这些数据似乎表明在部门职能集中化之后，特区政府能够更有效地部署资源以履行几乎相同的职能。然而，这并不意味着相关职能得以有效履行。有间接证据表明事实并未如此。例如，与其他部门相比，涉及食环署及康文署的投诉数字仍然较高。除警方外，食环署每年收到的投诉高于其他政府部门①。有人也有相反的看法，认为食环署是特区政府的第二大部门，鉴于其职能及与公众的频繁互动，其工作收到大量投诉也不足为奇。的确，整体政府部门的投诉数量普遍有所增加，涉及食环署的投诉较多也是正常的。

然而，涉及食环署的投诉明显高于其他政府部门，表明这个部门可能存在一定程度的行政失当。在许多情况下，申诉专员充当申诉人与相关部门之间的调解人。在绝大多数案例中，调解过程并未发现行政失当的情况。不过，在2008年至2010年期间，申诉专员多次要求食环署采取补救行动甚至建议其做出系统性的改善，食环署收到的相关要求和建议数量远超其他政府部门②。这里的行政失当并非指贪污腐败（此类案件由廉政公署处理），而是指程序不完善和效率低下，对面向市民提供的服务产生不利影响。例如，在申诉专员收到的关于食环署的投诉中，已被证实或部分证实的投诉涉及几个方面：对于废物处理、渗水、下水道渗漏和违章建筑等问题推卸责任；拒绝回应有关无牌经营食物业处所（译者注：无牌经营的餐厅和小贩）的投诉；拒绝提供产品中三聚氰胺含量等信息③。根据对政府"1823"投诉热线使用者的调查显示，受访者认为各政府部门中食环署和康文署跟进投诉的行动效果不佳④。

---

① 在2006年至2011年期间，申诉专员公署每年平均收到400宗涉及食环署的投诉，占总体投诉数量的6%至11%。而同期涉及康文署的投诉平均每年有154宗，占总体投诉数量的3%至4%。根据申诉专员公署数字计算所得。

② 申诉专员公署，申诉专员年报，香港，2008—2010年，表8。网址www.ombudsman.gov.hk.2011年的申诉专员年报并未提高相关数据。

③ 相关例子的资料来源包括：申诉专员公署，申诉专员年报，香港，2009年，附件13；申诉专员公署，申诉专员年报，香港，2010年，附件13；申诉专员公署，申诉专员年报，香港，2011年，附件8。以上资料均可在www.ombudsman.gov.hk浏览。

④ *Report: Customer Satisfaction Survey of the 1823 Call Centre*（《报告：1823电话中心客户满意度调查》）（2010年12月）。

申诉专员具有法律上的权力，可就部门的工作实务展开直接调查，每年进行四到五次调查。但因为资源有限，申诉专员公署开展直接调查一般比较谨慎。调查的对象并非根据个别投诉而决定，而是在有初步证据表明出现系统性问题的情况下加以确定。接着申诉专员会启动全面调查，并提出改进程序的建议。食环署的办事程序往往成为直接调查的对象。申诉专员显然一直比较关注食环署的办事方式，在 2005 年至 2011 年期间进行了七次直接调查，涉及食环署多个方面的主要职能。例如，2005 年对坟场骨灰瓮管理进行的调查显示，食环署并未制定程序去查明和防止非法殓葬及捡拾骨殖等违法行为。同年针对在游泳池中发现红虫的情况，将康文署列入为调查对象进行了一项调查。2006 年，申诉专员调查食环署以拍卖形式出租 15 000 多个街市摊位的情况，并提出改进相关程序的建议。2007 年的调查涉及楼宇进入手令的签发以及食品安全监管等问题。2008 年则调查了渗水投诉处理程序。2009 年，申诉专员监察街道的管理情况，两年后则调查了食物业处所发牌过程中的消防安全管理事宜。至于康文署，除了在红虫事件中受到调查外，也曾就其资助机构的管理及其"免费使用康乐设施计划"进行调查。

审计署审计长也关注食环署的工作情况，曾就公众街市的管理及食环署在食品标签方面的责任等事宜发表报告[1]。2006 年，审计署审计长还发表了一份关于食物业处所检查和管理的重要报告。食环署的巡查工作已下放至 19 个地区办事处，负责确保食物业处所符合卫生标准并有适当牌照，并负责检控违例者[2]。审计署的报告指出以下问题：虽然食物业处所的数量有所增加，食环署日常巡查的次数却由 2000 年的 437 127 次下降至 2004 年的 243 401 次；部分情况下相关巡查并未适当开展，所用的时间也短于部门指引；未就巡查期间所提供卫生教育给出部门指引；在某些地区并未开展夜间巡查；提出检控的次数大

---

[1] 审计署审计长，第 51 号报告书（2008 年 10 月）；审计署审计长，第 57 号报告书（2011 年 10 月）。网址 www.aud.gov.hk。

[2] 审计署审计长，第 46 号报告书（2006 年 3 月），网址 www.aud.gov.hk。

幅减少[1]。审计署审计长提出的建议旨在纠正不足之处，但其提及的问题其实由来已久，其根源在于 20 世纪 80 年代市政总署时期形成的行政文化。

因此，似乎职能集中对于提高城市服务行政效率而言并非特别有效。部门规模的缩小降低了人力成本，但外包的数量也有所增加[2]。食环署和康文署一直依赖非公务员合约雇员履行相关职能，直到最近才决定将相关职位纳入公务员体系。在申诉专员和审计署审计长的报告中，有证据显示各部门内部仍然存在某种推卸责任的文化——食环署的情况可能比康文署更加严重——而且许多办事程序都需要改善。集权化并非解决这些问题的良方，而且往往以牺牲民主选举成分和地区行政机构的监督权力作为代价。

10.6 预防腐败

廉洁政府和行政效率一样，是香港行政制度的核心价值。人们常常认为，这两个价值不仅相容，而且实现廉洁政府事实上也可以提高政府效率。然而，廉政公署所倡导的以规则为本的防止腐败机制成本高昂，原因在于它依赖于建立严密的行政子系统，并实施多重制衡和否决措施，以确保任何从事腐败行为的个人都会受到法律制裁。引入和实施这些系统的时间成本和资金成本给部门资源带来压力，同时未必能提高管理效率。廉政公署辩称，这对于廉洁政府而言只是很小的代价，而绝大多数民众和大部分的公务员都似乎同意这一点。香港市民对于以前的腐败不公记忆犹新。廉政公署的社区关系处不断通过宣传强化这种"集体记忆"，重点突出贪污盛行带来的恶果。廉政公署委托相关机构进行的独立调查显示，这一信息被广为接受：在 2010 年，接近 84% 的受访者

---

[1] 审计署审计长，第 46 号报告书（2006 年 3 月），网址 www.aud.gov.hk，第 9、10、15、38 页。

[2] 2010 年，食环署管理 127 份外包合同，合同总值达 27.015 亿港币，大多涉及清洁、废物收集和虫害治理等范畴。食物环境卫生署，2010 年年报，第五章，网址 www.fehd.gov.hk。康文署也将部分工作（特别是博物馆和体育馆的管理）外包出去，2010 年相关合同总值达 23.94 亿港币。康乐及文化事务署，2010—2011 年年报，行政事务/外判服务。网址 www.lcsd.gov.hk。

认为腐败完全无法容忍或只愿意容忍极低程度的贪污[①]。学术调查也显示廉政公署是香港最值得信赖的公共机构[②]。

虽然行政效率可能是廉政公署与各政府部门讨论的议题之一，但其主要目的在于不惜一切代价杜绝贪污。在这方面，廉政公署取得了巨大的成功，它被普遍视为预防腐败的典范[③]。其资源充足，而其采用的惩处、预防和教育的核心方法已被多个国家和地区所仿效。在廉政公署的努力下，官僚腐败不再是一种普遍接受的做法，人们严格遵守禁止收受利益的法规，公务员贪污的情况相对较少。在城市治理中，其方法也可被视为最佳实践。然而，这一切最终依赖于廉政公署所享有的广泛权力，特别是廉政公署有权要求政府部门执行其防贪建议，而社会也愿意承担相应成本。

在香港的城市治理中，预防腐败与行政效率之间的关系尤为明显，因为食环署和康文署的很多活动涉及大量人力资源，需要与民众面对面接触。在相关活动中很容易出现小额贪污和行贿现象，廉政公署的标准程序旨在确保与民众互动的公务员不能单独行事，如果必须单独行动，就需要接受突击检查。例如，根据审计署审计长的报告显示，廉政公署在 2009 年对负责巡查食物业处所的小组进行调查，看看后者有无贪污的可能性[④]。廉政公署建议应该定期轮换小组成员，以避免私下串通，并应随机抽查。廉政公署同时指出，相关处所牌照申请的审查、针对无牌食物业处所的执法行动存在漏洞，针对违例和违反牌照条件的巡查也存在不足之处。但相关建议并不会提高行政效率，因为由一名公务员负责巡查一个处所显然比两名公务员巡查具有更高效益，而其他措施也显著增加了部门工作量。尽管如此，此类建议大大减少了香港特区政府在执行牌照发放和巡查职能过程中可能出现的小额贪污现象。例如，2010 年，

---

① 廉政公署，《周年民意调查报告》，2010 年，第 8 页。

② 见 Joseph Chan 和 Elaine Chan, Charting the State of Social Cohesion in Hong Kong（《香港社会凝聚力状况描述》）*The China Quarterly*（中国季刊），2006 年，第 187 期，第 635—658 页。

③ 见 Scott（斯科特），*The ICAC's Approach to Corruption Control*（《廉政公署反贪方法》），引用如前。

④ 廉政公署，2009 年年报，第 50—51 页。网址 www.icac.gov.org.hk。

只有 12 名官员被判犯有贪污罪行，其中大部分情节相对轻微①。在 2000—2010 年，共有 14 宗食环署或康文署职员因贪污而被定罪的个案，两个部门各有 7 宗②。

由于食环署和康文署是新成立的部门，在 21 世纪初期受到廉政公署防止贪污处的特别关注。防止贪污处每年会对大部分的大型政府部门进行个案审查，同时也会关注政府部门可能发生的贪污情况，以及关注涉及具体贪污情况的媒体报道。个案审查的对象是由廉政公署人员与相关部门高级官员共同商定。廉政公署雇用不同领域的专业人士，并指派人员监察特定部门，以熟悉其工作方式。多年来，个案审查一直是反贪过程的重要一环，促成各个部门逐步建立行政子系统，以内部审核、监督问责程序、突击检查等各种监督方式，对个别官员进行制约。这样做的目的是让每一位公务员知道，贪污就会堕入法网，会受到法律制裁。

食环署和康文署成立之时，香港政府和市民都发现贪污腐败现象有所增加。廉政公署获得额外资源应对这一问题，同时开始研究新的反贪方法。传统的做法是通过以规则为本的培训及宣传，确保公务员充分了解违反相关法律以及附属规则的后果。这些法规非常详细，通过入职培训、部门网站和日常行为准则等各种途径随时传达给公务员。贪污而被定罪的个案经常用作宣传材料，以警示公务员切勿以身试法。进入 21 世纪，由于腐败行为从贪污行贿转变为不易察觉的利益交换，加上香港回归后反贪压力有所增加，廉政公署开始在培训计划中引入更多以价值为本的因素③。除警队外，大型政府部门内似乎并未面

① 廉政公署，2010 年年报，附件 9。网址 www.icac.org.hk。
② 根据廉政公署资料计算所得，2000—2010 年年报，附件 9。网址 www.icac.org.hk。虽然贪污定罪的案件数量与两个部门的职员人数相比很少，但有时公众举报的贪污个案比较多。例如，在 2009 年，共有 144 宗涉及食环署职员贪污的投诉，但相关人员最终并未被定罪。见 *The Standard*，2010 年 7 月 8 日。
③ Ian Scott（伊恩·斯科特）、梁燕红，*Integrity management in post-1997 Hong Kong: challenges for a rule-based system*（《1997 年之后香港的诚信管理：以规则为本的制度面临的挑战》），*Crime, Law and Social Change*（《犯罪、法律和社会变革》），第 58 期（2012 年），第 39—52 页。

向基层职员开展以价值为本的培训。相反，相关培训仍然主要是指导员工遵守
规则及警示相关违法后果。正如一位受访者所指出的，此类培训"专注于规则
和惯例，让员工清楚了解哪些行为是可以接受的，哪些行为是不可行的，而非
关注价值观的问题。培训计划的重点并非公务员的核心价值观，以避免不同的
人对同一规则和规例有不同的解释"[①]。食环署和康文署的培训人员对此态度基
本一致。这在一定程度上或许说明了为何大型政府部门（如食环署和康文署）
的行政文化通常能够避免腐败，但其在运作效率以及与服务对象关系等方面仍
然无法达到政府和民众的预期。

　　廉政公署一直致力于防止香港公务员（特别是食环署和康文署的公务员）
队伍中的贪污风气滋长。廉政公署在 2000 年时就对同年成立的食环署和康文
署分别进行五项和三项反贪个案调查[②]，翌年又分别针对康文署和食环署工作
进行五项和两项个案调查[③]。上述数字高于一般政府部门面对的个案调查数量，
可能是因为这两个部门刚刚成立不久，廉政公署希望确保实施妥善程序以预防
腐败。在随后的几年中，两个部门面对的个案调查数量略有下降，但在某些年
份仍需要进行多项调查。廉政公署经常针对这两个部门特别薄弱的环节开展进
一步的个案调查。例如，廉政公署针对食环署的个案调查涵盖小贩管制、发
牌许可条件（特别是食物业处所牌照）的执行、骨灰龛位分配、街道清洁的
合约、对外勤人员的监督，以及街市管理等[④]。至于康文署，相关个案调查特
别关注艺术家的聘用、对体育馆的资助、博物馆管理以及直接采购程序。通
过这种方式，廉政公署逐步加强对部门内部行政子系统的监管，尽量减少贪
污行为。就我们对有关部门的调查访谈以及涉及贪污的举报和定罪个案数量

---

① Brian Brewer（白尔彬）、梁燕红、Ian Scott（伊恩·斯科特），*A Preliminary Report on the Survey of Ethics Officers and Assistant Ethics Officers*（《诚信事务主任和助理诚信事务主任调查初步报告》）（香港：香港城市大学公共及社会行政学系，2010 年 9 月），第 21 页。

② 廉政公署，2000 年年报，附件 14。网址 www.icac.org.hk。

③ 廉政公署，2001 年年报，附件 15。网址 www.icac.org.hk。

④ 基于廉政公署 2000—2008 年年报。网址 www.icac.org.hk。

来看①，政府部门的腐败现象似乎比较罕见了，不像过去那样普遍存在。预防腐败已成为主要价值观，其成功实现有时在某种程度上牺牲了其他价值观，如行政效率。这并不是说香港行政制度的效率不高，而是说为了达到另一个价值观的要求，行政效率并非最理想的选择。用于防止腐败的手段导致更高的成本，特别是在人力资源的使用方面，这可能反映在政府其他部门的业绩有所下降上。

10.7　结语

香港努力在民主参与、行政效率和防止腐败这几项城市善治指标之间取得平衡。预防腐败是一项重要的价值观，因为它提高了港英政府及其后的特区政府的合法性。无论是港英政府还是特区政府，都非常重视相关民意，明白如果公务员被视为腐败群体，政府很快就会失去支持。

香港政府经常将效率列为一项重要的价值观，但如果腐败可能存在，或者可能影响政府运作，那么维持效率就必须让位于打击腐败。廉政公署用以减少贪污的方法涉及大量人力资源，并依赖持续的监察，这可能会妨碍资源的最有效运用。例如，取消市政局和区域市政局之后，新成立的政府部门（食环署和康文署）似乎并未大幅提高行政效率。尽管缩减这些部门的规模可能会让行政效率有所提高，但这两个部门的行政文化有待持续优化。审计署、申诉专员公署和廉政公署等机构对相关问题的持续关注可能会带来某些改善，但食环署和康文署仍然是民众投诉最多的部门。对其运作的调查表明，其预期表现明显不佳，需要全面整改。然而，与过去相比，相关政府部门的腐败现象已显著减少。廉政公署的防贪计划以及相关政府部门的入职培训计划已成功传达了"违

---

① 基于廉政公署 2000—2008 年年报。网址 www.icac.org.hk；白尔彬、梁燕红、伊恩·斯科特，引用如前；Brian Brewer（白尔彬）、梁燕红、Ian Scott（伊恩·斯科特）*Report on Interviews with Ethic Officers and Assistant Ethics Officers*（《诚信事务主任和助理诚信事务主任访谈报告》）（香港：香港城市大学公共及社会行政学系，2011 年 2 月）。

法就会受到严厉制裁"的信息。相应地，贪污现象显著减少，而香港特区政府也再次重申预防腐败仍然是其首要工作。

香港正努力在民主参与、行政效率和防止腐败这几项城市善治指标之间取得平衡。而要在防止腐败与提高效率之间取得平衡，可能需要实现更加以价值为本的诚信管理，以及一种较少依赖规则和制裁而更多依赖公务员个人道德意识的制度。香港特区政府制定了相关计划推动实现上述目标，但尚未系统性地对防止腐败的方法做出改变。

第 11 章

城市善治的不断探索：总结反思

林茨·夏普　里昂·范登杜　阿尔贝托·贾诺利　弗兰克·亨德克里斯

11.1　引言

本书首先讨论了治理、善治和城市善治的概念，将"城市治理"定义为在多中心城市环境中，由相互关联的政府和社会行动者确定的，塑造组织能力和建立抗衡力量的，或多或少的制度化的工作安排。在这个定义中，我们特意增加了"抗衡力量"的元素。当代关于城市治理的文献更多关注生产能力，如斯通（Stone，1989）所用的城市体制方法。但制衡机制和抗衡力量如何发挥作用的问题，在文献中并未得到充分体现，尽管有个别学者对片面关注生产力和增长问题的现象提出批评（Moss Kanter，2000；Pierre，2011）。

对"善治"的关注已经存在了几百年甚至几千年，在过去几十年间得到加强，部分原因是因为国际组织（如联合国、世界银行）尝试制定一套善治标准。对"善治"的讨论更加激烈，另一个原因是许多学者发现"治理"本身是一个值得研究的主题，特别是所谓"从政府到治理的转变"（John，2001）引发了关于治理质量的讨论。虽然传统政府理应是（或者至少曾经是）合法的，但治理网络未必如此。然而，就我们观察所得，传统政府的合法性可能仍然发挥着重要作用，因为政府由始至终是治理安排的一个重要伙伴："在大多数欧洲国家，各种形式的社团主义有着悠久的传统，体现了政府与有组织的社会利益之间的持续对话。"（Pierre，2011：18）就此而言，我们赞同皮埃尔（Pierre）和彼得斯（Peters）（2011）的观点，即政府在当代的角色只是发生了变化，而没有过时。

无论以前研究治理的学者对于政府在治理安排中的角色持何种立场，他们都敢于追求规范并讨论"善治"。然而，人们或许会想，这种情况是否正在发生变化。福山（Fukuyama，2013）提出了"什么是治理？"这一尖锐而根本的问题，引发了一场有趣的辩论。他试图将善治界定为政府行为，或者将善治界定为"行政部门及其官僚机构的运作"（因此不涉及政治，也没有相关内容和目标设定）。他对治理的基本定义是"政府制定和执行规则以及提供服务的能力（无论政府是否民主）"。福山认为，良好的治理质量在于政府能力（资源和专业化水平）与官僚自主性的相互作用。他认为，诸如法治和产出等标准有多种解释以及规范性过强，无法作为善治的衡量标准。福山进一步提议将国家分解为各个组成部分（例如城市）进行研究，因为一个国家内可能存在巨大差异。

许多学者回应了福山提出的尖锐问题。相关的批评和建议众多，在此无法逐一归纳①。然而，辩论的某些内容与我们对城市善治的探索有关。

第一，我们不得不支持不同层面上的善治应该在其相关层级进行评估的建议。本书的文章基本上都持这一观点。通过对荷兰多个案例的比较（Hendriks and Drosterij，2012）发现，各个城市的治理质量显然差异很大，我们无法通过"荷兰城市善治质量"之类的标题对研究结果进行概括。

第二，福山选择将治理界定为政府活动（本质上即政府行政活动）。我们强烈怀疑这种说法是否有用。当然，衡量官僚能力与自主性之间的相互作用并

---

① 对福山在《治理》杂志上所发表文章的完整回应可见治理博客 http://governancejournal.net/。

没有错，但这是治理的本质吗？有人可能会这样定义，但我们如何评估政府制度、政治制度、决策和政策制定方式的质量，以及政府和非政府行为者之间的关系呢？我们认为，最好是将这些因素纳入治理概念。正如福山所指出的，产出不仅仅是政府行为的结果。政府需要与社会中的其他组织合作。相关能力（沟通质量、互动质量、人际关系质量等）是善治的必要条件，但并非"福山标准"的组成部分。能力较高的自主官僚机构不会主动与社会接触。

第三，关于是否应当将民主标准应纳入善治评估的问题，归根到底似乎也涉及治理的相关定义。如果我们从福山的定义出发，就几乎没有必要应用规范的民主价值观，相关价值观可以通过额外的"民主治理"评估来实现。然而，我们对善治的概念化远不像福山的概念那么局限，我们需要评估善治的质量，因此民主标准正适合。

第四，福山建议对善治的内容加以限定，以便更容易衡量这一概念。我们同意善治很难衡量。为了克服这个缺点，首先需要澄清善治的组成要素，因此本书致力于描述和识别相关组成要素。其次是衡量这些组成要素。这并非易事，但也绝非不可能。比瑟姆（Beetham）和海登（Hyden）的早期著作就涉及相关问题（Beetham，1991；Hyden，2004），本书的实证研究章节也讨论了相关研究。

出于这些原因，我们认为福山的立场令人不安且困惑。首先从语义学上说：如果不想追求规范的话，为什么要讨论"善治"呢？（正如福山所定义的那样）我们是否希望冒险建立不涉及政治的政治学呢？（Mouffe，2005：8）

就规范性而言，我们在善治辩论中的立场并不算极端。一方面，我们看不到如何在不使用规范标准的情况下评价何谓"善治"。另一方面，"善治"的标准不能太高（福山正是担心这样，其他许多学者也如此），应该留出空间来分析民主（形式）与善治之间的关系，并使相关标准适应当地的历史情况。我们并未采用"放之四海而皆准"的策略。因此，在对城市善治进行概念确定时，我们没有在"居民需求"或"期望结果"中包含规范化的立场。我们也没有确定究竟是什么"制衡机制"。就此而言，我们的善治概念不同于联合国和世界银行制定的善治标准，在某种程度上也不同于欧洲委员会制定的原则（见第 1 章）。我们的善治概念可以根据不同国家的传统、文化、政治偏好等加以修改以适应不同地方的需求。

但这并不意味着"善治"可以被任意解读。无论国家或地方的情况如何，都必须明确居民的需求，必须以有效的方式生产公共产品，并且必须满足人们的愿望，所有这些都需要在制衡制度中进行管理。另外，并非每一个标榜"善治"或"更好治理"或者旨在改善治理的项目、计划或行动都能真正实现其声称的目标［正如皮安佐拉（Pianzola）和拉德纳（Ladner）分析指出，"这些程序可以被视为改善治理的尝试……但其后的实施未必促成善治"。］

那么，问题在于城市"善治"的构成要素有哪些？正如本书第 1 章所述，联合国和世界银行都制定了善治标准，其他一些机构则制定了善治的"守则"。人们对此可能提出的主要批评在于，这些机构承认规范和原则之间具有相关性，但几乎没有讨论规范与原则之间的关系。

因此，我们宁愿采取另一种规范性的方法，侧重于治理体系如何影响民主的结构和过程，由此可以窥见其中一些关系。治理与民主之间并非不存在紧张关系与挑战（Franzke et al., 2007; Sørensen and Torfing, 2007）。治理重新定义了对民主权力行使的限制，可能会削弱传统民主制度和决策的影响力。它也可能为改善民主提供机会——这既包括传统民主，更有可能包括创新型民主。

在本书第 1 章中，我们讨论了城市地区的治理与民主之间的四种紧张关系：责任与问责；代表权与代表性；机会准入与权力；合法性与有效性。考虑到城市治理面临的这四个挑战，我们试图确定一些基本的绩效和制度价值观，将基于响应力和有效性的民主概念与法治理念结合起来。根据这种方法，如果城市治理能够满足居民需求，高效生产，并实现所需结果（绩效价值），而且通过制衡机制产生制度化的规则对治理体系进行管理（制度价值），那么就属于"善治"。

11.2 深入讨论

引言之后，各章的作者们进一步论证了上述论点，并提出了其他新的见解。本节将归纳前面各章的主要结论，下一节将分析这些结论对于城市善治的初步构想（基于绩效价值和制度价值）有何意义。

乔恩·皮埃尔探讨了"这是谁的城市"的问题。他明确指出，当社会行为者参与公共议题时，需要付出代价。他特别指出，如果让私营企业参与其中，同时将公众注意力转移到其特殊利益上，就会存在风险。"如果协作治理是按照市场行为者定义的条款和条件进行的，那么城市治理的质量可能会受到损害。"治理可能变得"对公民的偏好响应较差、透明度较低，而且难以问责"。皮埃尔提出了一个问题："新"的协作治理是否在任何意义上都比传统的治理形式"更好"。他将城市善治描述为一种平衡行为。他经过缜密思考后得出的结论是，城市需要平衡，以应对城市治理中与城市治理品质相关的目标冲突：

（1）平衡公共利益与私人利益。皮埃尔认为，公共领域代表着平等、合法、问责以及公众对集体事务的话语权。在协作治理中，这些价值观受到效率、客户需要为导向的服务和管理思想等私营部门规范的挑战。公私合作一方面提高了城市的组织能力，另一方面却模糊了公共领域与私人领域之间的区别。

（2）平衡全球利益与地方利益。城市面临的挑战之一是将国际化发展目标纳入地方政策，同时明确自身的国际定位。

（3）平衡民主与经济发展。一方面是成长取向式治理（pro-growth governance）（通过有选择性地让私营企业参与来实现）；另一方面是参与式治理（邀请更广泛的利益相关者和公众参与其中）。要在两者之间取得平衡，创建城市善治是一大挑战。

（4）平衡包容性与领导力。这样的参与可能会对具有响应力和问责精神的政治领导者构成挑战。政治家们需要承认有必要让公众更广泛地参与城市事务，同时需要坚持自己能够"抵御狭隘的压力"。

（5）平衡规划与自发的发展。皮埃尔认为，空间规划是"城市还可用的为数不多的治理和监管手段之一"，并且通常能激励公民参与讨论。与此同时，很多事情是自发发生的。在这方面的挑战是，"在注重规划的同时不能完全扼杀自发性"。

（6）平衡政治与管理。最后需要处理的紧张关系是"在自治管理和政府管控之间取得平衡。前者旨在提供物美价廉的公共服务，而后者旨在促进政府的响应与问责"。

皮埃尔强调，必须意识到让社会行为者（包括私人企业）参与公共治理的不利因素。响应力和问责制作为民主治理的基本要求可能会因此受到影响。社会行为者首先会追求自身的特殊利益，这可能与集体利益不一致。这种分析及随后对六个维度的讨论都支持在城市治理体系中建立严格的制衡机制，以防止对某种特殊利益的片面关注。

克拉伦斯·N.斯通在为本书撰写的文章中，对美国的城市治理及一系列的改革措施进行了批判性的评估。他疑虑美国城市政府的情况是否有所好转以及是否有理由对其状况感到乐观。他讨论了目前大体上占主导地位的看法，即政府本身是冗余的，而市场是相应的解决方案。斯通不同意这种观点，首先是因为"（市场）无法做出让人印象深刻的成绩"。此外，不仅官僚主义令公民感到不满，政治和民选政治人物也令公民感到不满。最后，市场无法成为解决方案，因为它会侵蚀公民社会。

斯通希望通过公民社会来改善城市治理。社会联系受到削弱的事实对政府责任产生了越来越大的影响。也许相反，"更多市场"不会增强社会联系的能力，以促进服务供给和问题解决。斯通呼吁进行改革，以"加强社会在满足社会需求方面的作用"。除了专业和技术专长外，改革首先承认对地方的认识是有意义的。其次，居民需要积极参与。最后，社区必须自主组织，以形成抗衡力量。

斯通用两个例子说明其观点。西雅图市在当地官僚机构中成立了一个特殊组织，作为当地社区的合作伙伴。而汉普顿市通过多项措施让民间社会参与分析当地问题并制定解决方案。这两个案例都表明，通过相关安排可以"将公民活动纳入治理过程，促进民众以公民而非'顾客'的身份参与其中"。在这两个例子中，政府都发挥了"生成性"（generative）的作用。政府与社区的"联合生产"并非总能取得协调一致的良好效果，但可以发挥作用。斯通认为，这是最有可能改善城市治理的方法。

朱丽叶·穆索分析了洛杉矶社区理事会如何在 1999 年经由市民同意成立及其运作情况。这项改革及相应措施旨在通过为不同的社区利益相关者创造参与机会，以提高洛杉矶市政府的响应力和投入价值。改革的其中一项目标是缓解洛杉矶某些地区的"分离"运动。社区理事会的组织形式特征相当模糊，原因之一是市长和市议会在相关问题上存在严重分歧。例如，社区理事会成员应该由选举还是任命产生，其参与城市治理的方式应该如何安排。尽管这些问题并未明确，但洛杉矶市仍然建立了大约 90 个社区理事会，每个社区理事会平均代表约 4 万名居民。

从概念的角度来看，社区理事会构成了一个治理网络。其管理委员会作为调解组织，在内部建立各种形式的联系，在外部则与所在社区、城市利益相关者、城市官员和行政人员建立联系，同时与其他社区理事会结盟。在实践中，管理委员会的成员年龄偏大，以男性为主，比较富裕，与其他市民相比更有可能拥有房产，因此其代表性低于预期。社区理事会在与市政机构职能层面的联系和互动程度方面存在很大差异。市政当局对社区理事会的推动和支持非常有限。

提高城市投入质量的另一项措施是参与式的预算编制。就此而言，参与者是"对城市财政状况有浓厚兴趣的、人数相对较少的群体，他们的参与动机并非在于推动特定的社区服务优先事项，反而更多的是旨在提高效率和'理性'的预算政策"。穆索批判性地指出，许多被称为"小市政厅"的社区理事会在社区和城市的政策问题上都有意采用多数决策的运作方式。它们可能开辟了一条新的道路，真正表达了社区的需求，并试图建立"责任自治"（accountable autonomy）和行动能力。其中一些社区理事会成功地做到了这点。

穆索的结论是，洛杉矶社区理事会制度"从参与式民主的投入和产出来衡量，充其量只能算是成败参半"。对产出的评估结果好坏参半；而投入效果整体而言是比较负面的。由于资源有限，在此类参与中无法开展重大活动。但这并非社区理事会制度失败的唯一原因。社区理事会几乎没有邀请和激励公民和利益相关者参与。管理委员会与社区分歧过多，无法了解地方需求，其会议过于正式和程式化，自然不具有吸引力。

约亨·弗兰兹克和伊娃·罗德研究了德国城市参与式预算的例子。柏林-利希滕贝格是位于柏林东部一个拥有 264 447 名居民的行政区，为更大范围的公民参与打下了基础。

该项目的影响如下。首先，参与者人数略有增加。就公共政策参与的有效性和影响力而言，也可以说是积极但有限的。效率方面的产出结果不太明确。成本比较高，但直接影响并不大。不过弗兰兹克和罗德指出了项目的间接影响和长期影响。参与者似乎已获得赋权，社会资本可能已变得更加强大。总而言之，地方民主的重要性及合法性可能已有所加强。他们指出，"参与式预算过程实际上是所有行为者的强化学习过程"，因此，地方解决问题的能力可能也得到加强。

参与式预算制度的潜在弱点包括其回弹力不足，公民持续参与的意愿以及相关机构组织这些过程的能力和意愿都有待加强。其中，组织能力和意愿似乎已得到加强，多数市议员已成功说服新市长（最初对此持怀疑论态度）继续支持该项目，也提出了新的概念，旨在使参与式预算更加直接透明，并减少官僚主义。项目的可靠性才是有待加强的不足之处，特别是向参与者提供的反馈需要改进［正如皮安佐拉（Pianzola）和拉德纳（Ladner）对阿尔特施泰滕林登广场的案例分析所示，反馈非常重要］。至于柏林-利希滕贝格，参与者现在可以对城市层面而非行政区层面的预算建议进行投票，这项进展很有意义，但也有潜在风险。

约勒·皮安佐拉和安德烈亚斯·拉德纳分析了公众自愿参与在正式参与程序和直接民主语境中的影响，评估"额外的参与方式是否能够扩展和完善既定的参与程序或者是独立运作"。近年来，这种非正式的参与方式在城市领域已非常普遍。皮安佐拉和拉德纳研究了瑞士最大城市苏黎世的两个公众自愿参与案例。城市投入资源寻求额外参与方式的原因有很多。苏黎世似乎希望提高城市规划程序的民主合法性，避免在后续阶段出现争议。额外的参与方式还是为了让项目在市议会更顺利获得通过的政治工具。至于赋予和包含某些公民权利则不在其提及的目标之内。

在"布鲁诺公有地"（Allmend Brunau）的案例中，在公众自愿参与和正式上诉权之间出现了一种具挑战性的紧张关系。无论相关参与方式是否存在，其质量或结果如何，公民都有权提出上诉。作者指出："法治为'民治'设定了界限。"议政可能会解决或至少减少冲突，但也可能使事情变得更糟，并加剧冲突。在阿尔特施泰滕区林登广场的案例中，其中一项成果是参与者对最终概念的接受程度较高，因为市政当局提供了充分反馈，详尽解释了某些措施无法实行的原因。另一个内部的组织效应是公众自愿参与程序促进了行政单位之间的合作。作者同时指出了一个风险：公民和组织需要有参与的意愿。

皮安佐拉和拉德纳强调指出，在设计自愿参与式治理制度时，或者广义来说，在力图改善城市治理时，必须考虑背后的语境。在瑞士的例子中，就直接民主参与和决定性的民主参与而言，"这些额外的民主机会主要是改善参与，但不会形成更高层次的民主，也不能取代现有程序"。作者得出结论，新的参与工具促进了城市规划方面的善治，而现有的直接民主工具更适合民主参与。瑞士并未对通常较少参与政治的公民进行动员（与柏林-利希滕贝格的情况不同），目前尚不清楚瑞士是否有过推动相关群体参与的尝试。作者得出的结论认为，就瑞士的例子而言，自愿参与式治理"可以被视为是在直接民主决策中提高议政质量的一种积极而可行的手段……是开展直接民主之前的有益一步"。

塔玛拉·梅茨和萨宾娜·范祖丹讨论了一种特定形式的城市善治：协作善治。他们评估了阿姆斯特丹青少年服务领域协作善治的标准。阿姆斯特丹市政委员会（特别是其中一位市政委员）认为，社会福利、青少年保健、青少年心理护理和教育等工作不够透明，未能很好地服务于有需要的儿童和青少年。为此，当地启动了一个名为"制度全貌"（Systeem in Beeld）的项目，分析相关领域存在的问题。该项目并未单独考虑青少年关怀或青少年福利问题，而是对青少年服务领域进行全面审视。相关领域的财政资金网络显然是一团糟，另外还有组织问题。相关家庭需要多方面的帮助，而与之接触的机构和社工众多，各自为政，相互之间缺乏协调。"制度全貌"项目揭示了这些缺陷，但其本身算是协作善治的案例吗？

为回答这个问题，作者探究了协作善治的四个标准，协作善治的第一个标准是跨越边界，强调相关机构需要跨越其组织边界和制度边界，开展合作。第二个标准是政策学习，涉及两个层面：既包括尝试从比较系统的角度学习和解决问题，也包括改变现有的治理方式。第三个标准是民主锚地，是基于善治的规范价值，这些价值源于民主理论。

通过上述分析，作者得出结论，协作治理的三个价值观以多种方式得以实现。然而，当"制度全貌"以协作善治的一套标准作为出发点时，却遇到一些挑战。就"跨越边界"的标准而言，第一个挑战是参与者应该将时间投入到所属机构上，还是投入到与其他机构合作上。第二个挑战是要求专业人员跨越其专业边界。"政策学习"的标准导致对协作善治的第三个挑战。政府要求有实际而具体的结果，而挑战在于如何克服对政府要求的不同解读。第三个标准——"民主锚地"——带来了第四个挑战：如何同时对参与者及所嵌入的民主过程负责。第五个挑战也涉及问责问题：项目成员不知道应该向整个网络负责，还是应该向其所在机构的主管负责。

林茨·夏普和朱利安·范·奥斯泰衍研究了区域合作体制中的善治水平，特别是就埃因霍温智慧港（荷兰）而言，政府、大学等研究机构以及私营企业之间的三方合作［部分类似于斯通（Stone，1989）提出的城市体制］。这是在许多大都市地区出现的一种合作形式。作者想要回答的问题是，这种区域合作对地方和地区政策的民主合法性有何影响。这个问题的相关性在于，不仅因为城市与缺乏明显合法性的组织合作，还因为这种合作超越了地方政府本身传统上的行政区划（及管辖权）范畴。

埃因霍温智慧港是在 20 世纪 90 年代为了应对经济衰退而成立的。它不仅对当地的城市政策和区域政策具有重要意义，对国家的经济政策也有重要影响力。该地区的经济表现相对较好，至少在一定程度上要归功于智慧港合作项目。夏普和范·奥斯泰衍得出的结论是：该项目具有良好的产出合法性，但人们需要思考这种合法性能持续多久；结果合法性意味着治理结构需要不断提供所需成果。然而，智慧港的投入合法性相当薄弱（当然是就传统意义而言）：唯一包含的行为者是各个城市直接选举产生的市议会，它们的参与也未能直接发挥作用。

作者还论证了如何加强投入合法性，以及在此过程中如何应用超越单纯代议制的民主模式。然而，正如作者所指出的，代议制民主也可能有助于提高投入合法性。然而这些解决方案可能会遇到政治阻力，或者不适用于智慧港的三方合作性质。第一个障碍也会阻止更加直接的民主解决方案的应用。参与式民主工具可能更为有效。智慧港已有参与基础，只是参与的范围相当有限。扩大参与者的覆盖范围——至少扩大到制度化的参与者——似乎并不困难。作者得出结论，应用相关方案时主要应该考虑可接受性而非可行性。

安克·米歇尔斯和科尔·范·蒙特福特评估了伙伴关系在印度和中国的城市治理中是否得到应用，实施情况如何，并评估此类制度安排是否符合善治标准。印度和中国都实现了高速的经济增长，但两国在历史发展和政府结构方面却大相径庭。然而，两国近年来都出现了公共和私人行为体之间的伙伴关系以及政府与公民之间的"共同生产"（co-production），从而迎来新的挑战并创造了机遇。城市作为经济增长点，在两国都是公私伙伴关系的核心所在。

在印度，伙伴关系似乎提供了充分的产出，但在问责、责任和灵活性方面往往非常薄弱。在中国也存在公私伙伴关系，但"私人"合作伙伴未必是真正的私营实体，它们往往具有（半）公共性质。这也会对流程的透明度产生负面影响。公私伙伴关系自 1990 年以来变得更加普遍，但只存在于基层政府层面。

在印度，政府与公民之间"共同生产"的一个有趣例子是所谓的社会审计，即邀请公民和利益相关者评价当地政策。由于缺乏制裁机制，这种做法的实际效果并不理想。但正如米歇尔斯和范·蒙特福特所指出的，社会审计"可以让腐败和糟糕的服务供给无所遁形，另外也可以让人们意识到自己可以出一份力并可以要求更好的基本服务"。

在中国，过去三十年来出现了各种新的社会组织。这些社会组织以及公民在政策制定过程中可以发挥一定制度化的角色。公民现在可以通过公开听证会对政策制定发表意见。政策实施中也存在其他类型的共同生产，政府和社区组织可以在服务供给方面进行合作。

在评估这些新的做法是否符合城市善治的要求时，呈现出好坏参半的结果。在这两个国家，服务供给的高效性和有效性都有所提高，但问责水平和响应力仍然相当薄弱[①]。不过两国的情况均有积极进展，特别是在响应力方面。米歇尔斯和范·蒙特福特以比较长远的角度观察问题，弗兰兹克和罗德对柏林-利希滕贝格的案例分析也是如此，但两组学者得出截然不同的结论。在后一个案例中，长远而言可能会产生积极影响。至于前一个案例，未来可能存在风险：以长期的公共成本换取短期的良好服务是否值得？这对于过分短视的协议提出了警告。

另外，其研究结果也强调具体情境的重要性。正如米歇尔斯和范·蒙特福特总结的，在印度和中国，"政府与公民之间要建立面向未来的伙伴关系，贫困和缺乏相关技能的人口是首要挑战所在。"第二个相关的背景元素是政府的现有弊端：印度政府过于软弱和腐败，无法成为"好伙伴"；对中国来说是互联网和社交媒体的发展，人们通过互联网和社交媒体可以对政府实施问责，而且往往能促使政府作出响应。

伊恩·斯科特（Ian Scott）专门分析了中国香港的例子。他讨论了香港的腐败问题。此外，他注意到三种不同的善治标准：（地方）政治参与的民主权利，分权体制下有效的服务供给，以及没有腐败的服务供给（可以归纳为遵守法制的公正政府）。

---

① 克尔斯汀等（Kersting et al., 2009：192）得出了类似的结论。

民主权利在香港存在的时间并不长，这是英国统治的不良后果。1997 年，香港回归之后，香港特区政府废除了新设立的直选民意机构。由此，服务交付变得更加集中，但并未明显提高实施效率。"因此，似乎职能集中化对于提高城市服务行政效率而言并非特别有效。"一些政府部门经常被投诉，表明行政失当行为并未消失。廉洁政府和打击贪污是香港城市政策的核心目标，但与另一个重要目标——效率——存在冲突。斯科特指出，香港的预防腐败机制"成本高昂，因为它依赖于建立严密的行政子系统，并实施多重制衡和否决措施，以确保任何从事腐败行为的个人都会受到法律制裁"。

他得出的结论非常明了："香港还须努力在民主参与、行政效率和预防腐败这几项城市善治指标之间取得平衡。"斯科特认为，除了上述的严密机制外，还有其他成本较低的方法可以预防腐败。如果他所言不虚，预防腐败与提高效率最终就能和谐共存。

11.3　整理归纳

值得注意的是，本书提及的城市善治举措大多是由地方当局而非公民社会组织或居民来实施的。在治理的时代，人们可能会期待自下而上的举措，例如，社会对政府在公共领域的主导地位表示不满。虽然本书并未包含这方面的研究，但不能排除我们最终选择的案例可能有失偏颇——毕竟这些案例并非随机选择的。

我们还注意到，整体而言，相关研究者似乎比较关注实际的例子，而非根本的制度变革。各个城市实施的举措很大程度上是基于已有的实践。较为制度化的变革比较罕见，其影响也有限（如柏林-利希滕贝格的公民参与仅涉及预算的一小部分）。如果相关改革确实产生了更为根本性的影响，从城市善治的角度来看，人们可能会质疑这种改革的实际成效（例如，在埃因霍温智慧港的案例中，建立了一个城市区域网络，但忽视了公民的参与）。

本书收录的研究论文涵盖美国、欧洲和亚洲等地的具体发展。整体而言，相关研究确认了第 1 章所述的与城市善治评估相关的四种紧张关系的迫切性。

（1）责任与问责。由于很多决策容易扩散的特性，民选市议会的职责范围不可避免地变得狭窄，决策可能在真正民主过程的范围之外进行。我们要认识到问责的微妙复杂性，确保每个机制都有均衡的民主投入，这正是挑战所在。我们必须做出根本性的转变，因为政府不再是单一的政策制定者，而是依赖其他政策制定者来实现预期结果。责任通常由相关计划中的各个合作伙伴共同承担。因此，民意机构不应该只是对行政部门实施问责，还应该考虑到其他合作伙伴的作用。在阿姆斯特丹及其"制度全貌"项目中就存在这种紧张关系。该项目首先存在责任模糊的问题，因为市政当局承担了并未正式规定的责任。项目参与者在问责方面也遇到挑战：他们应该向治理网络的成员负责，还是应该向其所在机构的上司主管负责？所有这些又如何融入民主过程呢？

（2）代表权与代表性。在城市治理中，各种利益都需要由利益相关者代表。但是，哪些利益相关者应该代表哪些利益？应该如何处理相互冲突的利益？谁可以被视为合法代表？这里所面临的挑战是，如何处理城市治理体系中多重性和竞争性的代表权维度。

洛杉矶及其社区理事会的例子可以说明这种紧张关系。社区理事会是居民的正式代表。然而，社区理事会的成员在很多方面实际上与洛杉矶的整体人口特征存在差异。此外，社区理事会似乎是在模仿正式的民意机构，而非代表其选民行事。

（3）机会准入与权力。治理安排有时会有利于那些有组织的和参与能力较强的利益相关者；对其他利益参与者和某些参与形式构成阻碍。在构成城市治理基础的组织网络当中，市民大众往往不是行为者。在对话和协商过程中，必须考虑政府与非政府组织之间权力和影响力的分配，这是挑战所在。本书所述的某些案例也体现了这种紧张关系。在实践中，私人团体确实参与其中，但其中一些团体存在腐败现象。

机会准入与权力之间的紧张关系也体现在埃因霍温智慧港的案例。这是成长取向式治理的典型模式。有组织的利益相关者（跨国公司、学术机构）以及相关城市的市政委员会是制定经济发展政策的中心行为者，可以绕过市议会、较小的经济利益相关者、其他利益相关者以及普通公民行事。

（4）合法性与有效性。投入方面的合法性取决于将"人民意愿"转化为政治决定的机制。选举就是这样一种机制；而公民参与提供了影响决策的真正机会，也算是这样一种机制。产出方面的合法性意味着创造符合大众偏好的结果。这里的挑战在于创造条件，使合法性与有效性相辅相成，而非反向而行。

有几个案例说明了这种紧张关系。柏林-利希滕贝格和苏黎世的市政当局都费尽心血让公民参与治理，以增加合法性。然而，柏林-利希滕贝格所推动的公民参与仅涉及一小部分的预算决策。至于苏黎世，参与式讨论的结果最终可能会面临法律上诉而被推翻，可能会在合法性和效率方面有一定损失。埃因霍温智慧港则强调有效性，以牺牲投入合法性为代价。

考虑到城市治理面临的四个挑战，我们确定了一些基本的绩效和制度价值观，将基于响应力和有效性的民主概念与法治理念结合起来。根据这种方法，如果城市治理能够有公正的程序，能够积极回应居民的需求，能够实现所需结果（绩效价值），而且通过体现民主回弹力和宪政抗衡力量的制度规则进行管理（制度价值），那么就属于"善治"。有关概述见第 1 章表 1.1。

在对荷兰不同案例进行比较时，亨德里克斯（Hendriks，2012）发现有两个标准是主要的关注焦点：作为投入价值的响应力和作为产出价值的有效性。他几乎没有考虑制度价值，尤其是抗衡力量制度化的问题。本书提及的案例不仅凸显了响应力和有效性，还凸显了城市善治的其他三个核心价值。

（1）响应力。这一核心价值涉及投入合法性、代表权、参与、机会等因素，其相关性体现在一系列案例中。在洛杉矶、柏林和苏黎世，善治改革的主要目标是提高响应力。在埃因霍温智慧港，这一核心价值也得到了认可，因为该市邀请研究人员密切关注"智慧港"的投入合法性。

（2）有效性。中国和印度的案例显示了对生产力和改善服务供给的明显偏向。而就埃因霍温智慧港城市治理计划而言，推动埃因霍温地区的知识经济发展也是参与者的优先事项之一。

（3）适应性。这一价值对柏林-利希滕贝格的治理改革至关重要。其固有弱点在于无法确定公民有没有持续参与的意愿，以及相关机构有没有组织这些过程的长期能力和意愿。后一个因素最终得到保障，柏林-利希滕贝格人民通过参与式预算继续实现共同治理，但其适用范围有限。

（4）可靠性。就可靠性和正当程序的相关性而言，苏黎世的案例是最有说服力的。当地市政府被认为是可靠的，因为它向参与者详尽解释了某些措施为何不能采取以及某些措施为何无法实行的原因，因此相关计划的最终草案得到好评。

（5）抗衡力量。柏林-利希滕贝格将决策权移交给普通公民，洛杉矶则成立了社区理事会，两个例子都很好地说明了如何创建抗衡力量和制衡机制。香港的案例则展现了一种不同的制度化抗衡力量——内部组织的制衡。

11.4　对城市善治的总结反思

本节将回顾相关的理论观点和实证研究并由此作出总结反思。第 3 节的归纳表明，我们在本书第一章中提及的"价值清单"在各个案例中都是可以找到的。在大多数案例中，一个或两个价值占主导地位并成为焦点，其他价值则或多或少是在分析过程中逐渐体现出来。本节将提出一些关键问题，看看之前提出的方案是否要在某种层面进行改变。

11.4.1　作为平衡行为的城市善治

欧美的城市善治似乎主要关注合法性问题（亚洲关注的问题则更加多样化）。当人们大多不太热衷参与治理时，如何让人们参与复杂的城市治理？有些城市试图提供各种诱因，但人们是否会全心全意投入？一旦人们参与其中，就会出现权力分配问题（见洛杉矶、柏林、苏黎世的例子）。皮埃尔（一定程度上也包括斯通）告诉我们，善治并非遵循一套标准，实际上是一种"平衡行为"。善治并不意味着更多的"市场机制"或更多的"公共领域"，而是意味着在公共和私人参与之间取得平衡；其关注的并非民主程序和经济发展之间的对立，而是关注两者之间的平衡。从本质上讲，这可以归结为一句古希腊谚语：适可而止，不要夸张。有人呼吁将市场机制以及私人企业的做法纳入公共治理，斯通和皮埃尔对此均提出严厉批评。皮埃尔建议重新考虑传统民主政府的好处，同时不要忘记其传统的缺陷；斯通则强调需要将公民社会的参与和融入作为提高响应力的手段。

城市善治作为一种平衡行为确实提出了两个严肃的问题。第一个问题是：哪些行为者会感知到制度失衡？本书的案例似乎表明，城市居民对失衡最为敏感，例如，洛杉矶的制度失衡就引发了成立社区理事会的倡议。在其他案例中，城市政府启动制度改革，但我们有理由怀疑这些举措能否始终对感知的失衡状况作出反应。我们的案例也显示了预警机制的重要性。如果失衡持续存在，就会变得更难以纠正。

第二个问题涉及对感知的失衡状况作出的反应。通常情况下，恢复平衡是应当采取的行动方针；如果一个价值在结构上被忽略，则需要更多关注。但关注的程度该如何拿捏呢？本书的案例表明，这个问题在实践中并未得到批判性的解决。行为者似乎只是开始采取"某种措施"。结果在某些情况下，失衡仍然存在（如洛杉矶），或者强化特定价值的尝试收效甚微（如苏黎世似乎就如此）。有时候还会出现反应过度的情况。例如，柏林-利希滕贝格制定了相当严格参与式预算制度，但其涉及的预算额度相对较少。因此，这些案例表明，需要进行仔细的前期分析，以评估哪些价值应当加强，而补偿机制应该适度而非过度。

11.4.2　作为持续学习的城市善治

从前面几章中可以进一步归纳出另外两个观点。一些作者呼吁关注学习问题。例如，弗兰兹克和罗德指出，城市善治是一个持续的（相互）学习和沟通过程，需要时间、灵活性以及善意才能实现。梅茨和范祖丹强调了政策学习的重要性：这既包括尝试从比较系统的角度学习和解决问题，也包括改变现有的治理方式。夏普和范·奥斯泰衍提出学习能力是城市善治的一项特征，以应对不断变化的环境和新思想。

与学习需求相关，我们有必要理解城市治理的学习语境。在本章前面部分曾经说过，城市治理没有放之四海而皆准的策略。不同国家和城市的情况不同，正如皮安佐拉和拉德纳展示的民主案例那样。瑞士的传统是直接参与，印度的背景则相当不同。印度很大一部分人口是文盲，因此很难实现参与的目的，而且在许多领域，政府又太软弱，无法进行有效治理。换言之，对于印度的城市来说，瑞士的善治优先事项未必适用。我们对城市善治价值的分类包括五个被认为与所有追求善治的城市地区相关的核心价值观，但并未规定所有价值观需要有同样的操作方式和优先次序。

正如我们之前所指出的，城市善治没有"放之四海而皆准"的策略。当下的环境很重要，历史背景也很重要。两者共同决定了城市治理现实中存在的失衡情况，从而确定了治理改革的范围与可行空间。我们对城市善治价值的分类可以作为一种启发工具或增强敏感性的框架，从而检测失衡情况并反思未来可行的道路。如果城市治理在政策产出方面似乎非常有效，但对于公民的需求几乎没有响应，那么就应该更多关注后者。反之，如果城市治理体现了响应力和有效性，但通过一种以政府为中心的集权方式实现，不允许批评或反对声音，那么就应该更多地关注制度价值，如坚定的抗衡力量以及具有回弹力的共同治理。

从这个意义上说，我们的善治"价值清单"可以被视为一种可控的替代方案，可以取代联合国、世界银行、欧洲委员会等国际机构界定的、偏离主题的善治标准清单。城市大概不愿意以包罗万象或者是结构松散的指标清单作为评价其工作的标准。与民主和法治理论相关且符合经济原则的一套投入、产出和制度价值观，可能有助于我们集中注意力。

11.4.3　作为公民社会、企业和政府之间相互作用的城市善治

虽然本书的文章涉及不同来源的案例，但本书作者都一致同意政府、企业和公民社会之间良好的互动非常重要。斯通、皮埃尔、范·蒙特福特和米歇

尔斯特别指出，公共部门在现代城市治理中的主导性太强，牺牲了公民社会，他们对此表示忧虑。正如本书的案例所示，我们也有理由对政府发起的治理改革表示忧虑。"将公民社会纳入其中"可能是城市治理理论中的一种承诺甚至预言，但在实践中并非板上钉钉之事。

公民社会、政府和企业之间需要有更好的相互作用，意思是三者之间亟须建立更加平等、深入、反思性的互动，但这并非易事。以洛杉矶为例，城市政府似乎极不愿意让社区理事会在决策过程中扮演更具决定性的角色，对于公民社会在社区中提出的要求只能提供有限而且不尽如人意的答案。在公民社会、企业和政府的三方关系中，应考虑不同合作伙伴的需求，并与其他合作伙伴的优先事项和能力联系起来。如果能敏锐地注意到这点，治理改革举措就有可能持续进行，从而实现长期效果。柏林-利希滕贝格就是此类倡议的一个例子。事实证明，柏林市政府愿意而且能够放弃至少部分预算的决策权（尽管是有限的一部分），从而保持参与式预算过程的活力。参与者似乎愿意而且能够在已经建立的过程中表达其偏好。

以这种方式看待城市善治的动态变化有助于改变政府在城市治理改革中担当主要发起者的状况。如果私营部门甚至城市公民社会从一开始就参与进来，城市治理实践可能会更接近善治的理想。通过这种方式，城市善治的探索可能会更有成效，但这种探索永远不会停止。城市治理没有最好，只有更好。

参 考 文 献

Aarsaether N, Bjørna H, Fotel T, Sørensen E (2009). Evaluating the Democratic Accountability of Governance Networks: Analysing Two Nordic Megaprojects. Local Government Studies, 35(5): 577–594.

Accountability Initiative (2009). The State of Accountability: Evolution, Practice and Emerging Questions in Public Accountability in India. working paper no. 2 by B. Posani and Y. Aiyar. New Delhi.

Algemene Rekenkamer (2008). Goed bestuur in uitvoering: De praktijk van onderwijsinstellingen, woningcorporaties, zorgorganisaties en samenwerkingsverbanden. Den Haag.

Andersen O J, Pierre J (2010). Exploring the Strategic Region: Rationality, Context, and Institutional Collective Action. Urban Affairs Review, 46(2): 218–240.

Anduiza E, Font J, Mas P, De Maya S (2008). The Electoral Impact of Direct-Democratic Practices, International Journal of Urban and Regional Research, 32 (2): 473–491.

Angotti T (2008). New York for Sale. MIT Press.

Ansell C, Gash A (2007). Collaborative governance in theory and practice. Journal of Public Administration Research and Theory, 18: 543–571.

Argyris C, Schön D (1978). Organizational learning: A theory of action perspective. Reading: Addison Wesley.

Arnstein S (1969). A ladder of citizen participation. Journal of the American Institute of Planners, 34(4): 216–224.

Arto H, Airaksinen J, Jäntti A (2010). Governance by rescaling—The deliberated and unintended effects. Paper for the European Group of Public Administration (EGPA) Conference, Toulouse 8–10 September.

Asian Development Bank (2010). Wastewater Treatment: Case Study of Public-Private Partnerships (PPPs) in Shanghai. Retrieved from: http://www.adb.org/themes/urbandevelopment/main.

Asian Development Bank (2010). Urban Public Transport—A Case Study of Public-Private

Partnerships (PPPs) in Beijing. Retrieved from: http: //www.adb.org/themes/urbandevelopment/ main.

AT5 (2008). Asscher: Jeugdbeleid stad faalt.

Baiocchi, Gianpaolo (2003). Participation, Activism, and Politics. In Deepening Democracy , ed. By Archon Fung and Erik Olin Wright. Verso, pp.45–76.

Bal R (2006). Van beleid naar richtlijnen en weer terug: Over het belang van "vage figuren." In J.-K. Helderman, P. Meurs, & K. Putters (Eds.), Orchestratie van gezondheidszorgbeleid: Besturen met rationaliteit en redelijkheid (pp.81–93). Assen: Van Gorcum.

Barber B (2003). Strong Democracy: Participatory Politics for a New Age. University of California Press.

Barber B (1984). Strong Democracy. Participatory Politics for a New Age. University of California Press, Berkeley.

Bateson G (1973). Steps to an ecology of mind. London: Paladin.

Baud I, Dhanalakshmi R (2007). Governance in urban environmental management: Comparing accountability and performance in multi-stakeholder arrangements in South India. Cities, 2(2): 133–147.

Beauregard R A, Pierre J (2000). Disputing the Global: A Sceptical View of Locality-Based International Initiatives. Policy and Politics, 28: 465–478.

Beetham D (1991). The Legitimation of Power, Macmillan Publishers, London.

Beh, Loo See (2010). Public-private partnerships in China: A responsive participation. Journal of US-China Administration, 7(9): 30–35.

Bekkers V, Edwards A (2007). Legitimacy and Democracy: A Conceptual Framework for Assessing Governance Practices. In Bekkers, V., G. Dijkstra, A. Edwards and M. Fenger (Eds) Governance and the Democratic Deficit, Ashgate, Aldershot.

Bennett, Lance W (1998). The Uncivic Culture. (The Ithiel de Sola Pool Lecture) Political Science and Politics 31, 4 (12): 741–761.

Berrien J, Winship C (2002). An umbrella of legitimacy: Boston's police department-ten point collaboration. In Securing Our Children's Future: New Approaches to Juvenile Justice and Youth Violence. Ed. by Gary S. Katzmann. Washington, DC: Brookings, pp.200–228.

Berry J M, Portney K E, Thomson K (1993). The Rebirth of Urban Democracy. Washington, D.C.: Brookings Institution.

Bezirksamt Berlin-Lichtenberg (ed.) (2011). Bürgerhaushalt 2013. Berlin (see http: //www.

buergerhaushalt-lichtenberg.de/site/pictures/broschuere_bueha2013_internet.pdf).

Bezirksamt Berlin-Lichtenberg (ed.) (2008). Participatory Budget in Berlin-Lichtenberg. Berlin.

Bezirksamt Berlin-Lichtenberg (ed.) (2005). Konzeption zur Gemeinwesenentwicklung auf dem Weg zur Bürgerkommune. Berlin.

Bezirkverordnetenversammlung (2012). Rahmenkonzeption Bürgerhaushalt Lichtenberg (see http: //www.buergerhaushaltlichtenberg.de/site/pictures/rahmenkonzeption_ buergerhaushalt_bvvbes chluss_ 28.06.12.pdf).

Björkman J W (2000). Pondering the Pedagogy of Public Policy Programmes, Reflections on Curricular (Im)probalities, Africanus: Journal of Development Administration, 30 (1): 22–35.

Board of Mayor and Aldermen municipality of Amsterdam (2007). Agendapunt: Systeem in Beeld en Basis op orde.

Bode I, Firbank O (2009). Barriers to co-governance: Examining the "chemistry" of home-care networks in Germany, England, and Quebec. Policy studies journal, 37(2): 325–351.

Bogason P, Musso J (2006). The democratic prospects of network governance. The American Review f Public Administration. 36(1): 3–18.

Bogumil J (2006). Administrative Modernisation and the Logic of Politics. Impact of the New Steering Model on Relations between Local Government Politics and Administration. In: German Journal of Urban Studies，2 (see http: //www.difu.de/node/5973).

Bogumil J, Holtkamp L, Schwarz G (2003). Das Reformmodell Bürgerkommune: Leistungen-Grenzen-Perspektiven. Edition sigma.

Booher D (2004). Collaborative governance practices and democracy. National Civic Review, 4: 32–46.

Börzel T A, Panka D (2007). Network Governance: Effective and Legitimate? In Sørensen E. and J. Torfing (Eds), Theories of Democratic Network Governance. Palgrave, Basingstoke.

Bovaird T (2005). Public Governance: Balancing Stakeholder Power in a Network Society. International Review of Administrative Sciences, 71 (2): 217–228.

Bovens M, Schillemans T (2009). Publieke verantwoording: Begrippen, vormen en beoordelingskaders. In M. Bovens & T. Schillemans (Eds.), Handboek publieke verantwoording (pp.19–34). Den Haag: Boom-Lemma Uitgevers.

Bozeman B (2007). Public Values and Public Interest: Counterbalancing Economic Individualism , Washington, D.C: Georgetown University Press.

Braga A A, Winship C (2007). Partnership, accountability, and innovation. In Weisburd D. and A. Braga (eds.), Police Innovation. New York: Cambridge University Press, 171–187.

Brill S (2011). Class Warfare. Simon and Schustwer.

Brewer Brian, Joan Y H (2011). Leung and Ian Scott, Report on Interviews with Ethic Officers and Assistant Ethics Officers (Hong Kong: Department of Public and Social Administration, City University of Hong Kong, February，2011).

Brewer, Brian, Joan Y H, et al. (2010). A Preliminary Report on the Survey of Ethics Officers and Assistant Ethics Officers (Hong Kong: Department of Public and Social Administration, City University of Hong Kong, September).

Bryce J (1888). The American Commonwealth. Macmillan.

Bryk, Anthony S, et al. (2010). Organizing Schools for Improvement. University of Chicago Press.

Bundeszentrale für Politische Bildung/Servicestelle Kommunen in der einen Welt (ed.) (2011). Vierter Statusbericht Bürgerhaushalte in Deutschland. Berlin (see http: //www. buergerhaushalt.org/wpcontent/uploads/2011/04/Vierter-Statusbericht-Buergerhaushalt.de-April-2011.pdf).

Burns John P (2004). Government Capacity and the Hong Kong Civil Service (Hong Kong: Oxford University Press).

Castells M (2004). The network Society. Edward Elgar, Cheltenham.

Chan J, Chan E (2006). Charting the State of Social Cohesion in Hong Kong. The China Quarterly，187: 635–658.

Chaskin R J (2001). Defining community capacity: A definitional framework and case studies from a comprehensive community initiative. Urban Affairs Review, 36: 291–323.

Chaskin R J (2002). Networking neighborhoods. Social Service Review, 76(4): 695–698.

Chaskin R J (2003). Fostering neighborhood democracy: legitimacy and accountability within loosely coupled systems. Nonprofit and Voluntary Sector Quarterly, 32(2): 161.

Chaskin R J, Brown P, et al. (2001). Building Community Capacity. New York, Aldine de Gruyter.

China Business Council for Sustainable development. Veolia Water in China. Retrieved from: http: //english.cbcsd.org.cn/cbcsd/members/5095.shtml.

China Daily (2011). Make public hearings real. July 26th.

City Council of Zurich (2011). Strategien Zürich 2025. Zürich: Stadt Zürich. Available online at http: //www.stadtzuerich.ch/content/dam/stzh/portal/Deutsch/Politik%20der%20Stadt%20

Zuerich/Publikationen%20und%20Broschueren/Strategien2025.pdf, accessed March 2011.

City Council of Zürich (2010). Legislaturbericht 2010–2014, Zürich: Stadt Zürich, Available online at http: //www.stadt-zuerich.ch/content/dam/stzh/portal/Deutsch/Politik%20der%20 Stadt%20Zuerich/Publikationen%20und%20Broschueren/broschuere_lspl_gzd.pdf, accessed March 2011.

City Council of Zurich (2009). Legislaturbericht 2006–2010. Zürich: Stadt Zürich.

City Council of Zurich (2006). Legislaturbericht 2002–2006. Zürich: Stadt Zürich.

City Parliament (2005). Postulat Dr. Ueli Nagel (Grüne) und Monjek Rosenheim (FDP). GR Nr. 2005/426.

Civil Service Bureau, Civil Service Personnel Statistics, 2000, 2004, 2011 (Hong Kong: The Bureau, various dates).

Clark T (1997). 'The Dickinson Report: An Account of the Background to, and Preparation of, the 1966 Working Report on Local Administration,' Journal of the Royal Asiatic Society (Hong Kong Branch), Vol.37.

Clarke S E (2001). The Prospects for Local Governance: The Roles of Nonprofit Organizations. Policy Studies Review ,18: 129–45.

Coenders M, Metze T (2009). Praktische wijsheid in een Community of Practice. In G.Smid & E. Rouwette (Eds.), Ruimte maken voor onderzoekende professionaliteit: Onderzoekend handelen, handelend onderzoeken (pp.372–383). Assen: Van Gorcum.

Coleman J S (1990). Foundations of Social Theory. Harvard University Press.

Colonial Secretariat (1971). White Paper: The Urban Council (Hong Kong: Government Printer, October).

Commission of Inquiry, Kowloon Disturbances (1967). Report of the Commission of Inquiry (Hong Kong: Government Printer).

Comptroller and Auditor General of India (CAG) (2012). Report of the CAG on implementation of public private partnership Indira Gandhi Airport. New Delhi.

Comptroller and Auditor General of India (CAG) (2010). Manual, New Delhi.

Constitutional Affairs Bureau (1998). Review of District Organisations (Hong Kong: Government Printer, June).

Consultative Committee for the Basic Law (1990). The Basic Law of the Hong Kong Special Administrative Region of China (Hong Kong: The Committee, April).

Cooper T L, Musso J A (1999). The potential for neighborhood council involvement in American metropolitan governance. International Journal of Organizational Theory and Behavior, 1(2): 199–232.

Crenson M A (1971). The Un-Politics of Air Pollution: A Study on Non-decisionmaking in the cities (Baltimore: Johns Hopkins University Press).

Dahl R A (1961). Who governs? Democracy and power in an American city. New Haven, Yale University Press.

Dahl R A (2000). On Democracy. Yale Nota Bene, New Haven.

Darling-Hammond L (2010). The Flat World and Education. New York: Teachers College Press.

Dasgupta S (2010). Citizen initiatives and democratic engagement. Experiences from India. New Delhi: Routledge.

Weisburd D, Braga A (2006). Old wine in new bottles. In Police Innovation, ed. New York: Cambridge University Press，155–170.

De Bruijn H (2007). Managing performance in the public sector. London: Routledge.

De Groot M (2009). Gewone dingen gewoon goed doen: Van Frankenstein naar focus. Amsterdam.

De Groot M, Ruppert C (2008). Brief aan commissie WIJ: Uitkomst eerste fase Systeem in Beeld. Amsterdam.

Denters B, Rose L (2005). Comparing Local Governance-Trends and developments.
Palgrave Macmillan Houndmills Basingstoke.

Derleth, James, Daniel R K (2004). The Shequ Experiment: grassroots political reform in urban China. Journal of Contemporary China，13(41): 747–777.

De Sousa Santos, Boaventura (1998). Participatory budgeting in Porto Alegre: Toward a redistributive democracy. Politics and Society 26(4): 461–510.

Diers J (2004). Neighborhood power: Building commu ity the Seattle way. University of Washington Press.

Director of Audit, Report No. 31 (October 1998)；Report No. 46 (March 2006)；Report No. 51 (October 2008)；Report No. 57 (October 2011). Available at www.aud.gov.hk.

Doornbos M (2001). "Good Governance": The Rise and Decline of a Policy Metaphor? The Journal of Development Studies, 37(6): 93–108.

Drosterij G, Hendriks F (2012). De zucht naar goed bestuur in de stad. Den Haag: Boom-Lemma Uitgevers.

Duchastel J, Canet R (2005). The Transformation of Citizenship and Democracy at Local and Global Levels. In: Booth, P. and B. Jouve (Eds.) Metropolitan Democracies:

Transformations of the State and Urban Policy in Canada, France and Great Britain. Ashgate, Hampshire.

Durose C, Greasley S, Richardson L (2009). Changing local governance, changing citizens. The Policy Press, Bristol.

Easton D (1965). A Framework for Political Analysis (Englewood Cliffs, NJ: Prentice Hall).

Edelenbos J (2000). Proces in vorm. Procesbegeleiding van interactieve beleidsvorming over lokale ruimtelijke projecten. Lemma, Utrecht.

Edelenbos J, Klijn E H (2006). Managing Stakeholder Involvement in Decision Making: A Comparative Analysis of Six Interactive Processes in The Netherlands. Journal of Public Administration Research and Theory, 16(3).

Emmrich (2011). (unpublished): Interview conducted by Robert Pietsch on 18th March, 2011.

Enserink, Bert and Joop Koppenjan (2007). Public participation in China: sustainable urbanization and governance. Management of Environmental Quality，18(4): 459–474.

Faggato E, Fung A (2006). Empowered participation in urban governance: The Minneapolis neighborhood revitalization program. International Journal of Urban and Regional Research, 30(3): 638–655.

Feindt P H, Weber A, Wüst J (2000). Strukturbildungsprobleme in lokalen und regionalen Agenda-Prozessen, in: Heinelt, H./Mühlich, E. (ed.): Lokale Agenda 21–Prozesse, Opladen，217–240.

Feiock R C, Steinacker A, Park H J (2009). Institutional collective action and economic development joint ventures. Public Administration Review 69: 256–270.

Fishkin James S, Baogang He, Robert C. Luskin, Alice Siu (2010). Deliberative Democracy in an Unlikely Place: Deliberative Polling in China. British Journal of Political Science, 40: 333–347.

Food and Environmental Hygiene Department, Annual Report 2010. Available at www.fehd. gov.hk.

Foucault M (2001). Fearless speech. Los Angeles: Semiotext.

Fraktion DIE LINKE (2011). Große Anfrage zu den Entwicklungen zum Bürgerhaushalt in Lichtenberg vom 18. Januar 2011 (DS/1898/VI) (see http: //www.christinaemmrich.eu/ DS1898.pdf).

Franzke J (2008). Chances and Limits of Participatory Budgeting in German Municipalities: The case of Berlin-Lichtenberg. In: Grossi, G./Mussari, R./Reichard, Ch. (ed.): Local governance and its impact on.

Franzke J, Boogers M, Ruano J M, Schaap L (eds) (2007). Tensions between local governance and local democracy, The Hague: Reed Business.

Franzke J, Kleger H (2010). Kommunale Bürgerhaushalte. Potentiale, Chancen und Grenzen, Berlin. Edition Sigma.

Freitag M, Vatter A (2009). Patterns of democracy: A sub-national analysis of the German Länder. In: Acta Politica, 44: 410–438.

Fukuyama F (2013). What Is Governance?, in: Governance，26(3): 347–368.

Fung A (2006). Empowered Participation: Reinventing Urban Democracy. Princeton University Press.

Fung A (2004). Empowered Participation: Reinventing Urban Democracy. Princeton University Press.

Fung A (2003). Recipes for public spheres: Eight institutional design choices and their consequences. The Journal of Political Philosophy, 11: 338–367.

Fung A, Wright E (2003). Thinking about empowered Participatory Governance" in Fung and Wright (eds.) Deepening Democracy: Institutional Innovations in Empowered Participatory Governance, Verso: London.

Galaskiewicz J (1979). Exchange Networks and Community Politics. Newbury Park, CA: Sage Publications.

Gardiner J A, Olson D J (1974). Theft of the City: Readings on Corruption in Urban America (Bloomington, IN: Indiana University Press).

Geißel B (2009). How to improve the quality of democracy? Experiences with Participatory Innovations at the Local Level in Germany. In: German Politics and Society, 93, 27(4): 51–71.

Geißel B (2008). Wozu Demokratisierung der Demokratie? Kriterien zur Bewertung partizipativer Arrangements. In: Vetter, A. (ed.): Erfolgsbedingungen lokaler Bürgerbeteiligung. Wiesbaden, S. 29–48.

Gilbert Alan (2006). Good Urban Governance: Evidence from a Model City. Bulletin of Latin American Research, 25(3): 392–416.

Ghose Nilanjan (2007). Municipal solid waste management through civic engagement, in: Tandon, Rajesh and Mohini Kak (eds.) Citizen participation and democratic governance in our hands. New Delhi: Concept Publishing Company.

Goldman Sachs (2007). Asia Economics analyst, Issue no. 07/13, July 6. Retrieved from: http://www.goldmansachs.com/our-thinking/topics/brics/brics-reports-pdfs/india-Goldsmith

M (2005). Intergovernmentalism? In Denters B. and L.E. Rose (Eds.) Comparing Local Governance-Trends and developments. Palgrave Macmillan, Houndmills Basingstoke.

Goldsmith M J, Page E C (2010). Changing Government Relations in Europe. From localism to intergovernmentalism. Routledge, London.

Governance International (2007). Case Studies: European Experiences in Participatory Budgeting: Prioritising the Borough Budget in Berlin-Lichtenberg.

Government of India (2011). National Public Private Partnership Policy, Draft for consultation, September.

Granovetter M S (1973). The strength of weak ties. American Journal of Sociology 78(6): 1360−1380.

Greene R (2005). Grasping for the Ring of Power；On eve of big powwow, NCs ponder place in the new regime. LA Weekly.

Gross, Simone J (2007). Diversity and the Democratic Challenge: Governing World Cities, in R. Hambleton and J. Simone Gross (eds), Governing Cities in a Global Era (Basingstoke: Palgrave), 73−91.

Grote J, Gbikpi B (2002). Participatory Governance. Political and Societal Implications, Opladen.

Guo C, Musso J (2007). Representation in nonprofit and voluntary organizations: A conceptual framework. Nonprofit and Voluntary Sector Quarterly, 36(2): 308−326.

Gutmann A, Thompson D (1996). Democracy & disagreement. Cambridge: Harvard University Press.

Hager C (2012). Revisiting the Ungovernability Debate: Regional Governance and Sprawl in the USA and UK, International Journal of Urban and Regional Research, 36 (4): 817−830.

Halffman W (2003). Boundaries of regulatory science: Eco/toxicology and the regulation of aquatic hazards of chemicals in the US, England, and the Netherlands, 1970−1995. University of Amsterdam.

Hambleton R, Simone Gross J (2007). Global Trends, Diversity and Local Democracy, in R. Hambleton and J. Simone Gross (eds), Governing Cities in a Global Era (Basingstoke: Palgrave)，1−13.

Hamel P (2005). Contemporary Cities and the Renewal of Local Democracy. In: Booth, P. and B. Jouve (Eds.). Metropolitan Democracies: Transformations of the State and Urban Policy in Canada, France and Great Britain. Ashgate, Hampshire.

Handler, Joel (1996). Down from Bureaucracy. Princeton University Press.

Harding A (1998). Public-Private Partnerships in the UK, in J. Pierre (ed), Partnerships in Urban Governance: European and American Experience (Basingstoke: Macmillan), 71–92.

Haus M, Heinelt H (2005). How to achieve governability at the local level? In: Haus, M., H. Heinelt and M. Stewart (Eds.). Urban Governance and Democracy: Leadership and community involvement. Routledge, London.

He Boagong, Stig Thøgersen (2010). Giving the People a Voice? Experiments with consultative authoritarian institutions in China. Journal of Contemporary China，19(66): 675–692.

Heinelt H, Kübler D (Eds.) (2005). Metropolitan Governance: Capacity, democracy and the dynamics of place. Routledge, London.

Held D (2006). Models of Democracy. Polity Press, Cambridge.

Hendriks C M (2009). Deliberative governance in the context of power. Policy & Society, 28(3): 173–184.

Hendriks F (2013). Understanding Good Urban Governance: Essentials, Shifts and Values, in: Urban Affairs Review, 49(6), forthcoming.

Hendriks F (2012). Conclusie: de queeste naar beter bestuur；vergelijkingen, bevindingen en lessen, in: Hendriks & Drosterij (red.)，163–187.

Hendriks F (2010). Vital Democracy: A Theory of Democracy in Action, Oxford：Oxford University Press.

Hendriks F (2006). Vitale democratie. Theorie van democratie in actie. Amsterdam University Press, Amsterdam.

Hendriks F, Drosterij G (2012). De zucht naar goed bestuur in de stad. Lessen uit een weerbarstige werkelijkheid, Den Haag: Boom-Lemma uitgevers.

Hendriks, Frank, Drosterji (2011). Good Urban Governance. Current Shifts and Essential Values. Proceedings of the International Nicis Symposium on 'Challenges of Urban Governance', The Hague, 9–10 June.

Henig, Jeffrey R (1994). Rethinking School Choice. Princeton University Press.

Herzberg C, Cuny C (2007). Bürgerwissen und Bürgerhaushalt. Eine Untersuchung von Bürgerhaushalten in der Region Berlin-Brandenburg. Berlin.

Hess, Steve (2009). Deliberative institutions as mechanisms for managing social unrest. The case of the 2008 Chongqing taxi strike. China: An International Journal, 7(2): 336–352.

The High Powered Expert Committee (HPEC) for Estimating the Investment Requirements for Urban Infrastructure Services (2011). Report on Indian urban infrastructure and Services,

March 2011.

Hood C (1991). A public management for all seasons? Public Administration, 69(1): 3–19.

Hunter F (1953). Community power structure; a study of decision makers. Chapel Hill, University of North Carolina Press.

Hyden, Goran, Julius Court, Kenneth Mease (2004). Making Sense of Governance, Empirical Evidence from Sixteen Developing Countries, Lynne Riener Publishers, Boulder London.

IECLG (2011). Innovations and Excellence in Chinese Local Governance 2009–2010. Beijing.

Independent Commission Against Corruption (ICAC), Annual Reports，2000–2010. Available at www.icac.org.hk.

Independent Commission Against Corruption (ICAC), Annual Survey Report, 2010 (Hong Kong: MVA Ltd，2010).

Innes J E, Booher D (1999). Consensus building and complex adaptive sustems: A framework for evaluating collaborative planning. Journal of the American Planning Association, 65(4): 412–423.

Innes J E, Connick S, Booher D (2007). Informality as a planning strategy. Journal of the American Planning Association, 73(2): 195–210.

Interview. Office for Urban Development (Stadtentwicklung Zurich), 04.03.2011.

Interview. Civil Engineering Office (Tiefbauamt), 01.04.2011.

Interview. Office Green City Zurich (Grün Stadt Zürich), 06.04.2011.

Interiew. Moderation a "frischer Wind"，11.02.2011. K.

Interview. Moderation b "frischer Wind", 08.04.2011. H.

Interview. Moderation c "frischer Wind", 04.05.2011. K.

Interview #14. (2010). Gemeente Amsterdam, Amsterdam，2 juli 2010.

Interview #8. (2010). Instelling (Service Organization), Amsterdam，22 maart 2010.

Interview Asscher. (2010). Interview alderman Asscher, Amsterdam 2010.

Itoh M (1998). Globalization of Japan: Japanese Sakoku Mentality and U.S. Efforts to Open Japan (New York: St. Martin's Press).

Jann W (2003). State, Administration and Governance in Germany-Jann, W. (2003): State, Administration and Governance in Germany-Competing Traditions and Dominant Narratives, in: Public Administration, 81(1): 95–118.

John P (2001). Local governance in Western Europe. Sage, London.

Jones B D, Bachelor L W (1986). The Sustaining Hand: Community Leadership and Corporate Power (Lawrence, KS: University Press of Kansas).

Jong, Martin de, Mu Rui, Dominic Stead, Ma Yongchi, Xi Bao (2010). Introducing publicprivate partnerships for subways in China；What's the evidence?'. Journal of Transport Geography, 18: 301–313.

Jouve B (2005). Metropolitam Democracies: From Great Transformation to Grand Illusion? In: Booth, P. and B. Jouve, B. (Eds.) Metropolitan Democracies: Transformations of the State and Urban Policy in Canada, France and Great Britain. Ashgate, Hampshire.

Jun K N, Musso J (2007). The role of Los Angeles neighborhood councils in city policy formulation, working paper presented at American Political Science Association conference, August.

Kantor P, Savitch H V (1993). Can Politicians Bargain with Business?: A Theoretical and Comparative Perspective on Urban Development, Urban Affairs Quarterly, 29: 230–255.

Kathi P C, Cooper T L (2005). Democratizing the Administrative State: Connecting neighborhood councils and city Agencies. Public Administration Review, 65(5): 559–567.

Kennedy David M (2002). A tale of one city. In Securing Our Children's Future: New Approaches to Juvenile Justice and Youth Violence. Ed. by Gary S. Katzmann. Washington, DC: Brookings, pp.229–261.

Kersting N, Caulfield J, Nickson R A, et al. (2009). Local Governance Reform in Global Perspective, Wiesbaden: VS Verlag für Sozialwissenschaften.

Kersting N, Vetter A (2003). Reforming Local Government in Europe-Closing the Gap between Democracy and Efficiency.

Kickert W J M, Klijn E H, Koppenjan J (1997). Managing complex networks: Strategies for the public sector. London: Sage Publications.

Kitsuse, Alicia (2010). Community, Commitment, and the City. Unpublished dissertation, Sol Price School of Public Policy, University of Southern California.

Kjær A M (2004). Governance. Polity Press, Cambridge.

Klages H, Daramus C (2007). Bürgerhaushalt Berlin-Lichtenberg, Speyer: Deutsches Forschungsinstitut für öffentliche Verwaltung Speyer (Speyerer Forschungsberichte, Vol. 249).

Klausen J E, Sweeting D (2005). Legitimacy and community involvement in local governance.

Haus M, Heinelt H, Stewart M (2005). Urban Governance and Democracy: Leadership and community involvement. Routledge, London.

Klijn E, Skelcher C (2007). Democracy and Governance Networks: Compatible or Not?. Public Administration 85: 587–608.

Klinenberg, Eric (2002). Heat Wave. University of Chicago Press.

Kohn M (2004). Brave New Neighborhoods: The Privatization of Public Space (London/ New York: Routledge).

Kooiman, Jan (1993). Modern Governance. London: Sage.

Kübler D, Heinelt H (2005). Metropolitan governance, democracy and the dynamics of place.

Heinelt H, Kübler D. Metropolitan Governance: Capacity, democracy and the dynamics of place (pp.8–29). Routledge, London.

Kübler, Daniel, Andreas Ladner (2003). Local Government Reform in Switzerland. More 'for' than 'by'-but what about 'of'? In: Norbert Kersting and Angelika Vetter (eds.) (2003): Reforming Local Government in Europe. Opladen: Leske + Budrich.

Ladner, Andreas (2010). Switzerland: Subsidiarity, Power Sharing and Direct Democracy. In: Loughlin, J., Hendriks, F., Lidström, A. (eds.). The Oxford Handbook on Local and Regional Democracy, pp.196–220.

Ladner, Andreas, Julien Fiechter (2010). Institutional Settings, Political Interest and Citizen Participation in Swiss Local Democracies. Paper presented at the 32nd annual conference of the European Group for Public Administration. September 8–10, Toulouse, France.

Laidman D (2006). City Council nixes move to allow motions by NCs. Copley News Service.

Lau Y W (2002). A History of the Municipal Councils of Hong Kong 1883–1999 (Hong Kong: Leisure and Cultural Services Department).

Laumann Edward A, Pappi Frank U (1976). Networks of Collective Action: A Perspective on Community Influence Systems New York: Academic Press.

Le Cointre S (2012). Do you want to collaborate with me? A Story about collaborative governance processes in Utrecht around the transformation of the youth policy sector. Utrecht: Utrecht University. Msc. thesis.

Leduc L (2003). The Politics of Direct Democracy. Broadview Press, Peterborough.

Leib Ethan, Baogang He (2006). The search for deliberative democracy in China. New York: Palgrave Macmillan.

Leonard M (2008). What does China think? London: Fourth Estate.

Leisure and Cultural Services Department, Annual Report, 2010–2011. Available at www.lcsd. gov.hk.

Levi M (1996). Social and Unsocial Capital, in: Politics and Society 24, 1: 45–55.

Lindblom C E (1977). Politics and Markets (New York: Basic Books).

Lijphart A (1999). Patterns of Democracies: Government Forms and Performance in

Thirty-Six Countries. Yale University Press, New Haven & London.

Lijphart A (1984). Democracies: Patterns of Majoritarian and Consensus Government in Twenty-One Countries. Yale University Press, New Haven.

Linder, Wolf (2007). Direct democracy. In: Ulrich Klöti et al. (eds.). Handbook of Swiss Politics, 2nd ed. Zurich: Neue Zürcher Zeitung Publishing, pp.101–20.

Linder, Wolf (2005). Schweizerische Demokratie: Institutionen, Prozesse und Perspektiven, 2nd edition. Bern: Haupt.

Li Tin-yi (2000). An Analysis of Staff Discipline in the Urban Services Department from 1996 to 1998 (Unpublished MPA dissertation, University of Hong Kong).

Liu Zhiyong, Hiraku Yamamoto (2009). Public-private partnerships (PPPs) in China: present conditions, trends, and future challenges. Interdisciplinary Information Sciences, 15(2): 223–230.

Löfgren K, Agger A (2007). How Democratic are Networks Based on Citizen Involvement?. In: Franzke, J., M. Boogers, J.M. Ruano and L. Schaap (Eds.) Tensions between local governance and local democracy. Reed Business, The Hague.

Los Angeles Daily News editorial (2009). Solar Power? Healthy Local Industries? We Say Yes to both but No to March 3 City Measures that Change our Charter. February 21.

Los Angeles Times editorial (2009). Vote No on Charter Measure B. February 26.

Los Angeles Times (2009). DWP solar plan was rushed to ballot. February 2.

Loughlin J, Peters B G (1997). State Traditions, Administrative Reform and Regionalization. In M. Keating and J. Loughlin (Eds.). The Political Economy of Regionalism. Frank Cass, London.

Lowi Theodore J (1967). Machine politics—old and new. Public Interest (fall): 83–92.

Lowndes V (1995). Citizenship and Urban Politics. In D. Judge, G. Stoker and H. Wolman (Eds.) Theories of Urban Politics. Sage Publications, London.

Luhmann N (1983). Legitimation durch Verfahren. Suhrkamp, Frankfurt am Main.

Manion, Melanie (2004). Corruption by Design: building clean government in mainland China and Hong Kong (Cambridge, Mass.: Harvard University Press).

McDonald, Gael M (1994). Value Modification Strategies on a National Scale: the Activities of the Independent Commission Against Corruption,' in W. Michael Hoffman et al (eds) Emerging Global Business Ethics (London: Quorum).

Macpherson C B (1977). The Life and Times of Liberal Democracy. Oxford University Press, Oxford.

Mahalingam, Ashwin (2012). Collaborating to construct India. The role of public-private partnerships in infrastructure development, Q & A with Ashwin Mahalingam. The National Bureau of Asian esearch for the Senate India Caucus, May.

Mahalingam, Ashwin (2008). PPP experiences in Indian states: bottlenecks, enablers and key issues, retrieved from http: //www.epossociety.org/LEAD2008/Ashwin.pdf.

Mathur, Navdeep, Chris Skelcher, Mike Smith (2003). Towards a discursive evaluation of partnership governance. Paper presented at the European Consortium for Political Research, Joint Sessions, March 2003, Edinburgh, Scotland.

Metze T (2010). Innovation ltd.: Boundary work in deliberative governance in land use planning. Eburon, Delft.

Metze T, Van Zuydam S (2012). Patronen doorbreken: Grensoverschrijdend samenwerken in het jeugddomein. De zucht naar goed bestuur in de stad. Den Haag: Boom-Lemma Uitgevers.

Michels, Ank, Cor van Montfort (2013). Partnerships as a contribution to urban governance in India and China. Journal of US-China Public Administration, 10(1): 26–38.

Miners, Norman (1995). The Government and Politics of Hong Kong Fifth Edition. Hong Kong: Oxford University Press.

Ministry of Finance, Government of India. PPP in India. Retrieved from: http: //164.100.52.24/index.php.

Ministry of Health Welfare and Social Security (2005). Toespraak bij de overhandiging van het handboek "Grip op governance in de zorg." Den Haag: Nieuwspoort. Retrieved from www.snellerbeter.nl.

Molotch H L (1976). The City as a Growth Machine, American Journal of Sociology 82: 309–355.

Moore M H (1995). Creating Public Value: Strategic Management in Government. Cambridge, MA: Harvard University Press.

Moss Kanter R (2000). Business Coalitions as a Force for Regionalism, in: Katz，154–181.

Mouffe C (2005). On the political, London: Routledge.

Moulton S (2009). Putting Together the Publicness Puzzle: A Framework for Realized Publicness. Public Administration Review, 69: 889–900.

Moynihan D (1969). Maximum Feasible Misunderstanding; Community Action in the War on Poverty. New York: Free Press.

Mu Rui, Martin de Jong, Joop Koppenjan (2011). The rise and fall of Public-Private Partnerships in China: a path-dependent approach. Journal of Transport Geography, 19(4): 794–806.

Munro E (2011). The Munro review of child protection: Final report. London. Retrieved from https://www.gov.uk/government/uploads/system/uploads/attachment_data/file/175391/Munro-Review.pdf.

Musso, Juliet, Christopher Weare, et al. (2011). Toward 'strong democracy' in global cities? Social capital Building, action research, and the Los Angeles Neighborhood Council experience. Public Administration Review, January/February.

Musso, Juliet, Chris Weare, et al. (2007). Toward community engagement in city governance: Evaluating Neighborhood Council reform in Los Angeles. Urban Policy Brief, Civic Engagement Initiative, University of Southern California.

Musso J A, Weare N O, Loges B (2006). Neighborhood governance reform and networks of community power in Los Angeles. The American Review f Public Administration. 36(1): 79–97.

Musso, Juliet, Christopher Weare. (2005). Implementing Early Notification in Los Angeles: Citizen Participation Politics by Other Means. International Journal of Public Administration, 28(7–8): 599–620.

Musso, Juliet, Chris Weare, et al. (2004). Neighborhood Councils in Los Angeles: A Midterm Status Report. Urban Initiative Policy Brief and Neighborhood Participation Report, June 2004.

Musso, Juliet, Alicia Kitsuse. (2002). An implementation paradox: Urban Regimes, social movements and the politics of Neighborhood Councils in Los Angeles. Neighborhood Participation Project working paper, University of Southern California, September.

National Highways Authority for India. Retrieved from: http://www.nhai.org/index.asp.

National Institute of Urban Affairs (2011). Urban initiatives in transport. Best practices in PPP, New Delhi.

Needham C (2003). Citizen-consumers: New Labour's market place democracy (London: The Catalyst Forum).

Newman J, Clarke J (2009). Publics, Politics and Power (London: Sage).

Norton A (1997). International Handbook of Local and Regional Government. Edward Elgar, Cheltenham.

Noveck B (2009). Wiki government: How technology can make government better, democracy tronger, and citizens more powerful. Washington: Brookings Institution Press.

NRC Handelsblad (2008). Amsterdam: Hulp aan jeugd in stad faalt.

O'Connor E (1956). The Last Hurrah. Little, Brown.

OECD (2001). Citizens as Partners. Information, Consultation and Public Participation in policymaking. OECD, Paris.

Office Green City Zürich (Grün Stadt Zürich) (2003a). Entwicklungsplanung Allmend Brunau, Nutzungskonzept. Available online at http: //www.stadtzuerich. ch/ted/de/index/gsz/ planung_u_bau/entwicklungs-_und_aufwertungsgebiete/allmend_brunau1.html , accessed March 2011.

Office of the Comptroller and Auditor General of India (2010). Report of the Taskgroup on Social Audits, New Delhi.

Office of the Ombudsman, Annual Report of the Ombudsman, Hong Kong，2002−2010. Available at www.ombudsman.gov.hk.

Osborne, David, Peter Plastrik (1997). Banishing Bureaucracy. Penguin.

Osborne, David, Ted Gaebler (1993). Reinventing Government. Penguin.

Ostaaijen J J C Van (2010a). Aversion and Accommodation: Political Change and Urban Regime Analysis in Dutch Local Government: Rotterdam 1998−2008 (dissertation). Delft: Eburon.

Ostaaijen J J C Van (2010b). New concepts for studying regional development. In I. Horlings (Ed.), Vital coalitions, vital regions: Partnerships for sustainable, regional development (pp.41−63).

Wageningen: Wageningen Academic Publishers.

Ostaaijen J J C Van, Schaap L (2012). De legitimiteit van regionale samenwerking: het regime Brainport, Hendriks, F. en Drosterij, G. (editors) De zucht naar goed bestuur in de stad. Lessen uit een weerbarstige werkelijkheid, The Hague: Boom Lemma uitgevers, pp.91−109.

Pahl R E (1975). Whose City? (2nd. edn) (Harmondsworth: Penguin).

Pateman C (1970). Participation and Democratic Theory. Cambridge University Press, Cambridge.

Pattern team (2009). Verslag patronenteam 5 maart 2009. Amsterdam: Municipality of Amsterdam.

Pattern team (2008). Mechanismes om te leren en verbeteren inbouwen in het systeem jeugdzorg en-hulpverlening in Amsterdam. Amsterdam: Municipality of Amsterdam.

Payne Charles M. (2010). So Much Reform, So Little Change. Cambridge, MA: Harvard

Education Press.

Perlstein, Linda (2007). Tested. New York: Henry Holt.

Pesch U (2008). The Publicness of Public Administration. Administration and Society 40: 170–93.

Peters B G (2008). The Politics of Bureaucracy (6th. edn) (London: Routledge).

Pierre J (2011). The politics of urban governance, Basingstoke: Palgrave.

Pierre J (2009). Reinventing governance, reinventing democracy? The Polity Press, 37(4), 591–609.

Pierre J (2000). Debating governance: Authority, steering, and democracy. Oxford: Oxford University Press.

Pierre J (1999). Models of Urban Governance. The Institutional Dimension of Urban Politics', Urban Affairs Review January 34(3): 372–396.

Pierre J (1992). Organized Capital and Local Politics: Local Business Organizations, Public-Private Committees, and Local Government in Sweden. Urban Affairs Quarterly 28: 236–57.

Pierre J, Peters B G (2005). Governing Complex Societies: Trajectories and Scenarios (Basingstoke: Palgrave).

Pierre J, Peters B G (2000). Governance, Politics and the State. MacMillan, London.

Pietsch R (2011). Die Rolle der Verwaltung beim Bürgerhaushalt in Berlin-Lichtenberg. Eine Untersuchung der Entwicklung der Rolle der Verwaltung beim Bürgerhaushalt in Berlin-Lichtenberg aus deren Sicht (unpublished Bachelor Thesis, Universität Potsdam).

Pitkin H (1972). The Concept of Representation. Berkeley: University of California Press.

Polanyi, Karl (1944). The Great Transformation. Farrar and Rinehart.

Report: Customer Satisfaction Survey of the 1823 Call Centre (Hong Kong: mimeo, December，2010).

PRIA (Society for Participatory Research in Asia) (2010). Citiezens in action: Gaining Voice and Exacting Accountability for Better Services. Ward Watsan Watch (W3). New Delhi: PRIA.

PRIA (Society for Participatory Research in Asia) (2009). Citizen Engagement in Urban Governance. Lessons from Small and Medium Towns in India. New Delhi: PRIA.

PRIA (Society for Participatory Research in Asia) (2008). Democratic Decentralization of Urban Governance. A Study of Four States in India. New Delhi: PRIA.

Pröpper I M A M, Steenbeek D (2001). De aanpak van interactief beleid: elke situatie is anders (the way to deal with participatory policymaking; every situation is different). Coutinho, Bussum.

Public Health and Municipal Services Ordinance (Cap 132).

Purcell M (2007). City Regions, Neoliberal Globalisation and Democracy: a Research Agenda, International Journal of Urban and Regional Research, 31 (1): 197–206.

Pushkarna, Neha (2011). True lies of RTE: Schools of shame. The Times of India, New Delhi, Monday, October 3.

Putnam R D (2000). Bowling Alone: The Collapse and Revival of American Community. New York, Simon & Schuster.

Putnam R (1993). Making Democracy Work: Civic Traditions in Modern Italy. Princeton.

Putnam R D, Feldstein L M, Cohen D (2004). Better Together: Restoring the American community: Simon and Schuster.

Quinn B (2007). Tensions between Governance and the Prerequisites of Democracy. In: Franzke, J., M. Boogers, J.M. Ruano and L. Schaap (Eds.). Tensions between local governance and local democracy. Reed Business, The Hague.

Rae, Douglas W (2003). City: Urbanism and Its End. New Haven: Yale University Press.

Ravitch, Diane (2010). The Death and Life of the Great American School System. New York: Basic Books.

Reckhow, Sarah (2013). Follow the money. Oxford University Press.

Reich E U (2011). (unpublished): Interview conducted by Robert Pietsch on 27th January 2011.

Rhodes R A W (1997). Understanding Governance: Policy Networks, Governance, Reflexivity and Accountability Buckingham-Philadelphia: Open University Press.

Rhodes R, Wanna J (2007). The Limits to Public Value, or Rescuing Responsible Government from the Platonic Guardians. Australian Journal of Public Administration 66: 406–421.

Rich, Wilbur C (1996). Black Mayors and School Politics. New York: Garland Publishing.

Ruano de la, Fuente J M, Schaap L (2007). Democratic legitimacy of inter-municipal and regional governance, in: V. Bekkers, G. Dijkstra, A. Edwards and M. Fenger (Eds). Governance and the Democratic Deficit. Ashgate, Aldershot.

Ruppert C, De Groot M (2008). Nieuwsbrief over "Systeem in Beeld" .

Sabatier P, Mazmanian D (1980). The implementation of public policy: A framework of analysis. Policy Studies Journal, 8(4): 538–560.

Saich, Tony, Xuedong Yang (2003). Innovation in China's local governance: 'Open recommendation and selection. Pacific Affairs 76(2): 185–208.

Savitch H, Vogel R K (2009). Regionalism and Urban Politics. In: Davies, J.S. and D.L

Imbroscio (eds.) (2009). Theories of Urban Politics. Sage, London.

Saward M (2003). Democracy. Polity Press, Bodmin-Cornwall.

Saward M (2000). Democratic Innovation. Routledge, London.

Schaap L, Daemen H H F M (2012). Renewal in European Local Democracies. Springer VS, Wiesbaden.

Scharpf F (1999). Governing in Europe: Effective and Democratic. Oxford University Press, Oxford.

Scharpf F (1997). Games real actors play: Actor-centered institutionalism in policy research. Oxford: Westview Press.

Schorr, Lisbeth B (1997). Common Purpose. New York: Doubleday.

Schutz A, Sandy M G (2011). Collective Action for Social Change: An Introduction to Community Organizing. New York: Palgrave Macmillan.

Scott, Ian 'The Hong Kong ICAC's Approach to Corruption Control,' in Adam Graycar and Russell G. Smith (eds) Handbook of Global Research and Practice in Corruption (Cheltenham: Edward Elgar，2011).

Scott Ian, Joan Y H Leung (2012). Integrity management in post-1997 Hong Kong: challenges for a rule-based system Crime, Law and Social Change, 58: 39–52.

Secretariat for Chinese Affairs (1969). The City District Officer Scheme (Hong Kong: Government Printer, January).

Sekher, Madhushree (2002). 'Tackling Society's "Detritus": Stakeholder partnerships and urban service delivery in India. Asian Journal of Political Science, 9(2): 54–77.

Sen, Amartya (2011). Quality of life: India vs. China. Global (July and August).

Senatsverwaltung für Stadtentwicklung Berlin (ed.) (2011). Handbuch zur Partizipation, Berlin.

Singh, Rithesh, Vinay Vutukuru (2009). Enhancing accountability in public service delivery through social audits. Accountability Initiative, New Delhi.

Sintomer Y, Herzberg C, Röcke A (2010). Der Bürgerhaushalt in Europa-eine realistische Utopie? Zwischen partizipativer Demokratie, Verwaltungsmodernisierung und sozialer Gerechtigkeit, Frankfurt a. M.

Sintomer Y, Herzberg C, Röcke A (2008). Participatory Budgeting in Europe: Potentials and Challenges, International Journal of Urban and Regional Research, 32 (1): 164–178.

Sirianni, Carmen (2009). Investing in Democracy. Brookings Institution Press.

Skelcher C, Mathur N, Smith M (2005). The Public Governance of Collaborative Spaces: Discourse, Design and Democracy. Public Administration, 83(3): 573–596.

Sonenshein, Raphael J (2004). The City at Stake: Secession, Reform, and the Battle for Los Angeles, Princeton University Press.

Sørensen E, Torfing J (eds) (2007). Theories of Democratic Network Governance. Palgrave, Basingstoke.

Sørensen E, Torfing J (2005). The Democratic Anchorage of Governance Networks. Scandinavian Political Studies, 28(3): 195–219.

Sørensen E, Torfing J (2005). Network governance and post-liberal democracy. Administrative Theory & Praxis，27: 197–237.

Stadtentwicklung Zürich (2006). Mitwirkungs- und Beteiligungsprozesse. Arbeitshilfe für die Stadtverwaltung. Präsidialdepartement Stadt Zürich. Available online at (accessed March 2011), http: //www.stadtzuerich.ch/content/dam/stzh/prd/Deutsch/Stadtentwicklung/ Publikationen_und_Broschueren/Stadt-_und_Quartierentwicklung/Strategien/230_A5_ checkliste_141106.pdf.

Stadtentwicklung Zürich Checklist (2006). Mitwirkungs- und Beteiligungsprozesse. Checkliste. Präsidialdepartment Stadt Zürich. Available online at http: //www.stadtzuerich.ch/prd/de/ index/stadtentwicklung/stadt-_und_quartierentwicklung/quartierentwicklung/grundlagen/ mitwirkungs-_undbeteiligungsprozesse.html , accessed March 2011.

Stadtrat (1998). Auszug aus dem Protokoll des Stadtrates von Zürich. Interpellation von Reto Dettli und Anna Brändle Galliker betreffend Allmend Brunau, Schutz des Naherholungsgebietes，2. Dezember.

Stoker G (1998a). Public-Private Partnerships and Urban Governance, in J. Pierre (ed.), Partnerships in Urban Governance, Basingstoke, Macmillan.

Stoker G (2000). Urban Political Science and the Challenge of Urban Governance, in J. Pierre (ed.), Debating Governance. Authority, Steering, and Democracy, Oxford, Oxford University Press.

Stoker G (2011). Was local governance such a good idea? A global comparative perspective, Public Administration, 89(1): 15–31.

Stoker G, Lowndes V, Pratchett L (2006). Diagnosing and remedying the failings of official participation schemes: The CLEAR framework. Social policy and Society, 5(2): 281–291.

Stone C N (2005). Looking Back To Look Forward: Reflections on Urban Regime Analysis. Urban Affairs Review, 40(3): 309–341.

Stone C N (1989). Regime Politics: Governing Atlanta 1946–1988. University Press of Kansas, Lawrence.

Ströbele, Maarit Felicitas (2009). The democratic legitimacy of urban planning procedures: Public private partnerships in Turin and Zurich. CIS Working paper No 45, ETH Zürich.

Suleiman E (2003). Dismantling Democratic States (Princeton: Princeton University Press).

Swanstrom T (1985). The Crisis of Growth Politics (Philadelphia: Temple University Press).

System Pictured (2008). Systeem in Beeld: De Amsterdamse jeugdketen stukje bij beetje in kaart gebracht. Amsterdam.

System Pictured (2008). Systeem in Beeld: Werken met verwondering. Amsterdam.

System Pictured (2008). Team Systeem in Beeld. Retrieved April 15, from www.amsterdam.nl/teamsysteeminbeeld.

Tages-Anzeiger (2010). Zürcher Skaterpark wird endlich gebaut. 20. September.

Tages-Anzeiger (2009). Kritik an Lindenplatz-Plänen. 4. May, Werner Schüepp.

Tages-Anzeiger (2007). Allmend Brunau: Angst vor künstlicher Naturidylle. 3. April, Denise Marquard.

Tandon, Rajesh and Ranjita Mohanty (2005). Civil society and governance. New Delhi: Samskriti.

Taylor Jon R, Calvillo Carolina E (2010). Crossing the River by Feeling the Stones. Democracy with Chinese Characteristics'. Journal of Chinese Political Science，15: 135–151.

Telegraaf (2007). Geldstromen jeugdwelzijn doorgelicht: Start operatie Frankenstein.

The Telegraph (2011). China's urban population exceeds rural for first time ever, Peter Simpson, January 17. Retrieved from: http://www.telegraph.co.uk/news/worldnews/asia/china/9020486/Chinas-urban-population-exceeds-rural-for-first-time-ever.html.

Thatcher, ed., Vol. II: The Greek World, pp.364–382；The Politics of Aristotle, trans. Benjamin Jowett, New York: Colonial Press，1900.

Torfing J, Peters B G, Pierre J, et al. (2012). Interactive Governance: Advancing the Paradigm (Oxford: Oxford University Press).

Trounstine P J, Christensen T (1982). Movers and Shakers: The study of community power. New York, St. Martin's Press.

Trouw (2008). Jeugdbeleid in Amsterdam schiet ernstig tekort.

Tsang, Steve Y S (1988). Democracy Shelved: Great Britain, China and Constitutional Reform in Hong Kong, 1945–1952 (Hong Kong: Oxford University Press).

Tu, Elsie (2003). Colonial Hong Kong in the eyes of Elsie Tu (Hong Kong: Hong Kong University Press).

Uitermark J, Duyvendak J W (2008). Citizen Participation in a Mediated Age: Neighbourhood

Governance in The Netherlands, International Journal of Urban and Regional Research, 32 (1): 114–134.

UN-Habitat (2002). The Global Campaign on Urban Governance, Concept Paper.

United Nations (1996). The Habitat Agenda: Goals and Principles, Commitments and Global Plan of Action, United Nations Conference on Human Settlements (Habitat II), Istanbul, Turkey, 3–14 June.

Urban Council (1966). Report of the Ad Hoc Committee on the Future Scope and Operation of the Urban Council (Hong Kong: Government Printer, August).

Urban Council (1969). Report on the Reform of Local Government (Hong Kong: Government Printer, March).

Ure, Gavin, Governors, Politics and the Colonial Office: Public Policy in Hong Kong, 1918–1958 (Hong Kong: Hong Kong University Press，2012).

Van den Berg D, Van der Groot S, Jansen M B (2008). Cirkel van onmacht: Mechanismen in hulpverlening. Amsterdam.

Van den Dool L (2005). Making Local Government Work, Delft, Eburon.

Van der Heiden N (2010). Urban Foreign Policy and Domestic Dilemmas (Colchester: ECPR Press).

Verba S, Schlozman K L, et al. (1995). Voice and Equality: Civic Voluntarism in American Politics. Cambridge, MA, Harward University Press.

Vicino, Thomas J (2013). Suburban Crossroads: The Fight for Local Control of Immigration Policy. Lexington Books.

Volkskrant (2008). Jeugdbeleid Amsterdam schiet tekort.

Wallington T, Lawrence, G, Loechel B (2008). Reflections on the legitimacy of regional environmental governance: Lessons from Australia's experiment in natural resource management. Journal of Environmental Policy & Planning, 10(1): 1–30.

Warren Mark R, Kaen Mapp (2011). A match on dry grass. Oxford University Press.

Weisburd David, Anthony Braga (2006). Police Innovation. New York: Cambridge University Press.

Weise S (2006). Bürgerhaushalt in Berlin. Das Bürgerhaushaltsprojekt des Bezirkes Lichtenberg. Münster/Hamburg/London (Region-Nation-Europa, Bd. 47).

Wong K K (2008). Federalism revised: The promise and challenge of No Child Left Behind Act. Public Administration Review, 68: S175–S185.

World Bank (2011). PPP in Secondary School Education in India. New Delhi.

World Bank (2006). India. Building capacities for public-private partnerships. New Delhi World Bank，1991, World Bank Development Report, Oxford, Oxford University Press.

Xue, Lan, Kaibin Zhong (2012). Domestic reform and global integration: public administration reform in China over the last 30 years. International Review of Administrative Sciences 78(2): 284–304.

Yang Daniel You-Ren, Chih-hui Chang (2007). An Urban Regeneration Regime in China: A Case Study of Urban Redevelopment in Shanghai's Taipingqiao Area. Urban Studies, 44(9): 1809–1826.

Zhong Li-Jin, Mol A P J (2008). Participatory environmental governance in China: Public hearings on urban water tariff setting. Journal of Environmental Management, 88: 899–913.

致 谢

　　本书的完成，离不开各方的共同努力。作为编辑和共同作者，我们谨向所有帮助我们反思城市善治和比较各国城市善治经验的朋友们表示衷心的感谢。我们的探索之旅始于荷兰蒂尔堡大学，是由研究机构 NICIS（现为 Platform31）资助的有关荷兰城市善治项目。本书展示了该项目的成果，包括对概念的探究以及荷兰城市善治的一些案例分析。荷兰住房与城市发展研究学院（IHS）协助我们将该项目的研究视野投放至全球，即涵盖全球范围内的一些研究案例。在 IHS 的大力支持下，本书才得以出版。相关中期成果已在 2012 年 11 月召开的国际会议上报告。每个章节的作者都在整个项目研究过程中提供灵感，帮助我们进一步探索城市善治。我们在此衷心感谢他们在本项目中的倾情付出。同时，我们感谢特莎·范·迪莱（Tessa van Deelen）和约翰·范德博登（Johan van der Putten）为本书的汇编工作所做的努力。最后，我们还要感谢参与本书研究案例的所有工作人员。希望本书能够为他们探索城市善治提供借鉴和启迪。

里昂·范登杜（Leon van den Dool）

阿尔贝托·贾诺利（Alberto Gianoli）

弗兰克·亨德里克斯（Frank Hendriks）

林茨·夏普（Linze Schaap）

著者简介

里昂·范登杜（**Leon van den Dool**），1967 年出生，2003 年获得荷兰莱顿大学博士学位，荷兰蒂尔堡大学政治与公共管理学院高级研究员，普华永道顾问公司高级经理。主要研究地方 / 地区政府和治理、地方政府的合作与兼并，以及地方政府的学习过程，在荷兰和国外均有丰硕的理论成果和实践成果。其著作包括 *Making Local Government Work*（《让地方政府发挥作用》）（Eburon 出版社，2005 年）、*Supporting Local Urban Knowledge Arenas*（《支持地方城市知识领域》）（Lambert Academic 出版社，2011 年），还在《地方政府研究》和《公共控制期刊》发表多篇文章。

约亨·弗兰兹克（**Jochen Franzke**），德国波茨坦大学经济与社会科学系行政科学教授。其研究重点是地方治理和民主、德国公共行政的趋势（特别是联邦政府和地方当局的层面），以及中东欧的政治和行政转型。欧洲公共行政组织（EGPA）"地方治理与民主"常设研究组联合主任之一、欧洲政治学会（ECPR）驻波茨坦大学代表、波茨坦大学地方政府研究所董事会成员。教学领域包括比较公共管理、欧洲的地方政府和地区政府，以及组织理论。其出版著作包括：*Tensions between Local Governance and Local Democracy*（《地方治理与地方民主之间的紧张关系》）、*Making Civil Societies Work*（《让公民社会发挥作用》）等。

阿尔贝托·贾诺利（**Alberto Gianoli**），鹿特丹伊拉斯姆斯大学住房与城市发展研究学院高级研究员。主要研究领域包括城市和区域治理以及决策过程分析。为世界银行、欧洲委员会、联合国以及世界多个国家、地区政府等客户开展研究及相关项目。

弗兰克·亨德里克斯（Frank Hendriks），1966 年出生，教授，荷兰蒂尔堡大学政治与公共管理学院原系主任及现任研究主任，蒂尔堡大学法律系德莫斯良善治理与公民权利中心联合主任。2011 年出版其参与编辑的 *Oxford Handbook of Local and Regional Democracy in Europe*（《牛津欧洲地方及区域民主手册》），2010 年再与牛津大学出版社合作出版专著 *Vital Democracy: A Theory of Democracy in Action*（《必不可少的民主：应用中的民主理论》）。

安德烈亚斯·拉德纳（Andreas Ladner），洛桑大学高级公共管理学院（IDHEAP）政治制度与公共行政教授。研究领域包括民主质量、地方政府、制度变革、政党和投票辅助系统。曾参与瑞士国家科学基金会多个研究项目，并撰写相关主题的书籍和文章。曾在《地方政府研究》《国际行政科学评论》《国际政治科学评论》《环境与规划 C 辑》《国际电子政务期刊》《环境政治学》《欧洲政治研究期刊》《西欧政治》等期刊上，就选举研究和政党政治发表相关文章。在相关领域的最新著作包括 *Size and Local Democracy*（《规模与地方民主》）（Edward Elgar 出版社）等。

塔玛拉·梅茨（Tamara Metze），荷兰蒂尔堡大学蒂尔堡政治与公共管理学院公共管理教授。研究重点是对知识密集型和争议问题的解释与争论，例如页岩气的水力压裂、荷兰的"气震"（gasquakes）、在问题社区开展的艺术项目，以及在青年关怀、社会福利和生物基水监测工具等领域的开发。最感兴趣的研究范畴是在各种协商治理实验中开展合作的（不）可能性，以及对具争议事实的论述在城市规划、环境和能源政策等方面相关实验中的作用。现任蒂尔堡大学公共管理硕士课程协调人。教学领域包括协作治理、棘手问题、善治和诠释性政策分析。曾于《国际行政科学评论》《城市研究》《环境政策与规划期刊》《关键政策研究》等国际期刊发表文章。曾与 Van Hulst 博士和 De Graaf 博士共同主持第七届诠释性政策分析国际会议。

安克·米歇尔斯（Ank Michels），荷兰政治学家，荷兰乌特勒支大学乌得勒支政府治理学院（USG）助理教授，教授比较政治、荷兰政治和公共行政。研究兴趣包括公民参与角色、地方民主治理以及城市治理中的公私伙伴关系等范畴的民主创新。曾在《民主化》《地方政府研究》和《国际行政科学评论》等期刊上发表相关论文。

科尔·范·蒙特福特（Cor van Montfort），1961 年出生，曾于荷兰乌得勒支大学学习政治科学并撰写有关公民社会和制度改革的论文（1996 年）。现任荷兰审计院项目经理、政府政策科学委员会访问学者，及荷兰蒂尔堡大学教授。其研究领域涉及公共问责、公私伙伴关系和公共企业家精神，以及国家医疗保健、养老金发放和住房制度的未来。曾 2013—2014 年对中学教育的融资体系进行研究。曾在负责制定青少年关怀和高等教育善治守则的多个全国委员会担任主席。2007 年至 2012 年曾担任荷兰审计院 PPP 部门以及教育、文化和科学部门的负责人。2014 年担任荷兰政府咨询委员会成员，提供关于"住房和照顾"方面的建议。2013 年与 Michels 博士共同出版关于中国和印度城市地区公私合作的文章。曾担任《公共行政评论》善治研讨会（2014 年）客座编辑。

朱丽叶·穆索（Juliet Musso），南加州大学索尔·普赖斯（Sol Price）公共政策学院的副教授兼州政府休斯顿·弗卢努瓦（Houston Flournoy）教授。研究领域包括公民参与和民主改革、政府间政策和管理，以及州和地方各级的预算和绩效管理改革。曾担任索尔·普赖斯学院公共政策和管理课程主任，并赢得多个教学奖项，包括南加州大学括梅隆指导奖（Mellon Mentoring Award）。于加州大学伯克利分校获得公共政策硕士和博士学位。

朱利安·范·奥斯泰衍（Julien van Ostaaijen），荷兰蒂尔堡大学蒂尔堡政治与公共管理学院研究员。近年的著作包括分析荷兰国家政府的合法性，地方层面的投票行为以及荷兰地方政党的发展。

约勒·皮安佐拉（Joëlle Pianzola），曾于瑞士高级公共管理学院（IDHEAP）担任研究助理，并获得了洛桑大学博士学位。曾发表关于政治行为、实验研究和投票辅助系统（VAAs）的文章。目前研究公共部门项目咨询。

乔恩·皮埃尔（Jon Pierre），1986 年获得伦敦大学博士，瑞典哥德堡大学政治学教授、墨尔本大学墨尔本政府学院公共治理教授，匹兹堡大学的兼职教授。在治理、公共行政和公共管理方面发表了大量文章。最近参与撰写的英文著作包括：*Administrative Reform and Democratic Governance*（《行政改革与民主治理》）（Routledge 出版社，2011 年）；*Steering from the Centre*（《偏离中心》）（多伦多大学出版社，2011 年）；*The Politics of Urban Governance*（《城市治理的政治学》）（Palgrave 出版社，2011 年）；*Interactive Governance*（《互动治理》）（牛津大学出版社，2012 年）；*Globalization and Governance*（《全球化与治理》）（Edward Elgar 出版社，2013 年）；*Governing the Embedded State*（《嵌入状态管理》）（牛津大学出版社，2014 年）。曾在《行政与社会》《城市事务评论》《政治学报》《公共行政研究与理论杂志》《欧洲政治研究与治理杂志》等期刊发表文章。

伊娃·罗德（Eva Roeder），德国波茨坦大学政治学者兼副研究助理。其学术兴趣包括参与式民主和地方治理、全球网络、城市运动及伙伴关系，共同发展和经济共同利益。曾发表关于拉美和欧洲参与式预算编制的文章。

林茨·夏普（Linze Schaap），荷兰蒂尔堡大学政治与公共管理学院副教授。曾发表关于社会指导的（不）可能性、地方和区域治理、地方层面的公民—政府关系、市长绩效以及地方政府绩效评估等范畴的文章。其大部分研究具有国际比较视野。目前正在编辑关于地方政府规模的著作。欧洲公共行政组织（EGPA）地方治理与民主常任研究小组创始人和协调人之一。曾于 1999 年至 2005 年期间担任南荷兰省省议会议员。主要著作：*Tensions between local governance and local democracy*（《地方治理与地方民主之间的紧张关系》），Reed Business 出版社；*Metropolitan Governance；capacity, democracy and the dynamics of place*（《大都市治理：能力、民主与地方动态》），Routledge 出版社；Renewal in European Local Democracies. Puzzles, Dilemmas and Options（《欧洲地方民主更新：疑惑、困境与选择》），Springer VS 出版社。

伊恩·斯科特（Ian Scott），香港大学客座教授，澳大利亚珀斯默多克大学亚洲研究中心荣誉退休教授兼研究员。曾于 1976 年至 1995 年在香港大学任教，1990 年至 1995 年任政治与公共行政学系讲座教授。其研究目前侧重于行政伦理，特别是腐败和基于价值的诚信管理。其最新著作包括 *The Public Sector* *in Hong Kong*（《香港公共部门》）（2010）以及 *Gaming, Governance and Public Policy in Macao*（《澳门博彩业的管治与公共政策》）（与林明基共同编辑，2011），均由香港大学出版社出版。

克拉伦斯·N.斯通（Clarence N. Stone），乔治·华盛顿大学政治学与公共政策研究教授，马里兰大学名誉教授，南丹麦大学富布莱特访问教授。*Regime Politics*（《体制政治》）一书的作者，还单独撰写或与他人合著多本书籍，包括 *Building Civic Capacity*（《建立公民能力》）等。目前研究范畴为城市社区。

萨宾纳·范祖丹（Sabine van Zuydam），1989出生，荷兰蒂尔堡政治与公共管理学院博士研究生。目前的研究范畴为政治公信力和政治领导力。此前曾参与研究的课题包括区域合作、荷兰页岩气钻探决策程序、政府职能社会化，以及不同行为者在荷兰四大报纸上对兴建农业公园发表的意见。曾在《环境政策与规划杂志》等期刊上发表文章。

译者简介

张录法，管理学博士、教授、博士生导师，主要研究方向为卫生政策与社会保障。现任上海交通大学国际与公共事务学院副院长，兼任上海交通大学中国城市治理研究院副院长、上海交通大学健康长三角研究院执行院长。迄今主持国家社会科学基金项目、教育部人文社科项目、上海市哲学社科项目以及上海市政府决策咨询项目等多项课题。公开出版学术著作 7 部，在《中国行政管理》、*Health Policy and Planning* 等期刊发表学术论文 50 余篇。曾荣获上海市第六届决策咨询研究成果奖二等奖、上海市第十届哲学社会科学优秀成果三等奖、上海市教学成果二等奖，以及上海交通大学首届教书育人三等奖、上海交通大学优秀教师一等奖、上海交通大学晨星学者、上海交通大学唐立新优秀学者等荣誉称号。

许德娅，香港中文大学传播学博士，南开大学新闻学硕士及广播电视新闻学学士，上海交通大学中国城市治理研究院、国际与公共事务学院助理研究员。研究方向包括城市与传播、娱乐研究、新媒体与社会、时尚文化与网络消费。目前在 *Mass Communication and Society*，*International Journal of Business Communication*，*Critical Studies in Media Communication* 等 SSCI/CSSCI 期刊发表论文数篇，担任等多个 SSCI 期刊匿名审稿人。现主持城市治理案例研究的科研项目，曾参与国家社科基金项目、教育部人文社科基金项目、上海市哲学社会科规划项目、上海市软科学研究计划项目、天津市艺术科学规划项目研究，参与编写书籍 3 本。多次参加国际传播学会（ICA）年会、美国新闻和大众传播教育学会（AEJMC）年会及国际媒介与传播研究学会（IAMCR）年会，录用和宣读 12 篇论文。

译　后　记

　　相信很多人对于城市治理都有着一个共同的困惑：这个世界上是不是存在一个或者一系列标准，能够定义什么是善治。其实，近些年来，联合国、世界银行等国际组织，均对城市治理实践提出立项的规范和标准，众多学者也就什么是善治提出了自己的看法。在本书中，不同的作者提出了城市治理的定义，也基于"民治、民享、民有"的概念，提出了善治的规范性方法，试图对善治和城市治理做出一定的贡献。

　　治理的核心是多方利益的协调，而城市治理则是公共部门、非营利部门、社区部门等复杂主体相互依存的网络。之所以说"治理"而非"管理"，其实正是在全球范围内一种思路的转变。管理是从上至下的，它隐含的是一种"专制"的可能。而治理是多方协作的模式，强调政府不再成为凌驾于各方之上的力量，而是要与各个部门共同解决多样化的问题，而这些问题由于需要来自各方面的信息与知识，因此难以靠政府这一单一力量实现。考虑到不同国家的政治制度、社会文化等多方面的差异，本书的研究视野不仅聚焦于资本主义国家，以善治作为出发点，还探索了印度以及中国内地和中国香港地区基于的城市治理案例。

　　本书中的案例是以欧洲和北美为主，书中探讨的力量与部门，也难以避免地从这些发达国家的治理方式出发。但是，我们并不认为，在中国以及其他发展中国家，善治还没有适宜的土壤。随着全球各地飞速发展的城市化进程，各个国家和地区都面临着多样化的困境，也给城市治理提出了相应的挑战。而在中国的城市治理当中，也已经有区别于其他国家和地区丰富的实践和案例。比如，上海交通大学中国城市治理研究院曾举办"长三角城市治理最佳实践案例评选"，参评案例从各个角度就什么是善治提出了自己的解释，各个城市利用大数据与新技术，引入相应的社会组织和社会企业，以人民的诉求为核心，以环境保护和文化建设为根本，提出了一系列城市治理的新思路，反映出长三角城市治理的重要探索，也代表着中国城市治理的发展方向。同时，上海交通大学中国城市治理研究院也在陆续出版上海市各区城市治理新实践、新探索的案例合集。我们相信，在上海或长三角以外的其他中国城市，甚至在中国以外的其他国家和地区，都有着丰富的善治实践。而本书的出版，则是希望从善治这个角度，提供来自西方学界的观察与总结，从而为中国城市治理提供一定的借鉴。

本书虽然并非教科书，但涵盖了各个地区不同的实践案例，对公共管理、社会学、政治学等诸多领域均有涉及。如果译者对原文存在理解得不透彻或有遗漏之处，以至于可能造成译文的不妥甚至谬误，敬请广大读者和专家批评指正，以便日后修正。

2020 年初，一场在世界各地爆发的新冠疫情，一方面打乱了所有人原本的安排，另一方面也成为检验各地城市治理水平和政府合作能力的一次测验。在这场本该是全球通力合作共抗风险的"战役"中，有的国家选择伸出援手，也有的国家选择袖手旁观。虽然我们始终期待一个和平与合作的时代，却也不得不承认，复杂的国际形势和激烈的国际竞争，可能给这个世界上带来更多的危机。本书围绕着城市善治，希望提出供全球各地应对城市治理挑战的经验借鉴。然而正如书中所说，在全球的范围内，城市政府所拥有的自主性正在不断受到挤压，处于统治结构底层的城市政府因而承受了极大的压力。这次的疫情应当更加坚定各个国家不同城市政府探索善治的决心，只有城市与国家齐心协力、通力合作，同时给予城市充分的自主性，让其调动应对危机的资源，共同渡过危机。在此，我们期待一个更加开放与包容、拥有更多理解与共情的世界。因为只有在这样一个稳定与协作的世界当中，城市善治才能成为可能，我们才可以把有限的精力从竞争转向合作，从排斥转为学习，从而为给全世界各地的人提供更好的生活而不懈努力。

张录法　许德娅
2020 年 7 月 8 日于上海